KB073572

킬링 마케팅

* 일러두기

− 'content'는 국내에서 일반적으로 '콘텐츠'라고 표기하나,
  'content marketing'이라는 용어를 처음으로 사용한 저자의 의도에 따라
  원서상의 '콘텐트'라는 표기를 그대로 살렸다.
− 책에서 언급한 도서는 출간 연도를 함께 표기하였으며,
  국내에 번역서가 출간된 경우 번역서의 제목, 국내 출판사와 출간연도를 표기하였다.

KILLING

킬링마케팅

그들은 어떻게 비용을 수익으로 바꾸었나?

조 풀리지 · 로버트 로즈 지음 | 박상훈 옮김

MARKETING

21세기북스

결국 '콘텐트'가 회사를 먹여 살린다

음식 배달 앱 서비스를 하는 '배달의민족'이 생뚱맞게 잡지 「매거진 F」를 만들었다. 왜일까? 답을 찾기 전에 최근 마케팅 흐름을 잠시 살펴보자.

인터넷의 등장은 지금까지의 모든 마케팅 활동을 뒤흔드는 카오스를 일으켰다. TV, 라디오, 잡지, 신문 등의 전통 미디어 4대 매체의 운영 공식이 깨지기 시작했다. 페이스북이나 인스타그램, 유튜브 등 새로운 형태의 매체들이 쏟아져 나오는데 이를 어떻게 운용해야 효과를 낼지 우왕좌왕하며 답을 찾지 못하고 있었다.

디지털 마케팅이라는 이름은 기존 마케팅 사고를 유지한 채 온라인에만 얹는 방식으로 탈바꿈한 것이다. 한편으로는 성과와 클릭 수를 실시간으로 측정하면서 단기 성과만 강조하다 보니 시장 본질에 깊이 파고드는 전략은 실종되고 전술만이 판치는 단기전이 되기 십상이다.

새 술은 새 부대에 부어야 한다. 전통 공식이 통하지 않는, 시대의 패러다임이 바뀐 이 시대에는 인터넷 시대의 옷을 입은 마케팅으로 말해야 한다. 이 책은 모바일 시대의 마케팅 방식에 대해 고개를 끄덕일 만한 메시지를 던진다. 이 시대에 살아남으려면 한마디로 참된 '미디어 회사로 거듭나야 한다'는 것이다. 콘텐트, 오디언스audience, 미디어 컴퍼니 등 이 책에서 새로운 의미를 부과하는 용어들을 눈여겨보며 필자 나름으로 해석한 주요 내용을 살펴보자.

모바일 시대의 시장엔 롱테일의 법칙이 작용한다. 흩어져 있는 다수의 소비자가 소수의 핵심 소비자보다 더 많은 가치를 창출한다는 말이 현실이 되었다. 4대 매체 시절에는 전달할 수 없었던 소소한 작은 정보를, 그 정보에 관심 있는 소수의 오디언스들에게 성공적으로 도달시킬 수 있는 루트가 생겼기 때문이다. 예전에는 이태원 골목길의 수제 맥주 매장이 자신의 브랜드 스토리를 널리 전파하려면 막대한 비용과 노력이 들었다. 하지만 지금은 콘텐트만 좋으면 오디언스들이 스스로 퍼 나르고 홍보해준다.

크든 작든 미디어 컴퍼니가 되어라. 아마존이 언론사 「워싱턴포스트」를 인수하고 그것도 모자라 아마존스튜디오를 시작한 이유는 무엇일까? 알리바바가 홍콩의 유력지 「사우스차이나모닝포스트」를 인수한 이유는 무엇일까? 앞서가는 기업들이 왜 신문사에 욕심을 내는 것일까? 여론의 파워를 사려는 목적도 있지만 그보다는 오리지널 콘텐트 창출 능력 때문이다.

콘텐트의 양이 폭발적으로 증가하면서 콘텐트 싸움은 누구에게나 통하는 범용적인 콘텐트가 아닌 맞춤형의 브랜디드 콘텐트branded content 확보가 무엇보다 중요해졌다. 그 싸움에서 이기려면 상품 관련 정보를 우리 자신의 이야기로 전달하는 미디어 회사로 과감히 변신해야 한다. 회생 불능으로 여기던 회사들이 미디어 기업으로 전환하여 성공한 사례가 늘고 있다. 사망 직전의 레고는 장난감 중심이 아니라 콘텐트 중심의 회사가 되어 회생하였다. 레드불은 음료를 팔기도 하는 미디어 회사라고 천명하며 승승장구하고 있다.

고품질 오리지널 콘텐트가 있어야 한다. 오리지널이라 함은 나만의 콘텐트이어야 함을, 고품질이란 광범위한 정보보다는 각을 세운 정보를 깊이 파고들어야 한다는 것을 말한다. 넷플릭스가 5년 이내에 절반 이상을 오리지널 콘텐트로 채우겠다는 야심을 내비치는 것도 '나만의 콘텐트'에 대한 절박함 때문이리라. 월트 디즈니는 오리지널 콘텐트의 중요성을 수십 년 전에 깨우친 듯하다. 영화 음악 판매, 캐릭터 상품, 테마파크 공연, 놀이 기구, 서적 출판, 게임 로열티, 식품 포장 로열티 등의 광범위한 사업은 만화 영화라는 콘텐트에서 시작한 것이다. 쉽게 OSMU One Source Multi Use라고 말하지만, 뿌리는 분명 오리지널 콘텐트에 있다.

배달의민족은 단순히 음식 배달 앱을 서비스하는 '음식'의 카테고리를 벗어나 독특한 '문화' 창출로 사람들의 관심을 끌어왔다. 이제 그 단계를 넘어 콘텐트의 발신자를 자처하며 식재료 잡지 「매거진 F」를 창간했다. 창간호의 주제는 '소금'이다. 기존 방식으로 뻔하게 음식점 소개나 셰프들의 얘기를 푸는 게 아니라 보다 본질적인 이야기, 소금이니 치즈니 하는 식재료를 깊이 있게 파고든다. 배달의민족이 자기들만이 할 수 있는 원천적인 콘텐트를 생산해내겠다는 의지로 읽힌다.

관건은 관심 있는 오디언스를 창출하는 것이다. 콘텐트는 기업과 오디언스를 연결해주는 매개체이며, 정작 중요한 것은 핵심 오디언스를 얻는 것이다. 오디언스는 고객과 다소 다른 개념이다. 콘텐트에 귀 기울이고 콘텐트를 소비하며 향후 고객으로 변환할 가능성이 높은 사람들을 의미한다. 오디언스의 뿌리 깊은 니즈를 파악해 지속해서 신뢰도 높은 가치와 정보를 전달하는 것이 새로운 마케팅의 핵심이다. 그저 더 많은 수의 오디언스를 얻으려고 노력하기보다 핵심 오디언스가 원하는 것에 맞게 어필해야 그들의 호감을 열정으로 변화시킬 수 있다.

콘텐트는 판매 영업 수단의 단계였던 것에서 나아가 오디언스에게 고유의 가치를 제공하느냐의 단계로 퀀텀 점프했다. 핵심 오디언스가 원하는 콘텐트로 충성도 높은 오디언스 커뮤니티를 구축하는 것이 지속 가능한 비즈니스로 가는 길이 되었다. 이때 콘텐트를 제품 중심으로 엮지 않고 오디언스 중심으로 편성하는 것이 중요하다. 즉 기업이 하고 싶은 얘기를 나열하기보다 오디언스가 듣고 싶은 얘기를 찾아서 풀어주어야 한다. 얼마나 많은 콘텐트를 만드느냐보다 어떻게 충성도 높은 오디언스 커뮤니티를 구축하느냐에 집중하자.

오디언스로부터 가치 있는 데이터를 수집하라. 미디어 채널은 정보를 발신하는 역할에 그치는 것이 아니라 정보 수집 장치 그 자체로 이해해야 한다. 미디어 활동은 수익 창출보다도 오디언스에 대한 정보 취득을 더 우선 과제로 하고 있다. 하지만 단순히 데이터가 많아졌다고 유용한 정보는 아니다. 데이터는 숫자에 불과하다. 분석의 단계를 넘어 통찰력 있는 의미를 부여하는 해석이 중요하다. 존슨앤드존슨은 온라인사이트 베이비센터닷컴을 만들었다. 이를 통해 아이 엄마가 무엇을 검색하는지 관찰하면서 앞으로 어떤 행동을 취할지 사전에 예측하는 능력을 키워서 미래 전략을 수립했다.

새로운 비즈니스 모델에 눈을 떠라. 미디어의 비즈니스 모델과 제품 브랜드의 비즈니스 모델 간 차이는 사라질 것이다. 카 바이어라는 콘텐트 플랫폼을 운영하던 미디어 회사 데니스 퍼블리싱은 하루 200대 이상의 차를 온라인으로 판매하는 회사가 되었다. 우리나라에서도 단순한 광고를 넘어 차별화된 미디어 전략으로 부상한 크리에이티브 라운지가 도미니크라는 디지털 플랫폼을 통해 스스로 '미니'를 1주일 만에 100대를 판매해 화제를 일으킨 적이 있다.

이 책은 한마디로 디지털 시대에 맞는 마케팅 옷을 입는 방식을 상세하게 설명해주고 있다. 위에 나열한 요점들은 책의 예고편에 불과하다. 저자들은 미디어 회사로 거듭나기 위한 로드맵을 매우 상세하게 설명하고 있다. 책장을 넘겨 다양한 사례와 함께 미디어 회사로 가는 여정을 떠나보기를 바란다.

한양대학교 경영대학 명예교수
홍성태

격변하는 디지털 혁명 시대, 어떤 마케팅을 할 것인가

조 풀리지와 로버트 로즈를 처음 만난 건 미국 클리블랜드에서 매해 개최되는 '콘텐트 마케팅 월드'라는 4,000명이 모이는 대규모 콘퍼런스에서였다. 두 사람은 콘텐트 마케팅이라는 새로운 화두를 만들고 집중력과 끈기로 성공한 대표 콘텐트 마케팅 회사, 콘텐트마케팅연구소Content Marketing Institute, CMI의 CEO와 콘텐트 전략 총괄 책임자다. 조와 로버트는 기업인이자 유명한 저자이고 강연자이기도 한, 마케팅 업계의 떠오르는 스타다. 디지털 혁명 시대에 어떻게 비즈니스에서 성공할 것인가, 어떻게 일할 것인가에 대한 가장 모범적인 케이스를 보여주고 있다.

두 사람이 스타트업 회사를 만들어 글로벌 미디어 및 이벤트 회사인 UBM의 일원이 됨으로써 주류 플레이어가 되었다는 점도 비즈니스 모델 관점에서 관심을 가질 만하지만, 글 잘 쓰는 저자와 뛰어난 기조연설 강연자로 전 세계를 누비며 활동하면서도 각자 좋아하는 도시인 클리블랜드와 로스앤젤레스에 살면서, 일과 삶의 조화를 잘 유지하고 있다는 점도 디지털 시대에 일하는 삶의 방식이라는 관점에서 시사하는 바가 있는 것 같다.

1980년에 출간된 잭 트라우트와 알 리스의 『포지셔닝』을 읽고 1980년대 중반에 마케팅 실무를 시작해서 지금까지 30년 넘게 글로벌 시장에서 마케팅 및 브랜드 커뮤니케이션 콘텐트와 전략을 만드는 일에 종사하면서 마케팅 관련

서적을 많이 봐왔지만, 이 『킬링 마케팅』처럼 기존의 하던 일을 멈추게 하고 새로운 시각을 제시하는 책은 그렇게 많지 않았다. 그런 이유로 『킬링 마케팅』을 우리말로 옮긴다는 것은 이 변혁의 시기에 큰 의미가 있는 것 같아 사명감을 가지고 많은 생각을 하며 작업하였다.

트렌드를 연구하는 사람들에게 2016년은 특별한 의미가 있다. 기존까지 아날로그와 디지털이 공존하던 커뮤니케이션 영역이 이 시점을 기점으로 완전히 디지털 주도의 세상으로 넘어갔다는 사실이다.

이 책은 디지털 혁명 시대의 급변하는 소용돌이 속에서 미래에 무엇을 해야 하고 현재를 어떻게 바꾸어갈 것인가 대한 방향성과 해답을 주는 책이다.

특히 우리나라에서는 대부분의 사람들이 변화를 감지하고 있지만 예상되는 결과를 실감하고 있지는 않아 보인다. 변화에 적응하려는 크고 작은 시도들이 많이 보이지 않고, 다가올 폭풍을 대안 없이 기다리고 있는 게 아닌가 싶다.

공급자이든 유통업 또는 미디어업 종사자이든, 많은 사람이 이 책을 읽고 새로운 디지털 세상에서 미래의 방향성 그리고 무엇을 어떻게 진행해나갈 것인지에 대한 전략적 로드맵 측면에서 새로운 시각과 아이디어를 얻을 수 있었으면 하는 바람이다.

2018년 5월
박상훈

마케팅 전략을 넘어, 사업 전체의 전략으로서 '콘텐트'

콘텐트 마케터 여러분, 안녕하세요.

먼저 한국의 마케터들과 함께할 수 있게 되어 매우 기쁘게 생각합니다. 그리고 이 책을 선택한 여러분께 감사의 말씀을 드립니다. 한국은 전 세계 모든 나라 중 우리가 무척 좋아하는 나라입니다. 이제부터 우리가 이야기하는 내용으로 당신의 관심을 얻어내는 것이 우리의 임무인 것 같습니다.

4차 산업 시대를 살아가는 우리는 마케팅이 변하고 있다는 것을 인지하고 있습니다. 이 책을 연 당신도 이미 그것을 알고 있을 것입니다. 그러나 이제 아는 것에서 그치지 않고 실제로 실행에 옮길 때가 되었습니다.

다른 수많은 책이 디지털 마케팅, 소셜 미디어, 모바일의 변화와 심지어 인공지능의 미래 등을 다루고 있습니다. 우리는 기술의 영향으로 우리의 사업 전략에 대변동이 일고 있음을 잘 알고 있습니다. 그러나 마케팅에 대해 알고 있는 모든 것이 우리의 발목을 잡고 있다면 어떻게 해야 할까요? 새로운 것을 창조해내기 위해서 지금 우리가 알고 있는 마케팅 지식을 없애야 한다면 과연 어떨까요?

우리는 오디언스(만들어진 콘텐트를 소비하는 집단으로 관심을 가지고 콘텐트를 경험하고 그 과정에 참여해서 깊게 관여하는 사람들로, 현재 고객, 잠재 고객, 고객들에게 영향력을 발휘할 수 있는 사람을 모두 포함한다 — 옮긴이)를 구축해 그 과정에서 그들과의 관계를 형성하고 가치와 신뢰를 예리한 시각으로 바라보는 것이 사업 전략의 핵심이라고 믿습니다.

다시 말해 콘텐트는 마케팅 전략을 넘어 사업 전체의 전략입니다. 제조 회사와 미디어 회사 간의 경계선이 갈수록 모호해지고 있습니다. 점점 모든 회사가 하나의 동일한 형태로 변모하고 있는 지금, 우리는 마케팅을 통합된 미디어 및 오디언스 중심의 회사로 변화시키는 긴 여정의 시작점에 서 있습니다.

'시작이 반이다'라는 뜻 깊은 속담이 있습니다. 어떻게 시작하느냐는 매우 중요합니다. 지금 시작하기 위한 출발점에 오신 것을 환영합니다. 함께할 수 있어 영광입니다.

마음을 담아
조 풀리지, 로버트 로즈

조와 로버트는 우리를 마케팅의 최신 경로로 안내한다. 그리고 우리가 그 경로에서 어떻게 자리를 잡고 서 있을지 알려준다. 페이지마다 이들의 대담한 성격에서 나오는 대담한 생각들이 넘쳐나는 것을 볼 수 있다.

조나단 밀든홀, 에어비앤비 CMO

가끔은 매뉴얼을 무시해야 할 때가 있다. 그런 의미에서 『킬링 마케팅』은 기존의 마케팅 법칙을 새롭게 다시 쓰고 있다. 콘텐트를 핵심에 두고 가치와 충성 고객을 창출하라고 말한다. 한계를 넘어서고, 다르게 접근하고, 파괴시키는 것을 두려워 말라.

제프리 헤이즐렛, 프라임타임 TV 및 라디오 진행자이자
『파트타임 카우보이』의 저자

『킬링 마케팅』은 콘텐트 마케팅으로 수익을 창출할 수 있는 아이디어로 가득 차 있다. 이 책을 읽으면 당신도 콘텐트 마케팅의 신봉자가 될 것이다. 그렇게 나도 콘텐트 마케팅의 신봉자가 되었다.

알 리스, 『포지셔닝』의 공동 저자

『킬링 마케팅』은 논란이 많은 아이디어다. 그러나 전통 사업 방식과 새로운 시대의 사업 방식이 만나는 갈림길에서 확실한 수익을 확보하려면 논란이 따르는 마케팅을 선택할 필요가 있다.

라즈 무누사미, 슈나이더 일렉트릭 콘텐트 마케팅 및 메시징 부사장

『킬링 마케팅』을 사면 재무제표상에서 마케팅 예산이 표시된 위치를 바꿀 수 있다!

레베카 리브, 분석가이자 「콘텐트: 마케팅 소립자」의 저자

돈을 쓰는 마케팅이 아닌 돈을 버는 마케팅을 상상해보라. 말도 안 되는 생각인 것 같은가? 그렇지 않다. 마케팅에 대한 생각을 거꾸로 뒤집고 혁신으로 이끄는 이 책은, 비즈니스 리더로 자리 잡기 위한 당신의 청사진이 될 것이다.

앤 핸들리, 「월스트리트저널」 선정 베스트셀러 저자이자 마케팅프로프스 최고 콘텐트 책임자

마케팅이여, 잘 가라. 정말이다. 『킬링 마케팅』은 예산을 축내는 마케팅이 들어 있는 관에 마지막으로 남아 있는 못을 박았다.

제이슨 밀러, 링크드인 글로벌 콘텐트 마케팅 리더

세계적으로 유명한 마케팅 전문가 조 풀리지와 로버트 로즈는 이 책을 통해 마케팅 책임자들이 유료 미디어를 넘어 자사 미디어를 활용함으로써 어떻게 성장할 수 있는지 강력히 조언한다.

캐시 버튼 벨, 에머슨 상무 및 CMO

엘리자베스와 팸에게

그러고 보니 내 것이라고 할 수 있는 집을 한 번도 가져본 적이 없네요.
그렇지만 괜찮아요, 내 사랑! 당신이 내 집이니까요.

빌리 조엘

차례

1장 킬링 마케팅

2장 오디언스 수익률

비용을 수익으로 바꾸는 마법의 도구, 콘텐트 마케팅

조 풀리지와 로버트 로즈가 '킬링 마케팅'에 대한 아이디어를 처음 내게 설명해주었을 때 가장 먼저 떠오른 생각은, 브랜드들이 완전한 미디어 회사가 되어 브랜드의 콘텐트로 수익을 내는 현상이었다. 나는 그들의 이야기를 듣고 레드불이 생각났다. 레드불은 콘텐트를 이용해 오디언스를 구축하고 이들과의 관계를 통해 수익을 창출해 맨 먼저 콘텐트 마케팅 리더십을 확보한 대표 회사다. 레드불이 만든 콘텐트는 레드불의 사업을 뒤바꾸어놓았다. 레드불에서 그들의 회사는 미디어 출판을 하는 에너지 음료 회사가 아니라 에너지 음료를 판매하는 미디어 회사라고 공표할 정도다.

내가 다른 마케터들에게 이러한 콘텐트 시대의 도래에 대해 이야기했을 때, 그들은 레드불의 모델을 의심스러워했을 뿐 아니라 거부감까지 표시했다. 이들은 "최고 마케팅 책임자CMO들이 어째서 본인들의 회사를 미디어 회사로 바꾸려 하겠느냐고 미심쩍어하면서 미디어의 비즈니스 모델은 무너지고 있다"고 말했다. 미디어 회사의 비즈니스 모델이 제대로 되었다면 현재 우리가 "광고는 더 효과가 없기 때문에 어쩔 수 없이 콘텐트를 만들어야 하는" 상태에 있지는 않을 것이라고 말했다.

그러나 나는 콘텐트 마케팅이 사업에 가져올 변화의 잠재력이 그저 미디어 회사처럼 생각하고 행동하는 것을 넘어서 훨씬 크게 확장될 것이라고 생각한다. 이는 마케팅이 이뤄낼 수 있는 것에 대한 우리의 생각이 틀렸을 수도 있음을 깨닫는 것이다.

레드불이 사업에 완전한 변화를 일으킨 후로 몇 년 뒤에 내가 아는 거의 모든 CMO가 일종의 콘텐트 제작 기능을 도입했다. 그러나 대부분 마지못해 그런 결정을 내린 것이다. 이들은 『킬링 마케팅』에서 제시하는 것들을 모두 놓치고 있었다. 즉 어떤 형식으로든 각자의 회사에 맞게 레드불 같은 변화를 일으킬 수 있는 제대로 된 청사진을 가지고 있지 않았던 것이다.

모든 회사는 콘텐트를 이용해 그 회사에 꼭 맞는 방법으로 CMO의 성배라고 할 수 있는 '마케팅을 진정한 수익 창출 부서로 만들기'를 이뤄낼 수 있다. 콘텐트를 통해 고객과 상호 작용하게 되면 새로운 상품 개발에 필요한 영감을 얻을 수 있다. 이때 콘텐트는 기업 전략의 중심축이 무엇인지 보여주며 브랜드 메시지에 변화를 줄 수 있다. 고객부터 경영진까지 이르는 단계에 파장을 일으킬 수 있다.

『킬링 마케팅』은 마케팅 부서가 그동안 실천해야 했던 것들과 지금부터 나아가야 할 방향을 안내하는 중역들을 위한 핸드북이다.

레드불을 미디어 회사로 변화시킨 콘텐트는, 당신의 사업을 또 다른 방향으로 변하게 할 것이다. 비용을 쓰는 부서로서의 마케팅을 진정한 사업적 가치를 창조하는 부서로 승격시키는 역할도 할 것이다.

VISA 기업 커뮤니케이션 콘텐트 책임자
스테파니 로지

KILLING

시작하며

MARKETING

Killing Marketing

야구 경기에서 실제로 무슨 일이 일어나는지 대부분의 사람이 이해하지 못하고 있어요···. 그러고는 모두 엉뚱한 질문만 하고 있죠.

영화 〈머니볼〉(2011)의 피터 브랜드

어려움에 처하는 이유는 우리가 모르는 것 때문이 아니라, 확실히 안다고 생각했던 것이 그렇지 않은 게 드러났을 때다.

마크 트웨인

이스라엘 출신 심리학자 대니 카너먼과 에이모스 트버스키가 1970년대에 발표한 「작은 수의 법칙에 대한 믿음」이라는 논문에 따르면, 학자들도 의사 결정을 할 때 매우 작은 부분으로 전체를 판단하는 오류를 범하기도 한다.

예를 들어 동전을 던져서 앞면이나 뒷면이 나올 확률은 50대 50이지만, 어떤 사람에게 동전을 100번 던지도록 했을 때 처음 2번의 결과가 앞면으로 나오면 그 사람은 동전이 앞면으로 떨어질 확률이 더 높다고 생각한다. 이때 동전을 던진 사람은 실제 확률보다 앞면이 나올 확률이 더 높다고 믿는다는 것이다. 이는 '도박사의 오류'라고도 알려져 있는데, 룰렛을 돌려 검은색과 붉은색이 빠르게 지나가는 것을 볼 때 통계적으로는 그렇지 않음에도 불구하고 두 색 중

한 색에 멈추게 될 확률이 더 크다고 느끼게 된다.

사람들은 더 자주 보는 것일수록 더 현실화될 것이라고 믿는 경향이 있다. 실제로 표본의 크기가 너무 작아서 실질적인 결론을 내릴 수 있는 경우가 아닌데도 불구하고 그렇다.

1980년대 중반에 돈 레델마이어는 토론토 외곽에 있는 서니브룩병원에 채용되어 병원에서 내리는 특정한 결정에 대해 심의하는 직무를 맡게 되었다. 레델마이어의 주 업무는 개별 의사의 진단에 의문을 던지고, 의사의 결정이 적절했는지를 분석해서 보고하는 것이었다.

서니브룩 병원 의사들은 처음에 크게 반발했다. 어떻게 응급 센터의 일반의가 자격을 갖춘 내과 전문의가 내린 결정에 의문을 제기할 수 있느냐는 반응이었다.

그러나 레델마이어나 이런 심의를 했던 다른 사람들은 의사들이 '자주 접한 치료에 대해 과도한 확신을 한다'는 사실을 발견했다. 간단히 말해 의사들은 각자의 핵심 전문 영역에서 주로 문제와 해결책을 찾지만, 상대적으로 익숙하지 않은 영역에서의 징후는 종종 무시할 때가 있다는 것이다.

의사들의 오진은 그들의 무지 탓이라기보다 그들이 알고 있다고 생각하는 것 때문에 발생하는 것이었다.

2016년 11월 나는 아들 애덤을 데리고 고등학교 입학 설명회에 갔었다. 오전 시간에 아들이 시범 수업을 몇 개 듣는 동안 나는 학부모 수업에 참여했다. 그날 내가 들었던 첫 수업은 '지식 이론'이었다.

수업 과제는 간단했다. 어떤 건물을 그린 그림을 보고 '알 수 있는 것'에 대해 논의하는 것이었다. 우리 그룹은 건물이 언제 지어졌는지, 실제 건물인지 아니면 작가가 상상하여 그린 건물인지, 만약 실제 건물이라면 유명한 건물인지를 알아내려고 의견을 나누었다.

토론이 끝나자 강사는 그 그림이 아돌프 히틀러가 그린 그림이라고 말해주었다. 그러자 대화의 모든 주제가 바뀌어버렸다. 어떤 사람들은 이 사실을 듣고 감정이 격해지기까지 했다. 사실 수업을 참가한 사람들 대부분이 이 하나의 정보를 알게 된 순간, 그 그림을 예술 작품으로 볼 수 없었다.

이날 수업 참가자들이 '알게 된' 것은 절대 되돌릴 수 없을 것이며, 그날 본 그림에 대한 인식과 어쩌면 그와 비슷한 다른 그림들에 대한 생각에도 영원히 영향을 끼칠 것이다.

☑ 마케팅에 대한 우리의 지식이 마케팅 발전을 막는 것일까?

이 책은 심리학이나 의학, 미술사에 대한 책이 아니다. 그렇지만 지금까지 제시한 사례들은 충분히 적용 가능한 사례들이다. 20년 동안 우리는 전 세계 브랜드의 CEO, CMO, 영업 및 마케팅 부사장, 마케팅 실무자들과 함께 일했다. 그들과 함께 작업했던 모든 프로젝트에서 우리는 마케팅과 영업 프로세스의 특정 부분에서 문제를 발견할 수 있었다.

우리는 이런 프로젝트에 투입되어 분석하고, 자문하고, 마케터와 영업 전문가들이 그들이 가진 자원을 가지고 개선해나갈 수 있는 방안을 도모한다. 그런데 최근 몇 년간 우리가 깨달은 것들은 굉장히 충격적이었다.

『킬링 마케팅』은 우리의 여섯 번째 책이다. 보통 책을 쓰는 작업을 할 때면 어떤 질문에 대해 대답을 하면서 시작한다. 예를 들어『에픽 콘텐츠 마케팅』(이콘, 2017)에서는 매출을 올리기 위해 지속해서 가치 있는 콘텐츠를 전달하여 소비자들과 충실하고 수익성 있는 관계를 구축하는 방법을 설명했다.

로버트 로즈와 칼라 존슨이 집필한『경험: 7차 마케팅 시대Experiences: The 7th Era of Marketing』(2015)에서는 콘텐츠 중심의 경험을 만드는 방법과 그것을 오늘날의 경영 환경에서 어떻게 관리, 조정, 촉진, 측정할 것인가를 다뤘다.

반면 답이 아닌 질문으로 시작된 이 책은, 우리가 간절하게 답을 찾기 원하는 다음 질문에서 시작된 것이다.

- 지금까지 우리가 마케팅에서 배우고 경험한 것들에서 마케팅의 전체 모습을 다 보지 못한 것은 아닐까?
- 그동안 우리가 마케팅의 일부(이미 알고 있는 것)만을 보았고, 그 때문에 마케팅에서 할 수 있는 것(아직 알지 못하는 것)의 잠재력을 전부 다 보지 못한 것은 아닐까?
- 마케팅을 하나의 조직 부서로 보는 것은 전략적 사업 프로세스로서의 마케팅을 포기하는 것이 아닐까?

다르게 표현하면 우리가 마케팅에 대해 명백한 사실이라고 믿는 것이 실제로는 사업 성장을 방해하고 있는 것은 아닐까?

☑ 할리우드의 변화

구체적으로 이해할 수 있도록 유명한 영화를 사례로 들어보자. 〈청춘 낙서〉(1973)는 아직도 역대 최고 수입을 기록한 영화 중 하나다. 100만 달러 미만의 예산으로 제작된 이 영화는 개봉 후 1억 4,000만 달러의 수익을 올렸다.

제작자인 조지 루카스는 〈청춘 낙서〉로 성공한 이후 영화 산업 내에서 인기를 얻어 할리우드에서 차기작인 공상 과학 영화 〈스타워즈〉 시리즈의 투자자를 찾기 시작했다.

당시 할리우드에서 여러 편의 공상 과학 영화들이 실패한 터라 업계에서는 〈스타워즈〉를 수익성 있는 영화로 바라보지 않았다. 마침내 20세기폭스사에서 투자를 결정했지만 폭스사의 경영진은 여전히 영화가 실패할 것으로 생각했다. 그들은 루카스에게 지급할 제작비에서 50만 달러를 차감하는 대신, 라이선스 권한과 머천다이징 권한을 전부 양도하기로 했다. 이때 영화사는 아무런 손해도 보지 않고 50만 달러를 절감했다고 믿었다.

1977~2015년까지, 즉 디즈니에서 〈스타워즈: 깨어난 포스〉(2015)를 개봉하기 전까지 〈스타워즈〉 영화들은 50억 달러가 조금 넘는 티켓 판매 수입을 거두었다. 같은 기간 스타워즈 머천다이징 사업으로 벌어들인 금액은 120억 달러다.

20세기폭스사는 조지 루카스에게 머천다이징 사업권을 헐값에 팔아넘기고 프랜차이즈 수익의 상당 부분을 놓쳤다. 그 당시 대부분의 할리우드 관계자들이 생각했던 대로 영화의 수익은 티켓 판매에서 온다고 믿고 그것 외에는 아무것도 없다고 생각한 것이다.

조지 루카스는 이 사업을 전혀 다른 시각으로 바라보았고, 영화 산업을 뒤바꿔버렸다.

이런 할리우드 사례처럼, 많은 CEO와 CMO가 각자의 한정된 기준(마케팅에 대해 사실이라고 믿고 있는 것들)으로 마케팅을 바라봄으로써 마케팅이 가지고 있는 모든 잠재력(마케팅에 대해 모르고 있는 것)을 보지 못하고 있는 것은 아닐까? 마케팅을 내부로부터 약화시키고 있다는 사실도 인지하지 못하고 있는 것은 아닐까?

☑ 마케팅의 목적

저명한 마케팅 교수인 필립 코틀러는 그가 집필한 70권의 마케팅 저서 중 한 책에서 "마케팅에서 외우는 주문 한 가지는 CCDVTP"라고 썼다. 이는 마케팅의 핵심 기능을 제시하는 약자로 "이익을 낼 수 있는 목표 시장을 위해 가치를 창출하고, 커뮤니케이션하고, 전달하는 것"이라는 뜻이다.

물론 여기서 코틀러가 말하는 '이익'은 판매 촉진을 위하여 들인 마케팅 비용보다 궁극적으로 더 많은 매출을 유도해야 한다는 것이다. 바로 마케터들이 말하는 투자수익률Return On Investment, ROI이다.

50년간 대부분의 마케팅은 광고나 관심을 끌기 위한 채널 확보 또는 소비자 행동 변화를 위한 활동 위주로 진행됐다. 하지만 10년에 걸쳐 혁신적인 기업들은 목표 시장에 가치를 전달하는 새로운 방법을 발견했다.

'콘텐트 마케팅'이라고 불리는 이 방법은 관련성 있고 관심을 끌 수 있는 콘텐트를 만들어 특정 오디언스 집단에 맞게 방향을 잡은 뒤, 점차 오디언스의 행동이 긍정적으로 변화하도록 하여 결과적으로는 사업에 이익을 가져오게 하는 것이다. 존 디어같이 100년 넘게 콘텐트 마케팅을 이용한 조직이 있는가 하면, 이런 방식이 비교적 새로운 개념인 조직들도 있다. 그렇지만 콘텐트 마케팅으로 이루려고 하는 목표는 모두 같다.

일반적으로 기업들은 제품과 관련 없는 콘텐트를 제작하고 배포하여 3가지 방법으로 비즈니스에 영향을 주려고 한다.

- 수익 증대: 매출 목표, 고객 유치
- 비용 절감: 비용 절감 목표, 적은 비용으로 고객 유치
- 충성도 높은 고객 유치: 유지 목표, 고객 유지

그러나 최근에 마케팅 기능 전체를 재평가하게 하는 새로운 접근 방법이 나왔다.

☑ 네 번째 모델: 수익을 창출하는 마케팅

레드불이 발행하는 잡지 「레드 불레틴Red Bulletin」의 편집국장 로버트 스펄이 설명한 '레드불 미디어 하우스'가 탄생하게 된 배경에 대해 들을 기회가 있었다. 대형 음료 회사인 레드불은 2005년에 포뮬러 원 경기의 주요 스폰서였다. 당시 레드불은 경기가 끝나는 즉시 퇴장하는 포뮬러 원의 팬들에게 경기 결과가 인쇄된 가이드를 제공한

다는 간단한 목표를 세웠다.

각 경기가 시작하기 전에 레드불 편집팀은 선수들과 관련된 인사이드 스토리와 경기의 역사에 대한 흥미로운 사실들을 수집하고 기사를 구성한 다음 잡지를 대량 인쇄했다. 여기에 경기 결과를 추가하여 잡지를 완성하기 위해 1톤짜리 하이델베르크 인쇄기를 경기장에 싣고 갔다.

경기가 끝나는 즉시 하이델베르크 인쇄기로 결과를 인쇄하고 관중들이 경기장을 떠날 때 잡지를 배포했다. 거의 기록적인 시간 안에 이뤄지는 놀라운 작업이었다.

그로부터 2년 후, 레드불은 이 포뮬러 원 경기 발행물을 남성 라이프스타일 잡지로 발전시키기로 했다. 이 잡지는 '레드 불레틴'이란 이름으로 5개국에서 출간되었으며, 70%는 글로벌 공통 기사, 30%는 각 국가의 로컬 기사로 채워졌다. 레드불은 매달 200만 부 이상을 인쇄하고 배포하며, 그중 55만 부는 유료 구독자에게 발송한다.

「레드 불레틴」은 레드불 음료 판매량이나 레드불 고객에게 음료를 얼마나 효과적으로 커뮤니케이션하느냐에 따라 성과가 측정되지 않는다. 「레드 불레틴」의 성과는 미디어 회사와 같은 방식으로 측정된다. 레드불 미디어 하우스는 「워싱턴포스트」, CNN, 「파이낸셜타임스」와 마찬가지로 독자 수익을 창출하는 수준으로까지 성장했다.

현재 레드불 미디어 하우스는 세계에서 가장 성공적인 미디어 회사 중 하나다. 간단한 잡지 출판으로 시작했던 사업이 TV 시리즈, 다큐멘터리, 세계적 행사, 음악 스튜디오, 머천다이징으로까지 확장되었다. 레드불은 이제 「뉴욕타임스」 같은 전통 미디어 회사에 콘텐트 라이선스를 제공하기도 한다.

다른 기업들이 미디어를 기껏해야 부수적인 작업 정도로 여기고 건드려보기만 하고 있을 때 레드불은 어떻게 이런 기회를 내다본 것일까? 답은 간단하다. 로버트 스펄과 대부분의 레드불 미디어 직원들은 출판 및 미디어 산업 출신이다. 조지 루카스가 그랬던 것처럼, 레드불 콘텐트팀의 구성원들은 눈앞에 있는 사업 모델을 지나치지 않고 그것을 단계적으로 진행되는 자연스러운 여정으로 생각했다.

지금은 비즈니스 업계 전반에서 레드불 모델을 다양한 수준으로 모방하고 있다. B2B와 B2C, 심지어 비영리 조직까지 가치 있고 마음을 사로잡는 콘텐트를 만드는 데 초점을 맞출수록 마케팅으로 수익을 내는 새로운 모델이 생겨난다는 것을 깨닫고 있다.

현실적으로 마케팅을 재무제표상의 비용 항목에서 수익 항목으로 옮길 수 있을까? 마케팅은 정말 다양한 비즈니스 모델이 될 수 있을까?

이 책에서는 완전히 새로운 마케팅 사업 모델을 소개한다. 이는 마케팅과 광고업계가 직면하고 있는 혼란스러운 요소마저도 활용할 수 있는 그런 모델이다. 사업에서 마케팅의 목적을 본질적으로 바꿀 것이기 때문이다. 스타워즈 상품화 수익을 챙기는 데 실패한 할리우드 내부 경영자들처럼 마케터들도 대부분의 경우 이 새로운 기회를 보지 못하고 있는 듯하다.

그중 몇 사람은 이제 성공적인 새로운 모델을 찾기 위해서 이전의 마케팅 신념들을 과감히 버려야 한다는 사실을 깨닫고 있다.

대형 클라우드 CRM 회사 세일즈포스Salesforce는 매해 샌프란시스코에서 '드림포스Dreamforce'라는 이벤트를 개최한다. 세계에서 가장 가치 있는 오프라인 이벤트 중 하나인 드림포스에는 해마다 15만 명이 넘는 사람과 수백 개의 스폰서가 모인다.

존슨앤드존슨J&J은 베이비센터닷컴BabyCenter.com을 하나의 독립 부서로 운영하고 있다. 베이비센터는 자사에서 소유하거나 운영하는 전 세계 11개 웹사이트를 통해 9개 언어로 매달 세계 곳곳에 있는 4,500만 부모에게 다가간다. 미국에서는 어머니 10명 중 8명이 베이비센터를 사용한다.

레고의 〈레고 무비〉(2014)는 돈을 벌기 위해 만든 영화로 6,000만 달러의 예산을 들여 전 세계에서 총 5억 달러의 매출을 거두었다.

이런 사례들은 빙산의 일각에 불과하며, 많은 마케터가 이를 잘 보지 못하거나 이런 사례를 특이한 경우나 운이 좋은 것쯤으로 간주하여 무시해버린다. 그러나 머지않은 미래에 이 모델은 예외 사항으로 여겨지지 않고 지구상의 모든 혁신적 기업에서 지배적으로 사용되는 모델이 될 것이다.

☑ 제품을 넘어 가치 창출하기

시리우스디시전SiriusDecisions(마케팅 조사 및 컨설팅 업체 – 옮긴이)에 의하면, B2B 사업에서 마케팅을 통해 잠재 고객의 고위 경영진에게 접근할 수 있는 확률은 25대 1이라고 한다. 그러나 이보다 더 나은 방법이 있을 것이다.

우리는 최근에 이 방법을 이해하기 시작했다.

2016년에 펩시와 몬델레즈가 각각 미디어 본부를 새롭게 만들었다. 두 회사의 마케팅 수장들은 각자의 미디어 본부가 일부분에서는 스스로 자금 조달이 가능하거나 심지어 수익을 창출할 수 있다고 공개적으로 밝혔다.

그로부터 몇 달 후, 전자 부품 제조 분야의 강자이자 「포춘」 500대 기업인 애로우 일렉트로닉스가 세계 최대 미디어 및 이벤트 회사인 UBM과 허스트로부터 여러 개의 B2B 미디어 브랜드들을 인수했다. 애로우는 엄청난 가치가 있는 구독자 리스트와 편집 인재뿐 아니라 자체 수익성이 있는 독자적인 마케팅 사업까지 매입한 것이다.

레드불, J&J, 애로우 일렉트로닉스도 여전히 광고 및 전통 홍보 등 다른 회사들이 하는 마케팅 방식을 활용하고 있다. 하지만 이 기업들은 콘텐트를 중심으로 오디언스를 구축하여 매일 제품을 판매하는 것을 넘어 가치를 창출하고 그로부터 직접 수익을 내고 있다. 이들은 어느 모로 보나 확실히 '미디어' 회사들이다.

이 같은 방법이 음료나 유아용 분유 또는 전자 부품 등 제품 판매를 더 증대하는 것은 당연한 일이다. 고객에게 큰 도움이 되는 콘텐트를 제공하면 고객은 더 오랫동안 그리고 더 많이 구매하게 되고, 새로운 고객 또한 더욱 빠르게 유치할 수 있다.

고객이 콘텐트에 참여하게 되면 고객의 행동에 대해 심도 있는 정보를 얻을 수 있으며, 이를 기반으로 새로운 제품과 서비스를 개발할 수 있다. 이뿐 아니라 마케팅은 자급자족이 가능해지며 사업 수익까지 창출할 수 있다.

이것이 바로 IBM, GM, 시스코 시스템스의 미래다. 더 많은 잠재 고객과 기회를 만들 수 있을 뿐 아니라 그 자체로 훌륭하기 때문에 마케팅만으로 비용을 모두 댈 수 있는 '자사 미디어'를 만드는 것이다.

☑ 『킬링 마케팅』에서 하고 싶은 이야기

우리는 10년 동안 이와 같은 변혁이 일어나는 것을 지켜봤다. 이제는 거의 모든 산업의 브랜드가 전통 미디어 회사들만큼 강력한 커뮤니케이션 활동을 하고 있다. 이런 전략의 일환으로 기업들은 미디어 회사를 인수하고 특정 콘텐트 브랜드를 출시하고 광고, 교육, 구독 서비스 등을 판매하기 시작했다.

전통 광고, 다이렉트 마케팅, 디지털 마케팅, 심지어 소셜 마케팅까지 모두 변하고 있다. 그리고 이들 브랜드는 모두 전통 미디어를 거치지 않고 곧바로 소비자에게 다가가는 방향으로 가고 있다. 과거에 이렇게 하지 못한 이유는 단 한 가지였다. 그것은 오디언스에게 직접 다가가기 어려웠기 때문이다.

레딧의 공동 설립자 알렉시스 오하니언은 이런 현상을 가장 잘 설명하고 있다.

> 수 세기 동안 발명은 생산 수단과 노동력을 가지고 있는 사람에게만 국한된 것이었다. 이제는 당신의 아이디어를 온라인상에서 간단하게 만들어 소개(배포)할 수 있다. 당신에게 쉬운 일이라면 틀림없이 모든 사람에게 쉬운 일일 것이다.

이처럼 인터넷과 디지털 콘텐트가 가져온 새로운 변화로 인해 오디언스와의 접촉이 민주화된 것이다. **이제 남은 것은 역량과 재능을 쌓는 경쟁뿐이다.** 안타까운 것은 우리가 알던 마케팅은 죽어가고 있는데 대부분의 마케팅 경영진들은 이를 보지 못하고 있다는 점이다.

이 책에서는 사업체들이 이 같은 탈바꿈을 어떻게 시작하고 있는지 예지적이고 실용적인 시선으로 바라본다. 그리고 브랜드가 앞으로 해야 할 사항들에 대한 로드맵을 제시하고자 한다.

- 마케팅 활동의 일부를 미디어 회사가 일하는 것처럼 바꿀 수 있도록 역량을 확보하는 일
- 전통 마케팅 업무에 가치를 창출하는 콘텐트 관련 활동을 통합하고 이에 지속적으로 투자하는 일
- 회사가 오디언스의 관심을 끌고 유지하며 동일 목표 대상 고객을 가진 기존 경쟁사 및 전통 미디어 회사와 경쟁하는 방법에 대해 모범 실무 방안을 마련하는 일
- 수익을 낼 수 있는 자사 미디어 전략에 따라 실행할 유료 미디어 및 무료 미디어의 전략 수립 절차를 마련하는 일
- 성공을 위한 반복 가능한 절차를 개발하기 위하여 여러 다른 사업체를 연구하는 일

☑ 생각 바꾸기

이 책은 「포춘」 500대 기업의 CEO든, 중견 기업 마케팅 부사장이든, 아주 작은 회사 사장이든, 특히 누구라도 어디서든 제품이나 서비스를 모방할 수 있는 지금 같은 시대에 사업을 성장시키는 방법에 있어 틀에서 벗어난 생각을 하고 싶은 그리고 해야 하는 이들을 위한 책이다. 직책과 역할에 상관없이 수익을 창출하기 위한 판매나 마케

팅 업무를 하고 있는 당신에게 이 책은 큰 도움이 될 것이다.

마케팅 전문가로서 지금 당장 해야 할 일은 마음속에 자리 잡고 있는 편견을 버리고 마케팅을 그저 수요를 창출하는 수단으로만 바라보지 않는 것이다. 마케터는 마치 낯선 땅에서 기회를 찾는 이방인처럼 마케팅을 바라보아야 한다. 그리고 콘텐트로 어떤 다른 일들이 진행되고 있으며, 앞으로 어떤 다른 일을 할 수 있는지 스스로 생각해봐야 한다.

궁극적으로는 당신이 지금의 마케팅 방법을 버리고 완전히 새로운 모델을 내재화할 수 있는 기회를 갖는 것이다.

미래의 마케팅 기술은 마케팅과 출판이 동등한 비중을 차지하게 될 것이다. 생존을 위해서 2가지를 다 이해해야 하며, 이 2가지에서 파생된 사업 모델을 파악해야 한다. 이 책은 당신이 이런 것들을 할 수 있게 돕는 흥미로운 안내서다.

책을 읽는 동안 도움이 될 수 있게 다음 항목들을 포함했다.

- **통찰력 있는 아이디어** 당신이 하고 있는 세일즈와 마케팅, 커뮤니케이션 업무에 대해 새롭게 생각할 수 있도록 도움을 주는 주제 및 시사점을 제시한다.
- **참고문헌** 이 책은 그야말로 수천 개의 서적, 기사, 팟캐스트, 블로그 게시물, 영상, 발표 자료들과 동료 및 영향력 있는 사람들의 의견을 참고했다. 각 장을 구성하는 데 도움이 된 모든 참고 자료를 실었다.

이 대단한 여정을 우리와 함께하기로 한 독자들에게 감사의 마음을 전하고 싶다. 행운이 함께하기를 바란다!

인내와 끈기, 노력은 성공을 위한 가장 훌륭한 조합이다.

나폴레온 힐

💡 통찰력 있는 아이디어

◇ 20년 동안 마케팅은 본질적으로 변화해왔지만, 대부분의 회사와 마케터들은 이전과 똑같은 방식으로 마케팅을 하고 있다.

◇ 세계에서 가장 혁신적인 기업들은 이러한 변화를 감지하고, 마케팅을 비용 또는 사업을 하면서 내야 하는 세금으로서가 아니라 실제적인 수익 창출 부서로 변모시키기 시작했다.

◇ 새로운 '미디어 마케팅' 사업 모델로 성공을 거두려면 기존에 마케팅에 대해 알고 있는 것을 잊고 새로운 눈으로 바라보아야 한다.

KILLING

1장
킬링 마케팅

MARKETING

Killing Marketing

회사가 실패하는 이유 중 대부분은 무엇을 잘못해서라기보다 몰입하지 않는 데 있다. 가장 큰 위험은 제자리에 그대로 서 있는 것이다.

앤디 그로브, 인텔 CEO

알을 낳기 전에 빨리 죽여버려라.

인터넷상의 유행어

당신은 비행기 사고가 발명된 것이라는 사실을 알고 있는가? 자동차 사고, 전자레인지에서 타버린 팝콘, 하드 드라이브 고장 등도 모두 20세기에 발명된 것들이다.

이 아이디어를 주장한 사람은 프랑스의 문화 이론가, 도시 계획가, '속도의 철학자'라고 불리는 폴 비릴리오다. 비릴리오가 말하는 이 개념은 새로운 기술을 발명하면 그와 동시에 그 기술로 인해 발생할 수 있는 피해까지 발명된다는 것이다. 그는 "배를 발명하면 난파도 발명되는 것이고, 비행기를 발명하면 비행기 사고도 발명되는 것"이라고 했다.

이처럼 모든 기술의 발명은 배든, 비행기든, 전자레인지용 팝콘이든, 컴퓨터 하드 드라이브든, 그에 상응해 우리 인간에게 끼치는 피해

요소가 있다. 이는 마케팅의 현주소와 너무도 비슷하다.

'시작하며'에서 아주 중요한 질문, 즉 **"우리가 마케팅에 대해 명백한 사실 이라고 믿는 것이 실제로는 사업 성장을 방해하고 있는 것은 아닐까?"**라는 질문을 던졌다.

만약 마케팅의 침몰도 그 시작과 함께 발명되었다는 것을 결국 깨달았다면, 더 자세히 들여다보아야 하지는 않을까? 다시 디자인해야 하지는 않을까?

만약 우리가 지금까지 알던 마케팅을 버리고, 기존과는 다른 새로운 것을 만들어 보면 어떨까?

18년간 마케팅과 미디어의 세계가 근본적으로 변했다는 사실은 이제 새로운 사실이 아니다. 우리가 처음 함께 집필한 『콘텐트 마케팅 관리Managing Content Marketing』(2011)를 상기해보자.

> 모바일 웹과 소셜 웹이 폭발적으로 성장하여 비즈니스의 모든 영역에 엄청난 변화가 일어나고 있는 것은 모두가 동의하는 사실이다. 우리는 웹이 정기 간행물, 신문, 서점, 레코드 회사, 방송사 등 모든 콘텐트 중심 분야의 존재를 위협하는 것을 보고 있다. … 인사 보상 관리 담당자, 여행사 직원, 도서관 사서, 기자, 사진사, 비디오그래퍼, 웹 디자이너 같은 직업들이 과거의 타이피스트, 속기사, 엘리베이터 오퍼레이터와 같은 길을 걷고 있다.
>
> 소셜 웹과 모바일 웹은 소비자 간의 교류 속도, 효율성, 간편함을 바꾸어놓았으며 브랜드에 굉장한 영향을 끼치고 있다. 이러한 소비자 참여가 비즈니스의 모든 측면과 연결되어 새롭게 요구되고 있다. 마케팅은 이제 판매원이 판매하는 방법, 회계사가 회계 업무를 하는 방법, 연구원이 연

구하는 방법, 개발자가 개발하는 방법, 서비스 직원이 서비스하는 방법, 심지어 지도자가 지도하는 방법에까지 영향을 끼치고 있다.

재미있는 사실은, 우리가 그동안 마케터로서 우리 주변의 세상이 어떻게 변화해왔는지를 빈틈없이 관찰해왔지만, 정작 마케팅 자체는 전혀 변화시키지 못했다는 것이다.

정확히 말해 우리가 변화시키려는 것은 마케팅의 목적이나 존재 이유가 아니라, 마케팅의 기능과 작동 방식이다. 오래전 피터 드러커가 말한 대로 비즈니스의 목적은 "고객을 만들어내고 유지하는 것"이다. 드러커는 또한 "성과를 올리는 것은 마케팅과 혁신이다. 나머지는 모두 비용일 뿐이다. 마케팅은 다른 것과 구별되는 비즈니스의 독특한 기능"이라고 했다.

이처럼 특별하게 구별되는 비즈니스 기능인 마케팅의 목적이, 고객을 만들어내고 유지하는 것이라는 드러커의 생각에 우리는 동감한다. 그런데 여기서 생기는 한 가지 의문점은 그 목적을 어떻게 달성하느냐는 것이다. 우리가 사는 이 세상은 변했는데, 우리는 아직 마케팅의 기능을 바꾸지 못하고 있기 때문이다.

☑ 지금까지의 여정

디지털 콘텐트와 미디어 혁명에 대해 흔히 잘못 쓰는 표현은 "콘텐트의 창조가 민주화되었다"는 말이다. 이것은 사실이 아니다. 오리지널 콘텐트를 창조하는 것은 구텐베르크가 인쇄기를 만들기 이전이나 지금이나 다를 것이 없다. 아직도 품질 좋은 콘텐트를 만들려면 특별한 재능과 시간을 투자해야 한다. 실제로 민주화되어 너무 많아진 것은 콘텐트의 제작과 배포다. 이전에 특별한 기술, 비싼 도구, 거대하고 지속적인 배포에 투자가 필요했다면, 이제는 언제든 구매할 수 있는 도구로 또는 돈을 들이지 않고도 할 수 있게 되었다.

흥미로우면서도 역설적으로, 콘텐트의 제작과 배포가 더욱 상업화되면서 고품질 오리지널 콘텐트의 가치가 계속 오르고 있다. 오리지널 콘텐트로 오디언스의 관심을 끌고 유지할 수 있는 능력은 오디언스에게 구매, 기부, 투표, 충성, 메시지 전파 등의 행동을 유발하기 원하는 모든 사람에게 점점 가치가 높아지고 있다.

오늘날 우리는 소비자로서 우리가 원하는 것을 정확히 찾을 수 있도록 도와주는 '노이즈 필터'들을 가지고 있다. 일단 우리가 좋아하는 것을 제공해주는 소스를 알게 되고 그것을 신뢰하게 되면 계속 그 소스를 해당 정보나 여흥의 소스로 의존하게 된다. 이런 트렌드는 미디어 전반에 걸쳐 나타나고 있다.

- HBO에서 제공하는 OTT_{Over-The-Top} 서비스인 'HBO 나우'는 아직 5,000만 구독자를 보유한 전통 케이블 회사 HBO의 작은 한 부문에 불과하다. 그러나 2년이 채 안 되는 시간 동안 200만 명의 구독자를 확보했으며 그 수는 점점 늘어나고 있다. HBO는 2017년에 오리지널 프로그램의 방영 시간을 600시간 이상 추가하기로 했다.

- DVD 대여 서비스 업체로 시작한 넷플릭스의 구독자 수는 2012년 기준 2,700만 명에서 5년 후인 2017년에 6,000만 명으로 늘어났다. 또 앞으로 5년 이내에 전체 넷플릭스 콘텐트 중 50%가 오리지널 제

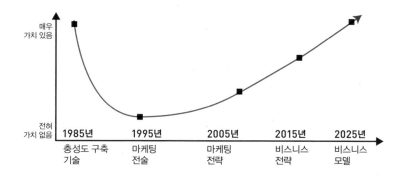

그림 1.1 자사 미디어 가치 곡선.

자사 미디어 콘텐트의 인지 가치는 기술이 발전하면서 제작과 배포가 민주화되고 급격히 떨어졌었다. 그러나 최근에 오디언스가 확보되고 유지되면서 그들과의 관계가 중요해지자, 자사 미디어 콘텐트의 인지 가치가 급등하고 마케팅이 새로운 전성시대를 맞고 있다.

작 콘텐트로 채워질 것이라고 한다.

■ '가짜 뉴스'나 신뢰할 수 없는 언론 매체와 경쟁해야 하는 급변하는 뉴스 미디어 환경 속에서 「뉴욕타임스」, 「워싱턴포스트」, 「애틀랜틱」 같은 브랜드 잡지의 구독료가 기하급수적으로 증가하고 있다.

■ 세계 최대 리테일 회사 아마존은 아마존스튜디오를 출시했고, 2017년에 아마존 프라임에서 제공할 오리지널 콘텐트 제작을 위해 26억 달러 이상을 투자했다.

오리지널 사업 콘텐트의 가치도 이런 트렌드를 따르고 있는 것을 볼 수 있다. 시간에 따른 콘텐트의 전략적 가치를 그려보면 그림 1.1 같은 그래프가 나온다. 위 그래프에서처럼 콘텐트의 인지 가치는 처음에 매우 높았다가 새로운 기술로 인해 콘텐트 제작비와 배포 비용이 감소하면서 크게 떨어졌다. 이제 콘텐츠가 오디언스를 구매자와 연결하는 좀 더 의미 있는 방법으로 등장하면서 그 가치가 다시 가파르게 상승하고 있다. 각 단계를 짚고 넘어가보자.

☑ 충성도 구축 기술로서 오리지널 콘텐츠

디지털이나 웹이 없던 시절, 기업의 오리지널 콘텐츠 가치는 비교적 높았다. 그 이유는 콘텐츠 하나하나가 사업에서 구매로 연결된다고 여겨졌기 때문이다. 오리지널 콘텐츠를 창조하는 것이 비쌌던 게 아니라 콘텐츠를 제작하고 배포하는 데 비용이 많이 들었다.

인쇄 광고, 브로셔, 옥외 광고, 소비자 잡지 등을 만들려면 전문가를 고용하는 비용이 들었다. 1980년대 초반, 즉 디지털 이전 시대에 4색 전면 광고를 제작하는 데 평균 8,000달러가 들었다. 이 금액을 2017년 기준으로 환산하면 약 2만 달러 정도다. 전문가들에 의하면, 요즘 4색 전면 광고를 제작하려면 '어도비 포토샵'을 열어 직접 만들 때 비용이 0달러에 가깝다고 한다. 이는 합법적으로 라이선스를 취득하여 소프트웨어를 사용하는 경우다.

아니면 '99디자인스닷컴99Designs.com' 같은 인터넷 기반 온디맨드 솔루션에 접속해 200달러를 지급하거나, 프리랜서 또는 에이전시와 계약해 적게는 1,500달러부터 많게는 3만 달러까지 내면 된다.

당시에는 오리지널 콘텐츠를 배포하는 데 훨씬 더 큰 비용이 들었다. 콘텐츠를 배포할 수 있는 유일한 방법은 개인 주소록을 활용하거나, 리테일 매장에 판매용 콘텐츠를 배치하거나, 미디어 회사가 가진 오디언스와의 접근 경로를 '대여'하는 것이었다. 그래서 오리지널 콘텐트에 드는 비용이 리스크라고 할 정도로 높을 수밖에 없었다.

자사 미디어를 자세히 보면, 하나의 명확한 트렌드가 있다. 오디언스를 위해 자사 미디어를 만드는 것은 새로운 아이디어가 아니다. 이미 수백 년 전부터 존재한 개념이지만 디지털 시대 전의 자사 미디어는 지속해서 충성도 구축 기술로 활용되어왔다. 예를 들어 비행기 좌석 앞주머니에 꽂혀 있는 잡지에 회원 가입을 하면 받아볼 수 있는 협회 잡지 등이 바로 이런 경우다. 이런 것들은 고객이 되고 난 후에 추가로 받는 콘텐트 경험이다. 이 시점에서는 회사가 당신이 이 콘텐트를 받으리라는 것을 미리 알고 있기 때문이다.

회사는 이미 당신의 주소와 전화번호를 가지고 있고, 매장에서 주는 발행물은 당신이 쇼핑했을 때 쇼핑백에 함께 넣어져 있는 콘텐트다. 회사는 당신에게 어떻게 접근할지 알고 있기 때문에, 충성도 구축 기술은 비싼 콘텐트 제작 비용을 감수할 수 있을 정도로 리스크가 높지 않은 단 한 가지 방법이었다. 즉 브랜드가 관리할 수 있는 배포 채널이었다.

그림 1.1에서처럼 디지털 시대에 접어들면서 1차적으로는 1980년대와 1990년대의 워드 프로세싱 및 데스크탑 출판 혁명에 의해, 2차적으로는 2000년대 초반의 인터넷과 월드 와이드 웹 현상에 의해, 콘텐트에 대한 인지 가치가 급격히 떨어졌다.

순식간에 프로슈머 또는 엔터프라이즈 기술을 사용해 오리지널 콘텐트를 직접 만들 수 있게 되었고 제작비와 배포 비용이 모두 떨어졌다. 이렇게 되면서 리스크도 낮아지고 사업체들은 더 많은 콘텐트 제작을 원하게 되었다.

☑ 마케팅 전술로서 콘텐트

2000년대 초반에 회사들은 전통 미디어를 우회하는 방법을 선택했다. 디지털 기술은 전통 미디어를 피해갈 수 있게 해주었다. 손쉬운 기술을 사용해 웹상에서 콘텐트를 게재할 사이트를 만들 수 있게 되었고, 이메일과 소셜 미디어를 사용해 고객에게 직접 메시지를 전달할 수 있게 되었다. 또한 기술을 효율적으로 사용해 커뮤니티를 구축할 수 있게 되었다.

유일한 과제는 소비자들이 우리 회사를 찾을 수 있게 하는 것이었는데, 인터넷 검색 엔진에서 쉽게 찾을 수 있는 최적화된 온라인 목적지를 만드는 것이었다. 트래픽이 저렴하고, 때로는 무료여서 웹사이트에 가능한 한 많은 콘텐트를 게재하여 혜택을 얻을 수 있었다. 따라서 리스크와 콘텐트 인지 가치가 제작 비용에서나 회사의 배포 가치 면에서 큰 폭으로 낮아졌다. 우리의 미디어 콘텐트는 쉬운 마케팅 전술이 되었고, 인턴이나 친척 조카들 같은 '새내기들'에게 웹사이트 관리를 맡겼다.

회사들은 디지털을 통해 더 많은 사람에게 다가가고 그 빈도를 늘리려는 목적으로 별도의 디지털 마케팅 그룹을 만들었지만, 이런 그룹에 투자를 많이 하지는 않았다. 이때도 미디어의 '진짜 가치'는 제작과 배포 채널에 있었다. 2000년대 초반에 "디지털 푼돈과 아날로그 목돈을 교환하지 않는다"라는 말이 널리 회자되기도 했다.

그래도 회사들은 할 수 있는 모든 새로운 채널과 콘텐트 피드에 최선을 다해 적극 뛰어들었고, 기존의 판매 및 마케팅 법칙을 새로운 디지털 세상에 적용하려고 열심히 기술을 활용했다. 이론적으로는 디지털 콘텐트가 지금까지 나온 그 어떤 것보다 값싼 비용으로 제작될 것이고, 배포하기 쉬울 것이며, 더 효율적일 것이라는 사실이다. 그렇다면 가능한 한 많은 디지털 콘텐트를 제작하면 되지 않을까? 그런데 이 방법은 통하지 않았다. 시간이 지나면서 점점 성과를 거두기가 어려워졌기 때문이다. 무슨 일이 생긴 것일까? 다름이 아니라 법칙이 바뀐 것이다.

사람들은 매일 더 많은 미디어를 소비하기 시작했고, 하루 미디어 소비량은 10시간 이상으로 훌쩍 뛰었다. 그리고 이 중 대부분의 시간을 소셜 네트워크에서 소비한다. 현재 페이스북 하나만 해도 1인당 1일 평균 50분을 소비하고 있다.

그리고 콘텐트의 범람으로 사업체들은 또다시 모델을 바꾸었다. 구글의 경우 광고주들에게 검색 가치를 개선하기 위해 품질 좋은 '퀄리티 콘텐트'를 보상하는 알고리즘으로 바꾸었다. 페이스북과 기타 소셜 플랫폼은 소비자들에게 자연스럽게 도달하는 수단을 무료로 제공하지 않기로 했다. 어느새 새로운 미디어는 기존 미디어와 아주 비슷해졌다. 각자의 오디언스 관계를 보호하려 하고 쉽게 접근 권한을 주지 않게 되었다.

한순간에 '퀄리티'가 핵심 단어가 되었다. 그리고 앞을 내다볼 줄 아는 마케터들은 이런 환경에서 그들도 경쟁에 뛰어들 수 있다는 것을 깨달았다. 이들은 제작과 배포를 할 때 전통 미디어에 의존하지 않아도 됐다.

현명하게 마케팅을 하는 회사들은 비싸지 않은 제작과 배포 방법을 활용해 각자의 오디언스를 모을 수 있게 됐다. 이런 생각을 하는 마케터들에게 이제 남은 이슈는 미디어를 통해 보낼 오리지널 콘텐트를 창작해야 하는 것과 동시에 그들 자체가 미디어가 되는 것이었다. 가치 창출에 대한 부담이 늘어났는데, 이런 변화는 이들이 가지고 있지 않은 것을 필요로 했기 때문이다. 그것은 바로 인재다.

☑ 마케팅 전략으로서 콘텐트

2008~2010년까지의 극심한 경기 침체 기간을 지나오면서, 마케터들은 자사 미디어 콘텐트의 가치가 점점 커지고 있다는 것을 느꼈다. 앞서나가는 브랜드들은 다양한 오리지널 콘텐트를 제작하기 위해 퍼블리싱 하우스_{publishing house}를 만들었다. 예를 들어 GE는 「GE 리포트」를 포함해 여러 디지털 잡지를 만들었는데, 「GE 리포트」는 30만 명에 달하는 독자를 보유하게 되었고, 이는 유명 과학 잡지와 견줄 수 있는 수준이다.

또 다른 예로 아메리칸 익스프레스의 '오픈 포럼'이 있다. '오픈 포럼'은 소기업 경영주들이 성공한 경영자나 회사 또는 개인으로부터 배움을 얻을 수 있는 교육 정보 소스 및 커뮤니타다. 이 포럼은 매달 100만 명이 넘는 개별 방문자 수를 기록하고 있으며, 현재 아멕스 카드를 이용하는 소기업의 50%가 이 포럼을 통해 가입했다.

B2B와 B2C 브랜드들이 모두 콘텐트가 마케팅 전략으로서 가진 힘을 알게 됐다. GE, 레고, 크래프트하인즈, IBM, 시스코, P&G, 코카콜라, 캐피탈원 같은 대형 회사들이 전부 오디언스와의 전략적 관계를 구축하기 위해 자체 미디어 출판물을 만들기 시작했다. 디지털에 초점을 맞춘 '맞춤형 퍼블리싱_{custom publishing}'에 대해 새롭게

관심이 쏟아지면서 미디어 회사에 새로운 사업 모델도 생겨났다.
1940년대부터 광고 업계에서 가장 명망 있는 이벤트 중 하나인 칸 국제 광고제에서도 2012년부터 새 부문으로 '브랜디드 콘텐트'가 추가되었다. 콘텐트는 이제 전략으로 인식되고 있다. 콘텐트 마케팅은 실무적으로 마케팅에서 중요한 요소가 되었으며, 하나의 전술이 아닌 핵심 마케팅 전략이 되었다.
뉴트 베렛과 조 풀리지가 쓴 『콘텐트 마케팅 파워』(라이온북스, 2012)를 한번 들여다보자.

> 이제는 마케팅 조직 스스로가 수많은 미디어 회사가 제작하는 콘텐트와 동등한 수준이지만 더 훌륭한 콘텐트를 스스로 만들 수 있음을 깨달았다. …
> 타깃 시장에 필수적이고 적절한 콘텐트를 전달함으로써 당신은 소비자의 삶에 중요한 역할을 하게 될 것이다. 이런 콘텐트는 온라인, 인쇄물, 대면 의사소통 등의 수단에 모두 적용된다. 그리고 이런 것들은 과거에 신문, 잡지, TV, 라디오, 콘퍼런스, 워크숍, 웹사이트 등이 해왔던 역할과 동등한 역할을 한다. 이제 당신의 조직에서 이 역할을 맡을 차례다.

이처럼 콘텐트의 가치가 상승하기 시작했지만, 새로운 인재를 채용하는 데 따르는 위험과 비용 또한 늘어났다. 이런 역할을 하기로 한 회사들은 불가피하게 여러 문제에 봉착하게 되었고 새로운 깨달음을 얻게 되었다. 다름 아니라 고품질의 오리지널 콘텐트를 창작하기 어렵다는 것과, 성공하려면 마케팅을 전혀 다른 시각으로 접근해야 한다는 것이었다. 물론 구미가 당기는 전략이지만, 오리지널 콘텐트를 만들려면 현재 보유하고 있지 않은 인재와 회사에서 원하지 않았던 문화적 변화 그리고 회사가 아직 이해하고 있지 않은 새로운 측정 방법과 관리 방법, 절차를 거쳐야 했다. 이런 상황들이 오늘날을 만들었다고 말할 수 있다.

☑ 비즈니스 전략으로서 콘텐트

『콘텐츠로 창업하라』(세종서적, 2017)를 보면, 회사가 오디언스를 먼저 구축하고 그다음으로 어떤 제품을 판매할지 결정하는 새로운 사업 모델에 대해 알 수 있다.

> 미래에는 지구 곳곳에서 수많은 기업이 콘텐트 회사의 시장 접근 전략을 활용할 것이다. 왜일까? 오디언스에게 집중하여, 충성도 높은 오디언스를 직접 만들어보는 것이 특정 상품을 실제로 잘 팔 수 있을지 파악하게 해주는 가장 좋은 방법이기 때문이다.

『경험: 7차 마케팅 시대』에서 우리는 다가오는 변화를 이렇게 설명했다.

> 기업들이 기하급수적으로 생산하고 있는 콘텐트는 마케팅 전략에 영향을 끼치고 있으며, 기업 전체에서 콘텐트를 그러한 전략의 일부로 다뤄야 한다. … 콘텐트가 비즈니스에 영향을 끼칠 것은 확실하다. 핵심은 콘텐트가 비즈니스에 영향을 끼칠 것이냐가 아니라 어떻게 영향을 끼칠 것인가다.

킬링 마케팅

이것이 바로 오늘날 미디어와 마케팅의 상황이다. 회사마다 미디어의 잠재 가치는 급속도로 높아지고 있다. 이런 변화 경로를 따라가고 있는 KHC, GE, J&J 같은 미래 지향적 회사들은 이제 오디언스에게 접근하기 위해 계속 누군가의 힘을 빌려야 한다고 생각하지 않는다. 소셜 미디어를 더는 충성 고객 커뮤니티를 구축하는 유기적 수단으로 바라보지 않는다. 그리고 이제는 콘텐트를 단순히 광고를 뒷받침해주는 단기 투자 대상으로 생각하지 않는다. 또한 이들은 자사 미디어 경험과 이를 통해 구축하는 오디언스가 사업에 여러 가치를 더하며, 이로 인해 마케팅 측면에서의 전략뿐 아니라 전체 사업 전략을 변화시킬 것으로 생각하고 있다.

바로 지금 우리가 처해 있는 이런 상황 때문에, 우리는 이 책에서 사례를 통해 이에 대해 더 논의할 것이다. 그러나 그전에 해결해야 할 단계가 있다. 일단 우리가 지금 알고 있는 마케팅을 버리는 것이다.

☑ 비즈니스 모델로서 콘텐트

2020년으로 접어들면서, 하나의 새로운 기능이 마케팅의 역할로 자리 잡기 시작할 것이다. **그것은 콘텐트의 전략적 사용인데, 이를 통해 오디언스를 구축할 수 있을 뿐 아니라 고객을 창출하고 유지할 수 있다. 그것도 수익을 내면서 말이다.** 이는 지금까지 우리가 알고 있는 마케팅을 전혀 다른 것으로 변형시킬 것이다. 이로 인해 전체 마케팅 업무가 진화될 것이며, 마케팅 업무의 일부 또는 전체를 비용을 쓰는 업무가 아니라 수익을 내는 업무로 탈바꿈시킬 것이다.

'시작하며'에서 언급했듯, "이것이 바로 IBM, GM, 시스코 시스템스의 미래다. 더 많은 잠재 고객과 기회를 만들 수 있을 뿐 아니라 그 자체로 훌륭하기 때문에 마케팅만으로 비용을 모두 댈 수 있는 '자사 미디어'를 만드는 것이다".

그러나 이렇게 하려면 우리가 현재 알고 있는 마케팅을 버릴 준비가 되어 있어야 한다.

☑ 킬링 마케팅

비즈니스의 마케팅 리더들이 미술, 과학, 법률 또는 의학 분야의 최상위 실무자들과 같은 수준으로 여겨져야 한다고 말하면 아마도 대부분의 사람들은 비웃을지도 모른다.

오늘날 마케팅은 겉에서 볼 때는 화려해 보일지 몰라도 대부분의 비즈니스에서 침체되어 있거나 보통 수준에 머무르고 있을 뿐이다.

마케팅은 대부분의 회사에서 하지 않아도 되는 활동이다. 많은 회사에서 마케팅은 그저 전체 시스템에 적용되는 '세금' 같은 것이며 회사들은 마케팅에 최대한 적게 투자하려고 한다. 대부분의 사업에서 내가 '최소 필수 마케팅Minimum Viable Marketing'이라고 부르는 것을 목표로 삼는다.

한 CEO는 직접 나에게 "마케팅은 세금입니다. 그래서 가끔 편법도 쓰고, 생략도 자주 하고, 항상 최소한의 비용만 들이려고 최선의 노력을 할 것입니다"라고 말했다.

많은 B2B 회사 조직에는 전략 마케팅 리더가 따로 있지 않다. 단지 마케팅과 비슷한 업무를 하는 사람들이 모여서 일한다. 이런 식의 마케팅팀은 '회사 내부의 에이전시' 역할을 하며 영업 부서의 지시를 받을 수도 있다. 만일 이 팀에 리더가 있다면 리더의 유일한 목표는 영업 부서에 더 많은 잠재 고객과 기회를 몰아주는 것이다.

B2C 회사들은 마케팅을 보다 중요하게 여기지만 이들에게도 마케팅은 아직 '회사가 만드는 것을 처분할 더 영리한 방법을 찾는 부서'에 불과할 뿐이다. 그러나 마케팅의 전설 필립 코틀러 교수가 한 말을 다시 한번 상기해보자.

> 마케팅은 생산한 것을 처분할 영리한 방법을 찾아내는 기법이 아니다. 마케팅은 고객에게 진정으로 가치 있는 것을 제공하는 기술이며 고객들이 더 나아지도록 돕는 기술이다.

물론 마케팅이 무엇이며 어떤 방식으로 운영되어야 하는지에 대한 명확한 개념을 가지고 있는 기업도 있다. P&G, GE, 레고, 애플 같은 회사들은 세계적으로 널리 알려질 정도로 훌륭한 전략을 만들었다. 특히 P&G의 마케팅 교육은 전설적이라는 평가를 받고 있다. 마이크로소프트의 CEO 스티브 발머, HP의 CEO 맥 휘트먼, GE의 CEO 제프 이멜트, 현 에스티로더의 CEO 파브리지오 프레다, 유니레버의 CEO 폴 폴먼 등이 P&G 마케팅 출신이다.

그러나 P&G나 GE 같은 소수 기업과는 달리 대부분의 회사는 마케팅 활동의 전략적 성격을 찾지 못하고 있다. 이 회사들은 급속도로 이뤄진 디지털화와 빠르게 생겨나는 새로운 경영 실무에 허덕이고 있다. 이들은 새로운 전략들을 만들고, 그것들을 어떻게 디지털화할 것인지를 연구하는 것이 아니라 전통 절차를 디지털화하는 데 기술을 적용하고 있다.

마케팅의 기본 실무는 60년간 변하지 않았다. 대부분의 마케팅 부서는 요즘 '디지털 마케팅'이라는 비슷한 신생 부서가 생겼음에도 불구하고 거의 똑같은 역할을 하고 있다. 이들은 값비싼 전통 미디어를 무대로 일시적인 캠페인을 만들고, 진행하고, 반복한다. 그리고 일정 기간 빌려온 오디언스를 대상으로 메시지를 전달하고 퍼뜨리는 데 더 좋은 성과가 나오기를 희망하고 있다. 그와 동시에 영업에서 e커머스와 홍보까지, 다른 부서의 한시적인 캠페인에 사용할 크리에이티브 재원을 제공하는 일을 한다.

이것은 그동안 마케팅 부서에서 지속적으로 해오던 일이다. 즉 캠페인 기간 동안 오디언스 접근 수를 최대화하면서 그 일을 하는 빈도를 최소화하는 것이었다.

그러나 이런 마케팅의 효율성은 적어도 효율성의 인식 측면에서 시간이 지나면서 계속 낮아지고 있다. 클레어몬트 대학원 드러커 경영스쿨의 경영 및 교양 학과장 버니 자보르스키는 최근 「마케팅 저널」과의 인터뷰에서 이렇게 말했다.

> 마케팅이 회사의 어느 부분에 어떻게 최선의 부가가치를 제공할 수 있는지 아주 불명확하다. CMO 역할의 50%가 마케팅이 아닐 때가 있다. 그뿐 아니라 회사들이 자사의 스토리에 대해서도 통제력을 상실하고 있다.

2가지 트렌드를 보자. 리서치 회사 가트너의 2016~2017 CMO 지출 조사에 따르면, 마케팅 예산이 회사 매출의 12%까지 증가했으며

3년 연속 증가 추세를 보이고 있다. 예산이 가장 많이 늘어난 마케팅 분야는 디지털 분야인데 크게 콘텐트, 전자상거래, 디지털 광고 카테고리 등이 있다.

이를 좋은 소식으로 생각해야 할까? 그럴 수도 있겠지만 쓸데없는 돈 낭비라고 강력하게 반박할 수도 있다. 우리가 새로운 기술을 도입하고, 소셜 미디어의 새로운 언어를 배우고, 고객 중심의 접근을 하고, 더욱 세분화된 오디언스를 다루기 위해 우리의 투자를 다양화한 것은 사실이다. 그러나 100년 이상의 시간 동안 그래왔던 것처럼, 마케팅 투자는 아직도 거의 미디어와의 현재 관계를 기반으로 이뤄지고 있다.

마케팅 부서들은 정기적으로 오디언스에 접근해서 그들에게 메시지를 던지기 위해 미디어들이 보유하고 있는 오디언스와의 관계에 아직도 전적으로 의지하고 있다.

투자 공식은 간단하다. **우리는 오디언스를 설득하기 위해 사용하는 메시지의 도달을 극대화하면서 이러한 일의 빈도나 그에 따른 비용을 최소화하려 한다.** 다시 말해, 우리의 임무는 오디언스에 도달하고 그들에게 영향력을 갖는 데 드는 비용을 줄이는 것이다.

우리는 대중 매체가 생긴 이래로 계속 이와 같은 방법을 사용해왔다. 인쇄물, 라디오, TV, PR, SEO, 디지털 광고, 네이티브 광고 등 무엇이든 도달을 최대화하는 동시에 빈도에 따른 비용을 최소화하는 것이 목표였다.

안타깝게도 이런 속도와 기술은 마케팅을 장기적인 가치 투자가 아니라 당일치기 투자에 더 가깝게 만들었다. 회사에서는 이제 정기적으로 월 단위, 일 단위, 심지어 분 단위로 ROI를 기대한다. 테크

놀로지와 리서치 회사들이 '실시간으로' ROI를 제공하기 위해 '데이터 독해'를 약속하면서 우리는 '실시간 마케팅'을 만들어냈다. 마케팅 부서들은 현재 예측 분석, 인공지능, 머신 러닝에 매료되어 있다. 이를 통해 우리는 우리가 시작하기도 전에 결과가 어떻게 될지 이론적으로 알 수 있다. 지금은 이것이 ROI다.

세심한 전략보다 실행이 우선시되었고, 깊은 통찰 대신 빠른 실패를 경험하게 됐다. 혁신 대신 받아들일 수 있는 정도의 비효율성이 선호되었다. 2014년에 디지털 광고의 기수인 인터넷 광고국Internet Advertising Bureau, IAB은 광고 차단 기술, 광고 클릭 사기, 기타 기술 문제 등으로 인해 마케터들이 디지털 광고 노출 목표를 70% 정도로 잡아야 한다고 보도했다. 이것이 받아들일 수 있는 광고 노출도의 새 표준이 되었다.

이에 대해 잠시 생각해보자. 우리 마케터들은 미디어를 빌려 사용하면서, 거기에서 발생하는 30%의 '세금'이 전혀 다른 일을 하는 것보다 덜 비싸다는 계산을 하고 그렇게 결론을 내려버린 것 같다. 어쩌면 디지털 광고 예산이 계속 늘어난 것은 이런 이유 때문일 수도 있다. 딱히 더 효과적이라서가 아니라 그동안 누린 효과를 유지하는 것이 점점 비싸지기 때문이다.

이런 속도와 실행 위주의 마케팅은 심각할 정도로 성장했다. 최근 우리가 강의했던 워크숍에 참석한 한 대형 식품 브랜드의 마케팅 디렉터는 아주 놀라운 일을 겪었다고 했다. 그는 얼마 전 채용 면접에서 있었던 일을 자세하게 들려주었다.

그는 새로운 디지털 마케팅 디렉터 직무를 맡을 후보자로 다른 식품 회사의 마케팅 팀원을 만났다고 한다. 그 팀원은 면접에서 그에게 업무를 시작하고 처음 몇 주간 해야 할 일을 물어보았다. 그는 마케팅과 콘텐트 마케팅, 소셜 미디어에 적용할 새로운 콘텐트 전략을 만들기 위해 팀과 어떻게 일해야 하는지 간단히 설명하려 했다. 그런데 그 팀원은 그의 말을 자르면서 "그럴 시간이 없다면요?"라고 물었다. 예상치 못한 질문에 당황한 그가 "전략을 세울 시간이 없다고요?"라고 되묻자 그 팀원은 "네, 저희는 ROI를 높여야 해요. 분석할 시간이 없어요. 바로 소셜 미디어 포스트와 이메일로 성과를 내야 하는데 어떻게 하실 건가요?"라고 말했다.

그는 당연히 그 팀원을 채용하지 않았다.

만일 기존의 마케팅 전략을 없애고 전혀 새롭게 재구성한다면?

머릿속에 가지고 있는 마케팅 기능에 대한 생각을 완전히 뒤집는다면 어떻게 될까?

- 만일 판매하는 제품의 특징과 혜택을 알아내려는 것부터 시작하는 것이 아니라, 미디어 전략에서 마케팅의 전체 구조와 기능을 도출해낸다면 어떨까? 자주 고객을 접하고 '당장 구매할 것'을 설득하는 캠페인에서 진심으로 우리의 소식을 듣기 원하는 오디언스에게 가치 있는 경험을 만들어주는 콘텐트 구성 전략 방식으로 바꾼다면?

- 광고 캠페인을 자사 미디어로 지원하는 방법을 고민하는 대신, 자사 미디어 오리지널 콘텐트 전략을 어떻게 유료 미디어 광고가 지원할 수 있는지 생각해보면 어떨까?

- 디지털 광고를 더욱 저렴하게 내보낼 수 있도록 이를 최적화하는 데 온 시간을 보내는 것이 아니라, 오리지널 콘텐트를 창작하는 일에는 다른 재원이 필요하며 더 많은 비싼 노력이 필요하지만 단순한 클릭,

전환, 판매보다 더 많고 다른 비즈니스 가치를 추가해줄 수 있음을 인정한다면 어떨까?

마케팅을 기능적인 비용 센터가 아닌 사업 모델로 바라본다면?

『경험: 7차 마케팅 시대』를 보면 에머슨의 CMO인 캐시 버튼 벨의 이야기가 나온다. 버튼 벨은 CMO가 되면서 대규모 리브랜딩 작업부터 시작했다. 여기까지는 다른 CMO들과 크게 다르지 않았다. 그러나 그녀는 그 후로 향후 10년간 에머슨의 '스토리'를 모든 마케팅과 판매 접점에서의 시작점으로 주입시키는 일을 진행했다. 조직 내에 스토리텔링 문화를 정착시켜 이를 기반으로 다른 노력이 생겨나도록 했다.

한마디로 마케팅 부서를 에머슨의 제품과 서비스의 가치를 설명하는 일을 하는 부서로 포지셔닝하지 않고, 고객 오디언스가 어디에 있든 그들을 위해 가치를 창조하는 부서로서 모든 전략을 구축했다. 책 내용을 한번 들여다보자.

> 버튼 벨과 그녀의 팀은 전 세계와 공감할 수 있고, 연구 개발에서 인사 및 신규 사업 모델까지 회사의 모든 영역을 아우르는 브랜드 스토리를 개발했다. 에머슨의 중심 스토리인 '해결된 것으로 생각하라Consider It Solved'는 복잡함을 줄이는 것과 회사가 어떻게 사람들의 문제를 해결해주는지를 주제로 삼고 있다. 회사가 전달하는 모든 스토리와 회사가 참여하는 모든 활동은 이 '해결된 것으로 생각하라' 스토리에서 시작된다.

한 단계 더 나아가서 메시지의 전달을 최대화하고 단순히 제품과 서

킬링 마케팅

비스의 가치를 설명하는, 우리가 현재 알고 있는 마케팅을 없애는 것뿐 아니라 마케팅 업무 일부를 수익을 창출하는 업무로 바꾼다면 어떻게 될까?

또한 오디언스와 소비자에게 굉장한 가치를 제공하는 마케팅 기능을 만들어서 마케팅 비용을 충당할 수 있게 된다면? 그리고 자급자족을 넘어서 비용보다 더 큰 수익을 낸다면 어떨까?

마케터가 수익을 내면서 마케팅을 한다?

이제부터 빅터 가오의 이야기를 해보자. 그가 일하고 있는 애로우 일렉트로닉스는 「포춘」 500대 기업 중 119위에 올라 있는 기업으로, 240억 달러 이상의 연간 매출을 올리고 있으며 80년 넘게 업계를 선도해왔다.

2년간 애로우 일렉트로닉스는 전자 공학 출판물들이 어려움을 겪는 것을 지켜봐왔다. 이런 출판물은 애로우 일렉트로닉스의 고객인 전기 엔지니어들에게 업계의 흐름을 따라갈 수 있도록 도와주는 길잡이 역할을 했으며, 어린아이들에게는 전기 엔지니어가 되고 싶은 꿈을 꾸게 하고 영감을 주는 자극제로 애로우 일렉트로닉스 고객층의 지성과 수적인 규모를 증가시키는 생명선이라고 할 수 있다. 그래서 이런 출판물들이 계속 나오는 것은 애로우 일렉트로닉스에게 아주 중요한 문제였다.

우리와의 인터뷰에서 빅터는 "이런 틈새 출판물은 흔히 초대형 미디어 기업의 그늘에 숨겨져 있지요"라고 했다.

실제로 대형 미디어 기업에서 전자 공학 관련 출판은 우선순위가 아닐 수 있다. 애로우는 이것을 기회로 삼았다. 엔지니어들에게 서비스를 제공할 엄청난 니즈를 본 것이다. 대형 미디어 기업은 적은 부수의 인쇄 잡지를 디지털화할 여력이 없었지만 애로우 일렉트로닉스는 가능했다. 틈새시장을 겨냥한 출판물의 성공이 어떤 미디어 기업에는 관심의 대상이 아닐 수 있지만, 애로우 일렉트로닉스에는 회사의 성공과 직접 연결되었다.

애로우 일렉트로닉스는 2년 동안 전자 공학 분야의 최대 미디어 회사로 자리매김했다. 2015년 2월에는 허스트의 '유나이티드 테크니컬 퍼블리케이션스'로부터 16개의 공학 관련 웹사이트, e뉴스레터, 인벤토리 액세스 툴과 데이터베이스를 매입했고, 1년 후에는 EE 타임즈, EDN, SEM, 임베디드, 테크온라인, 데이터시트닷컴 등 UBM의 전체 전자 미디어 포트폴리오를 2,350만 달러에 매입했다.

애로우 일렉트로닉스가 새로 시작한 콘텐트와 마케팅 포트폴리오는 경쟁사와 협력사에 광고를 판매하고, 이벤트를 개최하고, 전자 공학 전문가를 위한 교육 콘텐트를 개발하는 것으로 구성되어 있다. 애로우의 수익 모델은 3장에서 자세히 설명할 것이다. 이 포트폴리오의 목표는 오로지 고객에게 전달할 수 있는 가치를 만들어내는 것이다. "우리 회사는 수익성이 높다고 말씀드릴 수 있어요. 그렇지만 우리는 그 수익을 기사 수집과 제품 경험을 만들어내는 데 재투자하죠"라고 빅터 가오는 말했다.

애로우 일렉트로닉스는 장기전을 하고 있다. 마케팅 일부를 편집 출판 중심 전략으로 바꾸면서 애로우는 단지 애로우 제품의 가치에 대해 설명하는 것 그 이상을 하고 있다.

이 부분에 대해 빅터 가오는 우리와의 인터뷰에서 다음과 같이 설명하고 있다.

우리는 밝고 총명한 젊은이들을 생각합니다. 거기에서 우리가 누구와 경쟁하는지를 생각해보면 현재 우리의 경쟁사가 아닙니다. 우리는 젊은이들이 선호하는 분야인 경영 컨설팅이나 패션, 기타 분야들과 경쟁해야 합니다. 재능 있는 젊은 인재들을 전자 산업으로 최대한 많이 데려오면 언젠가 이들이 산업의 고객이 될 것입니다. 이 시장의 성장이 계속되는 한, 우리는 시장에서 적정한 점유율을 보유할 충분한 능력이 있다고 확신합니다. 그러므로 우리가 마케팅에서 해야 할 일은 기본이 되는 시장을 계속 성장시키는 일입니다. 단지 이 일만 하는 것으로도 우리는 돈을 벌 수 있습니다.

애로우 일렉트로닉스와 빅터 가오는 마케팅 분야에서 마케팅 방법을 전혀 새롭게 정의하는 초기 혁신 그룹에 속한다. 이런 움직임은 피터 드러커가 주장한 비즈니스의 주요 목표인 '고객을 창조하고 유지하는 것'을 대체하려는 것이 아니다. 아이러니하게도 이것은, 오늘날 우리가 마케터로서 하고 있는 많은 일보다 드러커가 "성과를 창출하는 것은 마케팅과 혁신"이라고 했던 말의 의미에 더 충실한 것일 수 있다.

솔직히 말해 우리가 알고 있는 지금의 마케팅을 없애고 그것을 전혀 새로운 다른 것으로 대체하는 것만이 우리가 이토록 좋아하는 마케팅을 구할 수 있는 유일한 방법일 수도 있다.

준비됐다면 이제 시작해보자.

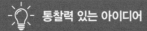

◇ 마케팅의 목적은 변하지 않았다. 마케팅의 목적은 피터 드러커가 말했듯 "고객을 창조하고 유지하는 것"이다. 여기서 '창조'라는 단어만 놓고 생각해보자. 고객을 창조하는 것은 단순히 무언가를 구매하고 싶어 하는 사람을 설득하는 것만은 아니다. 말 그대로 없었던 고객을 창조해내는 것이다. 마케터들은 시장을 만들어낸다. 우리에게 첫 단계는 관심 있는 오디언스를 창출하는 것이다. 그런 다음 오디언스 안의 사람들이 지속적으로 우리의 접근 방식에 관심을 갖게 하여 마침내 그들의 관심이 구매로 연결되게 한다.

◇ 자사 미디어는 크게 성장하여 단순한 마케팅 전술이 아닌 마케팅 전략을 뛰어넘은 수준에 이르렀다. 이제 자사 미디어는 마케터가 담당하게 된 전략적 사업 활동이다. 수익을 내기 위해 마케팅의 우선순위를 재구성해야 한다.

◇ 미래에 성공하는 회사들은 오디언스와의 관계를 활용해 여러 가치를 발굴하고, 전통 마케팅과 광고 활동에 채워넣을 콘텐트 구성 전략을 구축하게 될 것이다.

킬링 마케팅

KiLLiNG

2장

오디언스 수익률

MARKETING

Killing Marketing

> 그 순간 나는 의사 결정에 대한 분석을 포기했다. 아무도 숫자에 의거해서 의
> 사 결정을 하지 않았다. 그들에게 필요한 것은 스토리다.
>
> 대니얼 카너먼

> 당신이 중력을 싫어한다고 해서 중력이 없어지는 건 아니다.
>
> 클레이튼 크리스텐

우리가 실제로 마케팅을 없애려면 그것이 무엇인지, 또 무엇으로 대
체해야 할지를 알아야 한다. 먼저 우리가 없애려는 것부터 짚고 넘
어가자. 마케팅은 무엇일까?

'마케팅'이라는 단어의 역사가 얼마나 짧은지를 알게 되면 아마도
놀랄 것이다. 이 단어가 얼마나 오래전부터 존재했는지에 대해서는
논란이 있는데, 어떤 학자들은 1600년대 네덜란드까지 거슬러 올라
가기도 한다. 여기서는 마리아 팔로아, 즉 '미스 팔로아'를 소개하려
한다(그림 2.1).

마리아 팔로아는 미국 최초의 유명 요리사다. 1843년에 미국 매사
추세츠주에서 태어난 마리아는 부모님을 일찍 여의고 어린 시절
부터 요리를 시작했다. 마리아 팔로아는 첫 저서 『애플도어 쿡 북

그림 2.1　미국의 첫 유명 요리사, 마리아 팔로아.

Appledore Cook Book』에서 "수년간 여러 가정과 호텔에서 요리사로 일한 덕분에 사람들이 무엇을 원하는지 알고 있고, 그들을 만족시킬 수 있다"고 말했다.

마리아는 많은 요리 학교를 세웠다. 1877년 10월, 보스턴에 첫 학교를 세웠고, 그로부터 10년 후 당대 가장 유명한 요리 강사가 되었다. 아마도 마리아는 식품을 협찬받아 돈을 벌 수 있게 된 최초의 인물 중 하나일 것이다. 그러나 여기서 우리가 이야기하려는 것은 그녀의 명성이 아니다. 이야기의 핵심은 네 번째 저서『미스 팔로아의 새로운 요리책: 마케팅과 요리 안내서Miss Parloa's New Cook Book: A Guide to Marketing and Cooking』(1881)에 있다. 이 책의 제목에서 미국 역사상 '마케팅'이라는 단어가 처음 등장한다. 적어도 최초 등장 사례 중 하나다.

물론 이때 미스 팔로아가 사용한 '마케팅'이라는 단어의 의미는 현재 우리가 사용하는 의미와 다르다. 미스 팔로아는 '마케팅'을 시장에 가서 전략적으로 원하는 것을 찾아다니는 활동을 설명하는 동사로 사용했다.

많은 사람이 시장은 여성들에게 즐겁거나 가기에 적절한 장소라고 생각하지 않는다. 이것은 잘못된 생각이다. 내 경험에 의하면 상인들 중에도 다른 비즈니스와 마찬가지로 신사적인 사람이 많다. 단골 거래 장소가 있어야 시간을 절약할 수 있고, 실망스런 일을 줄일 수 있다. 육류를 잘 볼 줄 모른다면 중개인에게 구매를 맡기는 것도 바람직하다. 집안 살림을 하는 사람이 직접 시장을 가는 습관을 들이면 문 앞에서 주문하거나 주문서를 이용해 주문할 때보다 더 나은 음식을 식탁에 올릴 수 있다.

이는 오늘날 우리가 생각하는 '마케팅'과는 확연히 다르지만 '시장 사람들을 '믿어도 된다'는 미스 팔로아의 진심 어린 주장은 오늘날 시장에서의 신뢰 관계를 예고해주고 있다.

☑ 마케팅 문제

미스 팔로아의 명성이 정점에 이르렀던 19세기 말에 '마케팅'은 상품 판매자들에게 알려지지 않은 개념이었다. 그러나 주로 '중개인'이라고 불렸던 이들과 비즈니스를 했던 사람들은 이를 '마케팅 문제'라고 표현했다.
가장 두드러졌던 문제는 자신이 재배한 농작물을 가장 좋은 곳에서 팔기 원하는 농부들과 그렇게 할 수 있도록 돕겠다는 중개인들 사이의 견해 차이였다.

『마케팅: 비판적 교과서Marketing: A Critical Textbook』에는 이런 내용이 있다.

> 마케팅 시스템의 효율성에 대한 비판이 계속되는 동안, 이 주제는 마케팅에 관한 중요한 이론적 의문점을 제기했다. 유통 채널에서 그 어떤 효용성도 더해주지 않는 요소들이 존재하고 있지는 않은가?

다시 말해 생산된 제품과 서비스를 판매해서 소비자들의 손에 빠르게 전달하는 데 중개인을 믿고 개입시키는 일이 과연 어떤 실질적인 가치를 창출하고 있는지를 묻고 있는 것이다.

미스 팔로아의 책이 나온 지 130년이 지난 지금까지도 CEO들은 여전히 마케터들이 가치를 더하기 위해 도대체 어떤 일을 하고 있는지 이해하려고 노력한다. 우리가 어디까지 진보했는지 아는 것은 중요하다. 그런데 그다지 크게 진보한 것 같지는 않다.

☑ 마케팅의 ROI 측정

마케팅의 가치를 측정해보는 것은 전혀 새로운 도전이 아니다. 1910년대나 1930년대 또는 1960년대에 가지고 있었던 능력을 갑자기 잃어버리지는 않았을 것이기 때문이다. 마케팅이 등장한 이래로 마케터들은 성과 측정의 어려움에 대해 논의해왔다.

1800년대 후반에 존 워너메이커는 "내가 광고에 쏟아붓는 절반은 낭비인데 그 절반이 어느 쪽인지 모르겠다"라는 유명한 말을 남겼다.
1964년 당시 하버드 경영대학원 명예 교수였던 닐 보든의 글 「마케팅 믹스의 개념」 마지막 문장에 대해 생각해보자. 그는 많은 사람이 바라지만 아직 이루지 못한 '마케팅의 과학'에 대한 탐구를 이야기하면서 이런 결론을 내렸다.

우리는 명확하게 정의되고 도움이 되는 마케팅 법칙을 점차 만들어갈 수 있기를 바란다. 그때까지, 심지어 그때가 되어도, 마케팅과 마케팅 믹스를 구축하는 일은 기술의 범주에 속하게 될 것이다.

우리는 이 마지막 문장에 있는 '심지어 그때가 되어도' 부분에 굉장히 동감한다. 아마 보든 교수도 '법칙'을 찾는 일이 실망스러운 여정이 되리라는 것을 알고 있던 게 아닐까 싶다.
이로부터 24년이 지난 1988년에 출판된 『마케팅 성과 평가Marketing Performance Assessment』에도 눈여겨볼 만한 부분이 있다. '철학자의 돌'이라는 서론을 들여다보자.

마케팅 생산성 분석이라고도 불리는 마케팅 성과 평가는 학자와 실무자 모두에게 매력적이지만 규정하기 힘든 개념이다. 그 이유는 마케터들이 지금까지 실무를 하면서 마케팅의 가치를 판단할 수 있는 명확하고 실질적이며 믿을 만한 성과 지표를 찾지 못했기 때문이다.

간단히 말해 우리는 100년 동안 마케팅을 기술에서 과학의 방향으로 틀어야 할 필요성을 느꼈다. 그대로 따르기만 하면 성공이 보장

되는 비즈니스 법칙을 구축하려고 했으며, 그것을 위한 문제 해결 방법을 찾으려고 했다. 그러나 실제로 성공하지 못했다.

마케팅의 '법칙'과 '과학'을 향한 이런 노력은 지난 한 세기에 걸쳐 다양한 방식에 의해 세 글자로 축약되었다. 바로 'ROI'다. 1960년대 이후부터 우리는 마케팅 투자로 얻은 재무 수익을 정확히 계산하는 공식을 찾는 데 힘을 쏟아왔다. 우리는 이것을 단순하게 ROI나 마케팅 투자 수익률ROMI이라 부르고 있으며, 고객 수익률Return On Customer, ROC(마사 로저스 박사와 돈 페퍼스 박사가 제시한 개념 — 옮긴이)이라고 부르기도 한다. 이들의 목표는 같다. 마케팅 활동을 위해 사용한 투자 금액에 대비하여 얻는 수익을 최대화하는 것이다.

☑ 2017년, 마케팅의 새로운 문제

실제로 겪은 일이다. 2016년 우리는 한 B2B 제조 회사와 함께 일했다. 이 회사는 대기업에 대량(트럭 단위)으로 제품을 판매하고 전자상거래를 통해 중소기업과 개인에게도 제품을 판매하는 회사였다.

2015년은 이 회사에게 굉장한 한 해였다. 매출이 650%나 오른 것이다. 이 해는 경영진이 마케팅 디렉터를 채용하는 등 마케팅에 투자한 첫해였기에 그들은 연말에 투자에 대한 평가를 하기로 했다. 그들이 했던 모든 마케팅 캠페인을 분석하여 어떤 노력의 조합이 매출 증가에 크게 기여했는지 알아보았다. 그 결과는 아주 놀라웠다.

1년간 진행한 모든 마케팅 캠페인을 분석해보니, 각각의 캠페인이 예외 없이 개별적으로는 실패였다. 모두 투자 대비 추가 수익을 내지 못하거나 수익을 전혀 창출하지 못했던 것이다. PPC_{pay-per-click}(클릭당 지불) 검색 광고를 분석해보니, 전체 비용이 많이 들었다. 키워드와 리타깃팅에 든 비용은 고객 수를 증가시키지 못하거나 이득이 되는 정도의 수익을 남기지 못했다. 이벤트 마케팅의 경우, 큰 비용을 들여 몇몇 고객의 제품 구매를 유도하기는 했으나 본전치기한 정도였다. 여기에 여행 비용과 직원들의 일한 시간을 고려하면 이벤트 마케팅도 적자였다.

이 회사의 광고 성과는 추적하기 어려웠지만, 마케팅팀에서는 트래픽 증가와 그 트래픽에서 발생한 웹 판매 수익 등으로 광고 성과를 추정해보았다. 광고도 실패였다. 배너 광고를 통해 전자상거래 사이트에 방문한 사람 중 극소수만이 웹에 머무는 시간 동안 구매를 했다. 잠재 고객 창출 및 기업 고객 증가 여부도 살펴보았지만 어떤 캠페인도 잠재 고객을 증가시키지 못했다. 결국 비용은 거의 같았다.

개별 마케팅 캠페인은 기껏해야 손익분기점에 달하는 정도였고 최악의 경우에는 손실을 냈다. 그런데도 회사는 650% 성장을 이뤘다. 어떻게 이런 일이 일어날 수 있었을까? 회사의 최고 재무 관리자_{CFO}는 다른 방식으로 접근했다. 마케팅, 내부 영업, PR, e커머스 부서에 이용 가능한 모든 분석 자료를 바탕으로 각 부서가 650% 성장에 어떻게 기여했는지 분석하여 제출할 것을 지시했고 부서들은 모두 보고서를 냈다.

보고서들의 결과는 더 이해할 수 없었다. CFO가 각 부서에서 보고한 성과를 취합해보니 총 650%의 성장에 기여했다는 여러 활동을 찾을 수 있었는데, 각 부서의 말을 전부 신뢰한다면 회사는 1,850%의 성장을 거두었어야 했다. 결국 모든 부서가 자신들의 노력만으로 전체 성장이 만들어졌다고 믿고 있었다.

우리와의 인터뷰에서 CFO는 "우리가 모든 캠페인을 개별 조사했을 때는 전부 실패였습니다. 그래서 각 부서에 각자의 노력을 살펴보라고 했는데 그 결과대로라면 2,000%에 가까운 성장을 거두었어야 했죠"라고 했다. 우리는 무슨 일이 있었던 것이라고 생각하는지 물었다. "글쎄요, **마케팅**이 있었던 것 같아요. 그래서 이제부터 마케팅 투자를 개별 캠페인 단위로 보지 않고 전체적으로 바라보려고 합니다"라는 CFO의 말이 되돌아왔다.

이 이야기는 ROI가 마케팅 실행 여부를 결정할 때 어떻게 잘못된 기준을 제공할 수 있는지를 설명하는 좋은 예다. 마케팅은 투자가 아니다. 현재 우리가 알고 있는 마케팅은 통합했을 때, 가끔 지불한 돈에 대한 혜택을 제공하는 비용이다.

스스로 질문해보자. 내가 들인 노력이 **효과가 있었는지** 알고 싶은 것인가, 아니면 그 노력의 **효과가 있을 것인지** 알고 싶은 것인가? 전자라면 목표 달성 여부를 수치화할 수 있는 측정 방법을 찾아야 한다. 그러나 확실히 해야 할 것이 있다. 추가 판매 수익, 잠재 고객당 창출 비용, 추가 판매당 비용, 신규 고객 창출 비용 같은 목표는 투자에 대한 성과라고 할 수 없고 진정한 의미의 목표라고 할 수도 없다. 이런 것들은 매출 증대나 비용 축소 같은 특정 사업 목표를 달성하기 위해 필요한 측정 기준이다.

이런 것을 투자 성과로 생각하는 것은 우리가 가솔린에 '투자(구매)' 하면서 업무 성과를 기대하는 것에 비교할 수 있다. 많은 마케팅 전술과 마찬가지로 가솔린은 결국에는 비용일 뿐 투자가 아니다. 가솔린의 가격 변동과 운전자의 운전 방식에 따른 사용량은 단기 업무 성과 향상에 아무런 영향을 주지 않는다. 가솔린은 본질적으로 걸어가는 것보다 직장에 일찍 도착할 수 있게 해주는 단기 성과밖에 실현해줄 수 없다.

각각의 마케팅 캠페인은 새 가솔린 탱크 같은 것이다. 단기에 실행하여 그 노력에 대한 한 번의 성과로 평가되는 프로젝트다. 우리가 이런 캠페인을 여러 개 모아 하나의 스마트한 전략을 만들면, 마케팅 실행에 대한 전체 투자에 대한 성과를 이야기할 수 있다. 앞서 언급한 회사의 CFO가 말했듯, 우리는 개별 캠페인에 투자하는 것이 아니라 '마케팅'에 투자하는 것이다.

캠페인 중심 마케팅은 사업의 단기 성과를 향상하기 위해 들이는 비용으로 잘 알려져 있다. 이에 대해 논의할 내용이 더 많지만, 일단은 다음 질문으로 넘어가자.

그렇다면 과연 효과가 있을 것인가?

이 질문은 마케팅을 새롭게 정의하려는 일들에 주로 던지는데, 하고자 하는 일들이 혁신적이거나 새로워 대부분 이전에 실행된 적이 없는 새로운 일들이기 때문이다. 요즘은 마케터들이 지금까지 해본 적 없는 일에서 성공 사례를 만들어야 할 때, ROI가 언급된다.

아이러니하게도 이는 우리를 첫 질문, 즉 내가 들인 노력이 효과가 있었는지로 되돌아가게 한다. 이런 성공 사례를 만들 수 있다는 주장의 유일한 준거의 틀은 과거의 성과다. '시작하며'에서 언급한 내용을 떠올려보라. 따라서 우리는 딜레마에 빠지게 된다. 간단히 말해 '지금 하려는 새로운 일에 대해 얼마나 확신하는지'를 증명하기 위해 '이미 알고 있는 것'을 제시하라는 요청을 받는 것이다. **한마디로 자신이 타고 다니는 차의 연료비 내역을 조사하여 자신의 미래 업무 성과에 대**

한 확신을 설명하라는 것이다.

그렇다. 추측하는 것이다. 그러나 ROI가 마케팅에 주는 더 큰 문제는 따로 있다. ROI로 인해 우리가 우리의 기량을 충분히 발휘하지 못하게 되는 것이다.

우리는 마케터의 성공 여부를 결정하는 주요 지표로 ROI 비율을 사용하는 몇몇 회사들과 함께 일한 적이 있다. 이 회사 관리자들은 회사의 성공을 분석하는 것보다, 그들이 받은 일정한 예산에 기초해서 더 높은 성과를 거두었는지를 % 수치로 계산하는 데 집중하고 있었다. 이 중 한 회사는 마케팅 예산을 점차적으로 감소시켜서 매출액의 1.5% 이하로 내렸다. 이 회사는 낮은 성장률로 어려움을 겪으면서 시장 경쟁력이 약화되고 있지만, 마케팅 투자에 대한 ROI는 높다. 어떻게 된 것일까?

만일 마케팅의 임무가 ROI를 최대화하는 것이라면 아무것도 하지 않고 가만히 있어도 된다. 이렇게 생각해보자. 마케팅 ROI를 최대화하는 것이 나의 임무라면, 마케팅에 200달러를 쓰고 250달러의 수익을 내면 내가 달성한 ROI는 25%다. 그런데 내가 0달러를 쓰고 100달러 수익을 내면 나는 100% ROI를 내는 것이다. 아니면 무한대라고 할 수도 있다.

마케팅 ROI 비율을 최대화하려면 돈을 전혀 쓰지 않고 한 번의 판매가 일어나기를 바라는 것이, 약간의 돈을 들여 많은 판매가 생기기를 바라는 것보다 더 현명한 선택이다. 물론 이것은 과장된 예이지만 장기간에 걸쳐보면 맞다. 시장 침투율이 높아질수록 신규 고객 유치 속도는 자연스럽게 떨어진다. 그럴 수밖에 없다. 그러나 그때가 되면 마케팅 예산의 일부를 신규 고객을 위해서도 사용하기

킬링 마케팅

때문에 마케팅 ROI는 결과적으로 감소한다. 그래서 지속적으로 가치 있는 장기 자산이 아니라, 궁극적으로는 비용이 되어버리는 마케팅에 ROI를 적용하는 것은 신뢰할 수 없는 일이다.

우리는 마케팅이 전혀 측정 불가하다는 말을 하려는 것이 아니다. 분명히 이런 측정에 대한 어려움을 성공적으로 해결한 사례들은 많다. 그리고 이 책은 마케팅 효과 측정에 대한 책도 아니다. 그러나 회사들이 새 사업 모델의 시작을 망설이는 가장 큰 이유 중 하나가 이러한 '측정 가능성 문제'다.

☑ 더 나은 방법이 있을까?

지금 우리가 하는 마케팅으로 다가올 현실을 감당해낼 수 있는지 생각해보아야 한다. 기술 발전으로 우리는 어떤 면도기를 구매할지, 어떤 매트리스를 선택할지 또는 어떤 양념과 샐러드 드레싱이 가장 좋은지 등과 같은 사소한 일을 가입 서비스로 대체하는 세상에 살게 되었다. 요즘은 아마존의 '대시 버튼Dash Button' 기술로 인터넷에 연결된 크고 빨간 버튼을 누르기만 하면 가정의 생필품을 자동으로 재주문할 수 있다. 이런 상황에서 왜 다른 브랜드를 다시 고려하려고 할까?

알고리즘, 챗봇, 자동화가 주도하는 세상으로 접어들면서 차별화된 특성이나 브랜드 속성이라는 측면보다는 통합적인 경험 측면에서 차별화가 필요하게 되었다. 노스웨스턴대학교의 명예 교수인 돈 슐츠는 "조직으로 하는 모든 일이 모방될 수 있지만 커뮤니케이션 방식만은 그렇지 않다"고 말했다.

컨설팅 그룹 맥킨지에서 최근 발표한 조사에 따르면, 시장 점유율을 증가시키는 가장 큰 요인은 그 제품군에서 가장 먼저 생각나는 브랜드가 있기 때문이라고 한다. 맥킨지 조사를 보자.

여기저기 돌아다니며 쇼핑하는 요즘의 트렌드 영향으로 신규 고객을 얻는 것보다 기존 고객을 잃는 속도가 더 빠르다. 그러므로 고객 충성도에 마케팅 비용을 너무 많이 투자하는 것은 위험하다. 더 성장하고 싶은 회사는 현재 이용하는 브랜드 그 이상을 찾는 87%의 고객을 위해 혁신적인 프로그램을 만드는 데 더 집중해야 한다.

오늘날 우리에게는 마케팅으로 창출한 사업 성과를 측정하도록 더 나은 방법을 찾을 기회가 있을 뿐 아니라 이런 활동을 재정립할 기회도 있다. 중요한 것은 클릭이나 방문, 경로, 사이트 체류 시간, 구매에 대한 즉각적인 수익률에 집중하는 것이 아니라 시간이 지나 수익화할 수 있는 오디언스의 관심과 접근 기회에 집중하는 데 투자하는 것이다.

이는 단지 마케팅 전술만을 변혁시키는 것이 아니라 비즈니스의 변혁이기도 하다. 즉 마케팅을 하나의 비즈니스 모델로 바라보는 것이다. 오디언스라는 진정한 투자 대상에게 접근하고 그들의 관심과 충성을 축적하는 수익성 높은 투자를 하는 것이다.

이쯤에서 우리는 이런 질문을 던질 수 있다.

- 레드불은 마케팅 전략을 구축하여 수익을 이끌어내고, 오디언스가 원하는 제품이라면 어떤 것이든 판매할 수 있는 회사로 포지셔닝함

킬링 마케팅

으로써 얼마나 더 가치 있는 회사가 되었을까? 충성도 높은 오디언스를 축적한 덕분에 레드불은 이제 에너지 음료만 판매하지 않아도 된다. 레드불의 사업은 오디언스를 구축하는 것이다. 그리고 그 오디언스에게 그들이 필요로 하는 제품을 판매하는 것이다.

■ 애로우 일렉트로닉스는 51개의 디지털 잡지와 웹사이트를 보유하고 거기에 게재되는 콘텐트에 충성도 높은 오디언스를 가지고 있음으로 인해 얼마나 더 가치 있는 회사가 되었을까? 애로우 일렉트로닉스는 시장 규모Total Addressable Market, TAM의 성장을 지원하고 산업 전반을 교육하고 있다. 그리고 새로운 마케팅 접근을 보험 삼아 사용하고 있다. 잘 교육된 참여도 높은 전기 엔지니어 커뮤니티가 지속적으로 성장하고, 결과적으로 애로우의 상품들이 그들의 니즈를 충족시켜주는 최선의 대안이라는 생각이 들도록 노력하고 있다.

■ 레고는 제조 회사에서 미디어 회사로 바뀌면서 얼마나 가치를 높였을까? 장편 영화, TV 프로그램, 잡지, 디지털 플랫폼 등 오디언스에 대한 투자로 레고는 장난감 중심이라기보다 콘텐트 중심 회사가 되었다. 레고의 마케팅 및 고객 경험 부사장인 코니 캘처가 "우리는 장난감 제조사였습니다. 이제 우리는 이 상품에 관한 우리의 이야기를 전달하기 위한 미디어 회사로 점점 변신하고 있습니다"라고 한 데서 이를 잘 알 수 있다.

얼마나 더 가치 있는 회사가 되었는지는 지금 대답할 수 없다. 그러나 레드불이 비상장 회사로서 약 79억 달러의 브랜드 가치가 있다는 사실은 주목할 만하다. 레고 또한 비상장 회사로서 2015년에 사상 최고의 25% 성장률을 거두었다고 한다. 물론 5년간 애로우 일렉트로닉스의 주가는 43% 올랐다.

분명히 여기에는 '인과 관계냐 상관관계냐'의 문제가 있다. 그러나 이 회사들에는 한 가지 공통점이 있다. 이들은 미디어 회사처럼 운영함으로써 가치를 전달하고 접근할 수 있는 오디언스와 직접적인 관계를 형성하는 마케팅 활동에 크게 투자했다는 것이다.

☑ 오디언스 성과

사업에서 우리는 실제로 수익 증대와 비용 절감이라는 두 핵심 지표에만 관심이 있다(그림 2.2). 광범위한 개념을 담고 있는 이 두 카테고리를 우리는 '회사가 오디언스 구축을 통해 이루려는 목표 4가지'로 세분화할 수 있다. 이는 4C, 즉 역량Competency, 캠페인Campaign, 고객Customer, 현금Cash이다. 각각의 C는 다양한 회사에 적합한 여러 목표를 설정하기 위해 확보Win, 성장Grow, 유지Keep, 지도Direct의 하위 카테고리로 나뉜다.

앞으로의 섹션들에서 이 4C를 개별적으로 다루겠다.

회사 역량 강화: 더욱 스마트한 회사를 구축하는 것

오디언스에 투자할 때 알아야 할 가장 중요한 사실은, 오디언스가 그 브랜드로부터 지속해서 소식을 듣고 싶어 하는 사람들로 구성되어야 한다는 사실이다. 오디언스로부터 얻는 데이터에 대한 투자는 단순히 과거 쇼핑 데이터를 수집하는 것이나 구매자들이 브랜드의 디지털 영역에서 무엇을 하는지 지켜보는 것이 아니다. 이들로부터

그림 2.2　수익 증대와 비용 절감 비교.

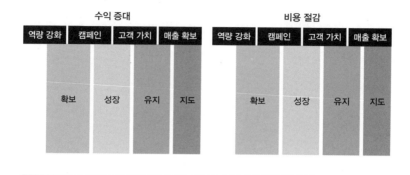

얻는 데이터는 수집되는 것이 아니라 오디언스가 자진해서 브랜드에 제공하는 것이다. 오디언스는 우리가 콘텐트 중심의 경험을 제공함으로써 가치를 전달하기 때문에 기꺼이 개인 정보를 공유하고, 브랜드와 상호 작용을 하며, 브랜드와 소통한다.

이런 가치 교환은 오디언스로부터 얻은 데이터를 회사의 다른 부서에서도 굉장히 요긴하게 사용할 수 있다는 뜻이다.

일례로 에너지 관리 및 자동화 솔루션을 전문으로 하는 글로벌 회사 슈나이더 일렉트릭Schneider Electric이 있다. 250억 달러 이상의 수익을 내는 슈나이더 일렉트릭은 전 세계에 수많은 마케팅과 판매 업무를 진행하고 있다. 수잔 하트먼은 슈나이더 일렉트릭의 무료 e러닝 플랫폼인 '에너지 유니버시티Energy University'의 글로벌 프로그램 매니저다. 이 플랫폼은 12개 언어로 수업을 제공하며, 많은 전문가 조직과 산업 기관에서 이 프로그램을 평생 교육 프로그램으로 지원하고 있다. 몇 년간 18만 명이 넘는 학생들이 이 프로그램을 거쳐갔다. 수잔은 우리와 만난 자리에서 회사의 성공에 대해 이야기하면서 데이터를 활용하여 슈나이더의 오디언스를 이해하고 있다고 설명했다.

결국 우리가 수집하는 데이터로 오디언스를 더 잘 이해할 수 있게 됩니다. 에너지 유니버시티에 등록하면 본인에 대한 많은 정보를 입력해야 합니다. 여기서 일반 마케팅 플랫폼과의 차이점이 발생하는데, 에너지 유니버시티는 학습 시스템이므로 보다 구체적인 데이터를 제공받을 수 있습니다. 그다음에 사용자가 듣는 수업이 무엇인지, 무엇에 관심이 있는지, 무엇을 요청하는지 트렌드를 관찰합니다. 이 데이터를 활용해 사용자에 대해 더 잘 이해할 수 있고 결국 사용자가 어떤 제품을 구매할지 파악하게 됩니다.

이와 관련된 다른 사례들도 있다. J&J의 온라인 사이트인 '베이비센터닷컴'을 알아보자. 세계적인 제약 회사 J&J는 2001년 3월에 베이비센터닷컴을 인수한 후로 이 플랫폼을 별도 본부로 운영했다. 리서치 회사 퀀트캐스트에 따르면, 매달 2,300만 명 이상이 베이비센터닷컴을 방문하고 있으며 광고와 스폰서십도 판매한다.

J&J는 왜 회사의 제품 판매라는 핵심 사업과 연관이 없는 이 웹사이트를 독립 운영했을까? 모든 것은 데이터를 얻기 위해서다.

J&J의 글로벌 전략 매니저 크리스티나 호프는 한 인터뷰에서 "5만 명의 소비자 리서치 패널을 베이비센터닷컴에서 전 세계 어머니들이 공유하는 감성으로부터 얻은 통찰과 연결시키는 데 그 가치가 있다"고 했다.

크리스티나 호프는 2014년 「애드위크」와의 인터뷰에서 "우리는 어떤 어머니가 무엇을 검색하는지를 보고 앞으로 어떤 행동을 취할지 사전에 예측할 수 있습니다"라고 했다.

베이비센터닷컴은 어머니들이 아이가 10개월이 되었을 때 아이의 첫 생일을 준비한다는 것을 알아냈다. 또 타이레놀이나 모트린Motrin 같은 J&J 제품의 브랜드 매니저가 광고 헤드라인으로 "밤새 주무세요", "오늘 밤엔 주무세요", "다음날까지 주무세요" 중 무엇을 사용해야 할지 문의할 때, '베이비센터닷컴'은 게재된 포스트를 기반으로 어머니들이 어떤 문구에 가장 공감할지 말해줄 수 있다.

J&J의 베이비센터닷컴처럼 새로운 수익 창출 플랫폼을 추가하든 슈나이더의 에너지 유니버시티처럼 비용을 절감할 수 있는 마케팅 플랫폼을 만들든, 그 가치는 명확하다. 우리가 오디언스로부터 더욱 가치 있는 데이터를 수집하기 시작한다면 우리는 더욱 경쟁력 있는 회사가 될 수 있고, 영업에서 마케팅까지 사업적으로 훨씬 더 나은 의사 결정을 내릴 수 있다.

캠페인 효과 증대: 거래 및 판촉 지원

30년간 가치 창출의 주역은 '마케팅 믹스'를 최적화하는 것이었다. 다시 말해 우리는 사람들로부터 긍정적인 행동을 이끌어낼 수 있는 플랫폼을 대여하여 오디언스에게 다가가려고 노력했다. 더욱 쉽게 표현하면, 우리는 우리가 전달하려는 메시지를 더욱더 많은 사람의 눈앞에 노출시키기 위하여 캠페인에 돈을 쓴다. 그런 다음 이렇게 쓴 돈과 전달한 메시지를 본 사람 중 실제로 우리가 유도한 대로 행동한 사람들의 수를 비교하여 성과를 측정한다. 미디어 마케팅 모델과 오디언스를 모으는 일이 초기에 가져다준 혜택 하나는 이런 캠페인들이 더 효과 있도록 기회를 열어주는 것이다.

콘텐트 마케팅 관련 저서와 사례 연구의 대부분이 이 부분에 초점을 두고 있다. 『에픽 콘텐츠 마케팅』에는 글로벌 전자 반도체, 태양열, 박막 및 열 관리 시장에 납품할 인듐 화학 물질을 정제, 생산, 공급, 가공하는 회사인 인듐Indium에 대한 언급이 나온다. 인듐은 지금의 시장에서 찾을 수 있는 가장 보수적이고 가장 작은 틈새를 노린 회사다. 그렇다면 『에픽 콘텐츠 마케팅』의 시각은 어떨까?

소재 공급 업자 인듐의 엔지니어 17명은 그들이 운영하는 '엔지니어가 엔지니어에게From One Engineer to Another'라는 블로그에서 훌륭한 콘텐트를 찾았다. 그들은 이 블로그를 통해 가치 있는 콘텐트, 영상, 다양한 엔지니어링 주제에 관련한 질문들에 대답을 제공했다. 예를 들어 인듐 설파메이트 도금 욕조를 설치하고 조작하는 방법 등을 말이다. 이 엔지니어들이 다루는 내용을 이해하기 어려울 수 있겠지만, 그들이 추구하는 바는 칭찬할 만하다. 인듐은 상호 대화를 통해 아이디어를 실현하고자 한다. 인듐의 마케팅 디렉터에 따르면, 블로그 출시 이후 문의하는 고객 수가 600% 증가했다고 한다.

마케팅 업계의 리더이자 국제 연사인 앤드루 데이비스는 오디언스를 "사전 고객 데이터베이스pre-customer database"라고 부른다. 우리는 이 용어가 마음에 든다. 핵심 사실을 설명해주기 때문이다. 현재 우리가 가치를 전달하고 있는 오디언스가 지금 당장 우리가 시장에서 제공하는 제품이나 서비스를 구매하지 않을 수 있다. 그러나 오디언스 구성원들은 우리에게 현재 시장에서 그들이 어느 지점에 있는지에 대한 정보를 기꺼이 제공할 것이며, 제품과 서비스를 구매하려 할 때 우리를 가장 먼저 떠올릴 것이다. 이것이 바로 현재 우리의 캠페인 중심 전략이 도달과 빈도에 지속적으로 집중하는 목적이 아닐까? 우리는 고객이 구매할 준비가 되었을 때 가장 먼저 생각나는 브랜드이기를 바라고, 그렇게 되기 위해서 소비자가 구매할 준비가 된 시점에 곧바로 그 소비자에게 다가갈 수 있도록 미디어를 온통 우리의 메시지로 도배하고 있다. 우리는 차 뒷자리에 앉아서 "아직 다 안 왔어?"라고 계속 묻는 아이와 다를 것이 없다. 이렇게 하는 대신 구축된 오디언스를 '사전 고객 데이터베이스'로 활용하면 사람들의 관심을 장기간 더 효과적으로 끌 수 있고, 그들이 구매할 준비가 될 때까지 다른 종류의 가치를 제공할 수 있다. 이것은 자연스레 우리가 이야기하는 새로운 마케팅 방식의 세 번째 핵심 가치로 연결된다.

고객 가치 증대: 더욱 가치 있는 고객 창조

콘텐트 마케팅을 일컬었던 초기 용어 중 하나인 '맞춤 출간'을 처음 시작했을 무렵 브랜드들이 만든 콘텐트는 거의 모두 충성도에 집중되어 있었다. 사보나 직원 잡지는 회사 직원들이 기업에 소속감을 느끼도록 만들어졌고, 고객 충성도 잡지는 구매한 상품에 대해 고객이 더 만족할 수 있도록 제작되었다. 이런 활동들은 오늘날 '수익을 내는 마케팅'이라는 경험을 가장 먼저 즐기는 기능 중 하나다.

고객 이벤트, 콘텐트 중심 앱, 심지어 인쇄 잡지까지도 고객이 상품에 만족감을 더 느끼도록 하는 것뿐 아니라 브랜드 구매와 구분되는 별도의 가치를 더하기 위한 목적으로 활용되고 있다.

주식 거래에 관심 있는 사람들을 주 고객으로 둔 투자 회사 TD 아메리트레이드에 대해 알아보자. 이 회사는 고객을 한 번 확보하면 고객에게 자사 커뮤니티인 '싱크오어스윔닷컴thinkorswim.com'에 대한 접속권을 주고, 특히 인쇄 및 디지털 잡지인 「싱크머니ThinkMoney」의 정기 배송 서비스를 제공한다. 이런 콘텐트 중심 경험을 제공하는 목적은 고객이 된 주식 거래자들의 참여를 지속해서 장려하고 이들이 더 효과적으로 거래할 수 있도록 적절한 도구와 조언, 리서치 및 역량을 부여하는 것이다.

TD 아메리트레이드는 잡지 구독자들이 잡지를 구독하지 않는 사람들에 비해 거래를 5배 더 많이 한다는 것을 발견했다. 이는 유료 광고로는 해낼 수 없는 일이다. 제품이 줄 수 없는 또 하나의 가치 있는 경험으로써, 고객이 더 자주 찾고 더 많은 참여를 하도록 만든다. 잠재 고객이 실제 고객이 되면 이들은 회사와 관계를 맺고 더욱 큰 브랜드 충성도를 갖는 오디언스가 될 최적의 상태가 된다.

나이키는 2006년부터 모바일 기기용 브랜드 앱을 개발하기 시작했다. 현재는 주로 달리기와 운동을 하는 사람들이 성과를 추적할 수 있도록 도움을 주는 휴대폰용 앱을 여럿 운영 중이다. 광고 전문지 「애드 에이지Ad Age」는 최근 이런 기사를 실었다.

이 앱들은 합쳐서 2,800만 명이 넘는 사용자 기반을 가지고 있다. 브랜드에서 직접 접근할 수 있는 사람이 2,800만 명이라는 말이다. 나이키는 이처럼 높은 고객 친밀도로 사용자층에 대한 귀중한 통찰과 정보를 얻는다. 나이키는 방대한 정보에 대한 접근권을 갖고 있는 자사 앱을 판매 촉진에 활용할 수도 있었겠지만, 앱을 기반으로 하는 진정한 나이키 운동 커뮤니티를 멋지게 만들어냈다. 나이키는 이런 저변으로부터 구축한 진정성 있는 커뮤니티로 강력한 브랜드 충성도를 키워가고 있으며, 이는 궁극적으로 수익으로 연결되고 있다.

이것이 바로 구축된 오디언스의 힘이며, 이는 마케팅의 영역을 크게 변화시키고 있다. 이로써 네 번째 마케팅 가치인 현금과 연결된다.

매출 확보: 마케팅 프로그램을 통한 직접 수익 창출

이 가치는 우리가 이 책에서 중점을 두고 있는 새로운 가치다. 직접적인 매출은 비즈니스 모델로서의 마케팅에서 오디언스가 제공할 수 있는 여러 가치 중에서 과거에 없던 가장 특별한 가치다.

일류 회사들은 오디언스로부터 직접 수익을 얻고 있다. 이들은 이 전략으로 비즈니스를 다각화하고 더 높은 이익을 올리고 있으며, 다른 마케팅 활동비를 절감시켜주고 있다. 그리고 다른 가치에 주는 절감 효과와 함께 고려했을 때 이익을 내는 마케팅을 하고 있다.

몇 번 언급했지만 '레드불'만큼 이 모델을 분명하게 보여주는 사례가 없는 것 같다.

현재 레드불 미디어 하우스는 세계에서 가장 성공적인 미디어 회사 중 하나다. 간단한 잡지 출판으로 시작했던 사업이 TV 시리즈, 다큐멘터리, 세계적 행사, 음악 스튜디오, 머천다이징으로까지 확장되었다. 레드불은 이제 「뉴욕타임스」 같은 전통 미디어 회사에 콘텐트 라이선스를 제공하기도 한다.

세일즈포스닷컴Salesforce.com의 사례도 있다. 2003년에 세일즈포스닷컴의 고객 1,000명이 최신 소프트웨어 업데이트를 보기 위해 샌프란

시스코에 있는 웨스틴호텔에 모여들었다. 이 행사는 점점 규모가 커져서 2016년에는 17만 명이 모이는 세계 최대 소프트웨어 이벤트가 되었다. 그렇다. 세계에서 가장 큰 소프트웨어 교육 이벤트는 미디어 회사가 아니라 소프트웨어 회사에서 주최한다. 참가비는 1인당 1,799달러였는데 참가자의 30%가 이를 구매했다고 가정해보자. 그러면 이 고객 이벤트로 9,100만 달러의 매출을 올린 셈이다. 더군다나 이는 세일즈포스닷컴이 판매하는 스폰서십을 고려하지 않은 액수다. 이 이벤트의 플래티넘 스폰서십의 단가는 100만 달러가 넘는다. 세일즈포스닷컴은 이 이벤트로 올린 매출을 따로 분리해서 표시하지 않았지만, 이벤트를 통해 많은 돈을 벌었을 것이다.

☑ 새로운 마케팅의 주문

필립 코틀러의 '새로운 마케팅의 주문Mantra'이라고 부르는 개념을 기억하는가. 그는 그것을 CCDVTP라고 하며 "이익을 낼 수 있는 목표 시장을 위해 가치를 창출하고, 커뮤니케이션하고, 전달하는 것"이라고 정의했다.

이는 완전히 새로운 마케팅을 향한 완벽한 토대가 되어줄 것이다. 마케팅은 이제 단순히 우리가 시장에 내놓는 제품 또는 서비스의 가치를 설명하는 부서나 팀이 아니다. 마케팅은 콘텐트와 연관된 경험을 통해 고객들에게 차별화된 가치를 창조해줄 수 있는 편집 가치인 핵심 스토리에 의해 전략적으로 실행되어야 한다. 마케팅에서는 이 가치를 미래의 고객에게만 커뮤니케이션할 것이 아니라 회사 내부에도 충분히 커뮤니케이션해야 한다.

미디어 전략은 제품 마케팅의 특성과 혜택을 주도하고 '역량, 캠페인, 고객, 현금'이라는 4C 측면에서 가치를 제공한다. 무엇보다 비용 위주의 구조가 아닌 수익 중심의 사업으로 운영된다. 사업에서 가장 높은 마진을 내지 않을 수도 있고, 의도적으로 이익을 내지 않거나 약간의 손실을 내는 비용 구조로 운영될 수도 있다.

우리는 단시간의 접근으로 오디언스가 제품을 구매하기를 바라는 식의 마케팅을 버려야 한다. 우리는 장기간 오디언스를 구축해서 지속 가능한 새로운 마케팅으로 거듭나야 한다. 오디언스가 솔루션을 찾을 때 곧바로 생각나는 브랜드군에 속할 수 있도록 적절한 경험을 통해 그들의 관심을 유지할 수 있어야 한다. 이것이 마케팅의 미래다. 이는 우리의 사업을 구해 줄 단 하나의 자산인 오디언스에게서 장기적인 수익을 얻는 것이다.

◇ 마케팅이 처음 시작된 이후, 마케팅 실적을 측정하는 방법은 더 쉬워지거나 나아지지 않았다. 데이터가 더 많아졌다고 해서 우리의 측정 방법으로 더 정확한 결과를 얻게 되지는 않았다. 그러나 이런 측정 방법을 비즈니스 모델로서의 마케팅에 대한 투자를 모니터링하기 위한 수단으로 볼 수는 있다.

◇ 오디언스는 여러 가치를 제공할 수 있다. 캠페인 가치를 제공하여 더욱 스마트한 마케팅과 광고를 가능하게 하고, 역량 가치를 제공하여 데이터 확보를 가능하게 한다. 이처럼 우리가 더 스마트한 사업을 해나갈 수 있도록 도움을 준다. 또한 고객 가치를 제공하여 브랜드를 지지하는 충성 고객을 더 많이 확보할 수 있게 해준다. 오디언스는 현금 가치를 제공할 수 있고 이는 마케팅을 수익 사업으로 만들 수 있다.

KILLING

3장

미디어 마케팅

MARKETING

Killing Marketing

자동차 경주는 사업 모델로서는 별로 좋지 않다.

제프 고든, 미국 자동차 경주 선수

나는 비즈니스 모델을 비틀스에서 따왔다. 비틀스는 4명의 멤버가 서로의 약점을 보완해주고 서로 균형을 잡아주었다. 그리고 전체가 부분의 합보다 컸다.

스티브 잡스

2017년 초 나는 부족한 비타민 D를 보충하기 위해 가족과 함께 플로리다로 휴가를 떠났다. 우리는 미국 오하이오주 클리블랜드에 산다. 그곳에서 어니스트 클라인의 공상 과학 책 『레디 플레이어 원』(에이콘출판, 2015)을 읽었다. 공상 과학이나 비디오 게임을 좋아하는 사람에게 추천한다. 이 책을 다 읽고 나서 아내가 가져온 잡지 「코스모폴리탄」도 읽었다.

미디어 키트에 따르면, 「코스모폴리탄」은 인쇄 잡지를 통해 매달 1,400만 명 이상의 여성 오디언스에게 도달하며, 디지털 채널까지 포함하면 5,000만 명 이상에게 도달한다고 한다. 그리고 오디언스의 약 60%가 적어도 최근 4개 호 중 3개를 읽으며, 한 번 읽을 때는 평균 75분간 잡지를 본다고 한다. 75분이면 굉장한 몰입이 아닌가?

「코스모폴리탄」의 공식 미션은 이렇다.

젊은 여성들이 자기 자신의 주인이 되어 꿈을 이루고 살도록 힘을 주며, 재미있고 용감하게 자신의 미래를 향해 나아갈 수 있도록 도와준다. 어떤 핑계도 가식도 없이, 아무런 후회도 남기지 않고.

이 공식 미션을 엑슨 모빌Exxon Mobil의 미션과 비교해보자.

엑슨 모빌은 세계 최고의 석유 화학 회사가 되기 위해 노력한다. 이를 위해 지속적으로 우수한 재무 및 운영 성과를 달성하는 동시에 높은 윤리 기준을 지킨다.

차이점이 보이는가? 재미의 차이를 떠나서 말이다.

☑ 콘텐트 비즈니스 모델

「코스모폴리탄」은 완벽하게 오디언스에 초점을 맞추고 있다. 「코스모폴리탄」의 미션에는 수익을 내기 위해 무엇을 판매하는지 단 한마디도 없다. 반면 엑슨은 판매하는 상품을 중심으로 미션을 전달한다. 석유, 그것도 굉장히 많은 양의 석유에 대해 말한다. 엑슨이 세계 최고의 석유 회사인 것은 엑슨에게만 좋은 일이다.

「코스모폴리탄」은 콘텐트를 비즈니스 모델로 만들었다. 1장에서 이에 대해 자세히 설명했다. **콘텐트의 전략적 활용은 오디언스를 구축할 뿐**

아니라 고객 창출과 유지를 도모하며, 이것으로 수익을 올릴 수 있다.

마치 미디어 회사처럼 들리지 않는가? 그렇게 느껴지는 것이 맞다. 「코스모폴리탄」의 주된 수익 전략은 전통적으로 광고 판매를 중심으로 세워지는데, 콘텐트로 수익을 올릴 수 있는 유연한 여러 방안을 가지고 있다. 「코스모폴리탄」의 비즈니스 모델은 다음과 비슷하다.

> 충성도 높은 오디언스를 만든다. 오디언스의 뿌리 깊은 니즈를 알고 지속해서 오디언스에게 가치를 전달하면 오디언스(독자)는 팬(구독자)이 되고, 이 관계를 여러 방법으로 수익화할 수 있다.

「코스모폴리탄」은 서적부터 뷰티 패키지까지, 네이티브 광고에서 연합 콘텐트와 프로모션까지 여러 사업을 한다. 이 부분은 4장에서 더 자세히 다룰 것이다. 「코스모폴리탄」의 경영진이 조금만 새롭게 생각하면 광고 지면만 판매하는 대신 얼마나 많은 상품을 독자들에게 직접 팔 수 있는지 알 수 있다. 그렇게 되었을 때 어떨지 생각해보라. 엑슨의 경우는 고객이 아닌 상품 중심의 미션을 가지고 있어 마케팅 담당자들이 콘텐트를 적용하기 매우 어렵다. 1장에서 예로 든 것처럼, 콘텐트는 제대로 실행만 된다면 상품에 더 관심을 끌게 하는 시간 기반 전술이다.

☑ 미디어 브랜드냐, 제품 브랜드냐?

엑슨은 세계에서 가장 크고 가치 있는 회사 중 하나로 전통 마케팅과 비즈니스 모델의 모든 것을 활용해 크게 성장했다. 하지만 엑슨이 훨씬 더 크게 성장하고 지속 성장하는 회사가 되고 싶다면. 그게 가능하다는 가정하에 엑슨은 기존 모델을 버릴 필요가 있다.

책을 읽으면서 당신은 「코스모폴리탄」은 미디어 회사이고 엑슨은 제품을 판매하는 회사인데 두 회사의 모델은 당연히 달라야 되는 것이 아닌가?'라는 생각을 하고 있을지도 모르겠다.

정말 그럴까? 데니스 퍼블리싱Dennis Publishing은 영국 최대 독립 자사 미디어 회사 중 하나다. 데니스 퍼블리싱은 『맨즈 피트니스Men's Fitness』와 『더 위크The Week』 등 유명 출판물을 출판하고 있고, 자동차 분야에 '카 바이어Car Buyer'와 '오토 익스프레스Auto Express' 같은 규모 있는 콘텐트 플랫폼도 운영하고 있다.

10년간 인쇄 광고 시장이 죽어가면서 대부분의 미디어 회사들은 성장하는 데 큰 어려움을 겪었지만 데니스는 그런 영향을 전혀 받지 않았다. 「가디언」에 따르면, 데니스 퍼블리싱의 매출은 2009년 5,900만 파운드에서 2016년에는 9,300만 파운드로 높아졌다. 어떻게 한 것일까?

2014년 11월, 데니스 퍼블리싱 총 수익의 16%를 창출하는 온라인 자동차 판매업체 '바이어카BuyaCar'를 인수했다. 이 작은 미디어 회사는 하루에 200대 이상의 차를 판매한다. 데니스 퍼블리싱은 차량 구매에 관심 있는 오디언스를 보유하고 있었고, 시간에 걸쳐 이들 오디언스와 충실한 관계를 형성했다. 지나고 나서 보면 데니스 퍼블리싱이 온라인 자동차 판매 업체나 전자상거래 회사를 인수한 것은 어렵지 않게 내릴 수 있었던 결정 같은데, 이를 가능하다고 보는 미디어 회사들은 거의 없다.

그렇다면 데니스 퍼블리싱은 미디어 회사일까 아니면 제품과 서비스를 판매하는 브랜드일까? 또한 레드불과 J&J는 어느 쪽일까?

배우 기네스 펠트로는 2008년에 '굽닷컴Goop.com'을 출시했다. 처음에는 여행지 추천 및 쇼핑 조언을 제공하는 주간 e뉴스레터로 시작한 '굽'은 빠르게 100만 명이 넘는 이메일 구독자를 모았다. 헌신적이고 충성도 높은 오디언스를 구축한 '굽'은 제품을 출시했고, 2016년에는 완성된 의류 브랜드 라인을 출시하고 판매했다.

'굽'은 미디어 회사일까 아니면 멋진 옷을 판매하는 브랜드일까? 과연 5년 후에는 무엇을 판매하고 있을까?

만일 지금 당신에게 오디언스를 구축하여 그 오디언스에게 직접 판매를 하는 것과, 회사에서 직접 소유하지 않아 자유롭게 활용할 수 없는 외부 채널을 대여하는 것 중 하나를 선택하라고 한다면 어떻게 할 것인가? 당신은 분명 전자를 선택할 것이다. 이렇게 결정하기 쉬운 문제임에도 불구하고 아직도 대부분의 회사들은 수년간 주로 외부 채널을 대여하고 있다.

우리는 '비효율적인' 시스템을 마치 그것이 유일한 해결책인 것처럼 유지하고 있다. 우리는 현재의 마케팅이 우리에게 주어진 선택이고, 그에 대해 할 수 있는 것이 아무것도 없다고 생각하게끔 호도되어온 것이다.

> 인간은 누군가 자신을 함부로 대할 때, 이를 충분히 알아차리는 존재다.
> 어니스트 클라인, 『아르마다』

☑ 동일한 비즈니스 모델

우리는 몇 년간 대기업 마케팅 부서와 미디어 회사에 대해 조사한 것을 살펴보면서 계속 똑같은 결론에 도달했다.

'새로운 미디어 비즈니스 모델과 새로운 마케팅 비즈니스 모델은 완전히 똑같다' **는 사실이다.**

다음은 우리가 이 책을 집필하기 전에 함께 아이디어를 정리하면서 이메일로 주고받았던 내용이다.

보낸 사람: 조 풀리지

제목: 어떻게 생각하나요?

로버트, 당연한 이야기인 건 알지만, 새로운 미디어 모델과 새로운 마케팅 모델이 완전히 같다는 걸 깨달았어요.

정말 신기한 것 같아요, 내가 지금 뻔한 이야기를 하는 건가요, 아니면 진짜 충격적이라고 생각하나요?

보낸 사람: 로버트 로즈

제목: RE: 어떻게 생각하나요?

아니요. 완전히 똑같아요. 우리가 아주 중대한 사실을 밝히고 있는 것 같다고 했던 걸 기억하세요? 이건 굉장한 발견이에요. 이것 때문에 제가 열의를 보였던 거예요.

이건 정말 세상이 깜짝 놀랄 만한 일이라고 생각해요. 그런데 어쩌면 우리만 그렇게 생각하는 걸 수도 있죠, 하하!

"마이애미나 클리블랜드나 다를 게 뭐 있어? 다 똑같아."

영화 〈나를 미치게 하는 여자〉의 르브론 제임스

지금 대부분의 미디어 브랜드와 제품 브랜드를 비교해보면 둘 사이에 큰 차이점이 있다.

「뉴욕타임스」와 P&G, 「이코노미스트」와 인텔, 「인더스트리 위크」와 링컨 일렉트릭 사이에는 큰 차이가 느껴진다.

대부분의 사람들은 미디어 회사가 하는 일과 제품 브랜드가 하는 일이 크게 다르다고 느낀다. 물론 현재로서는 대부분 다르다. 그러나 2020년 이후로는 미디어의 비즈니스 모델과 제품 브랜드의 비즈니스 모델 간 차이는 사라질 것이다.

미디어 회사들은 데니스 퍼블리싱처럼 전통 미디어 상품(구독·광고)과 동시에 제품 및 서비스(자동차 판매)를 제공함으로써 수익을 올릴 것이다. 제품 및 서비스 회사들은 애로우 일렉트로닉스처럼 제품 및 서비스 판매(산업용 전자 부품 판매)뿐 아니라 전통 미디어 상품(구독·광고)으로도 수익을 낼 것이다. 이때 오디언스를 구축하면 양측에서 수익을 창출할 수 있다. 이는 단순히 마케팅에 그치는 것이 아니라 하나의 비즈니스 모델인 것이다.

우리는 현재의 비즈니스 모델 구조에 이 새로운 콘텐트 비즈니스 모델을 도입하기 시작한 혁신적 회사들이 바로 미래 산업을 이끌어나갈 회사들이라고 믿는다.

월트 디즈니는 이 사실을 60년 전에 깨달았다.

☑ 심층 분석: 디즈니

월트 디즈니가 1957년에 고안한 비주얼 콘텐트 모델은 내가 가장 좋아하는 도표다. 실제로 거실 벽에 걸어둘 정도로 좋아한다. 이 이미지 한 장에는 만화책부터 음악, 상품까지 상호 보완적인 디즈니의 자산들이 모두 나와 있다. 그러나 그 중심에 있는 것은 애니메이션과 영화다. 디즈니(회사)는 이 콘텐트를 활용해 팬층(오디언스)을 구축했다. 그 후 팬들은 디즈니의 다른 콘텐트를 경험하면서 충성도를 더욱 높여갔고, 디즈니랜드에 방문하거나 디즈니 캐릭터 상품을 사는 데 기꺼이 돈을 쓰기 시작했다.

유타대학교의 토드 젠거 교수는 디즈니의 비주얼 플랜을 이렇게 설명한다.

> 디즈니는 가치를 창출하는 성장을 하고 있다. 가족 친화적 애니메이션과 영화 분야에서 독보적인 역량을 개발하고, 그들의 영화 속 캐릭터와 이미지를 지원하는 동시에 이로부터 가치를 끌어내 다른 엔터테인먼트 자산과 조합하고 있다.

간단히 말해 디즈니는 오디언스를 구축한 후에 전통 미디어를 통해 그리고 제품 및 서비스를 판매함으로써 오디언스를 수익 모델화했다. 디즈니는 미디어 회사나 제품 브랜드 둘 중 어느 것에도 완전히 속하지 않는 몇 안 되는 회사 중 하나다. 디즈니는 언제나 그 2가지 다였다. 처음부터 그렇게 계획되었기 때문이다.

우리가 2010년에 창업하여 UBM이 2016년에 인수한 CMI는 디즈

그림 3.1 CMI는 디즈니 프로덕션의 비주얼 모델을 기반으로 삼아 미디어 비즈니스 모델을 구축했다.

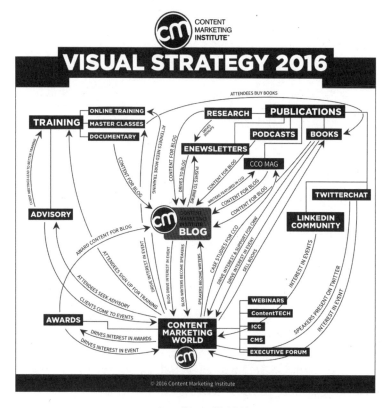

https://hbr.org/2013/06/what-is-the-theory-of-your-firm

니와 똑같은 모델이다. 그럴 수밖에 없는 이유는 우리가 디즈니의 1957년 전략에 기초하여 비주얼 사업 모델을 만들었기 때문이다(그림 3.1).

디즈니의 핵심 플랫폼은 극장 영화를 중심으로 이뤄졌다. 디즈니는 이것을 오디언스와 관계하는 첫 단계로 삼았다. CMI가 오디언스를 만드는 핵심 플랫폼은 매일 1,500개 단어 분량의 자체 제작 교육 게시물을 올리는 디지털 블로그다. 우리는 거기서부터 시작해 팬들로부터 다양한 방식으로 수익을 얻는다. 특히 우리가 진행하는 대형 오프라인 이벤트인 '콘텐트 마케팅 월드'는 그 대표 예다. 디즈니가 디즈니랜드와 디즈니월드를 통해 주로 수익을 얻는 것과 같은 방법이다.

흥미로운 점은, 회사가 콘텐트 가치를 창조해 충성도 높은 오디언스를 구축하면 수익을 낼 수 있는 방법이 아주 다양하다는 것이다.

☑ 더 나은 마케팅 모델

이제 마케팅 부서들은 이전의 미디어 비즈니스 모델을 확장하여 현재는 매출 증대 및 비용 절감 목표를 달성하는 데 활용할 뿐 아니라 그 모델을 통해 직접 수익을 올리고 있다.

현재 이를 실현하고 있는 B2C 회사, B2B 회사, 스타트업 회사를 하나씩 예로 들어 심층적으로 살펴보자.

심층 분석 ① 레드불

오스트리아의 에너지 음료 브랜드 레드불은, 마케팅 목적으로 만든 것이 아닌 양질의 콘텐트와 비교해 손색이 없는 고품질 콘텐트를 만드는데 투자를 아끼지 않아서 공유 콘텐트 시대의 코카콜라로 불린다. 레드불은 음료를 팔기도 하는 진정한 의미의 미디어 회사다.

브라이언 모리시, 디지데이

나는 10년 동안 프레젠테이션을 할 때 위 인용문의 마지막 문장 "레드불은 음료를 팔기도 하는 진정한 의미의 미디어 회사다"를 수없이 언급해왔다.

레드불은 아마도 마케팅 부서를 수익 창출 부서로 만든 회사 중 가장 잘 알려진 사례일 것이다. 레드불은 다양한 콘텐트 제작에 노력을 기울여 세계에서 가장 충성도 높은 오디언스를 확보했다. 이를 가능하게 만든 동력은 '레드불 미디어 하우스'다. 레드불 미디어 하우스가 미디어로 관객을 매료시키는 역량은 제작 절차에서 스토리텔링까지, 세계의 어떤 전통 미디어 회사와 견주어도 뒤지지 않는다. 『에픽 콘텐트 마케팅』에서 처음 레드불 미디어 하우스에 대해 이야기했을 때는 레드불이 만드는 콘텐트가 여느 콘텐트 마케팅 프로그램과 같이 궁극적으로는 제품 판매 증대가 그 목적일 것이라고 생각했다. 즉 더 많은 레드불 캔 음료를 파는 것이라고 생각했다. 그러나 레드불 미디어 하우스가 가지고 있는 목표는 단 하나다. 그것은 제작한 콘텐트로 수익을 직접 창출하는 것이다. 물론 레드불의 경영진은 콘텐트 제작에 힘입어 제품 수요가 증가한다면 더할 나위 없이 좋겠지만, 레드불 편집자 로버트 스펄의 말에 따르면 레드불 미디어 하우스는 다른 미디어 회사들과 다를 것 없이 직접적인 수익 및 이윤 창출로 성과가 평가된다고 한다.

레드불은 다양한 계획을 통해 이를 실현하는데 그중 몇 가지를 예로 들어보겠다.

- **인쇄물** 월간 온·오프라인 잡지 「레드 불레틴」은 10개국에서 5개 언어로 출판되어 전 세계 200만 이상의 구독자에게 전달된다. 「레드 불

레틴」은 레드불의 대표 오프라인 잡지이며 글로벌 남성 라이프스타일 잡지로 포지셔닝되어 있다. 레드불은 「레드 불레틴」 외에도 고산 탐험 잡지 「베르크 벨텐Berg Welten」과 자연 과학 잡지 「테라 메터Terra Mater」 등 3개의 오프라인 잡지를 보유하고 있다. 레드불은 다른 전통 잡지 회사와 마찬가지로 잡지를 통해 광고하고 스폰서십을 판매하며 구독료로 직접 수익도 올린다.

■ **레드불 콘텐트 풀** 레드불은 미디어 회사들에게 수천 개의 영상과 이미지, 음악 라이선스를 판매한다. 이것은 사실이다. 미디어 회사들이 레드불의 브랜디드 콘텐트 라이선스와 권한을 얻기 위해 레드불에게 기꺼이 비용을 지급한다. 스포츠 분야의 프리미엄 이미지 콘텐트 보유량은 어쩌면 디즈니 ESPN 말고는 레드불과 견줄 수 있는 회사가 없을 것이다.

■ **레드불 레코드** 로스앤젤레스와 런던에 사무실을 두고 있는 레드불 레코드는 인디 록 밴드 에이윌네이션Awolnation과 얼터너티브 밴드 '트윈 애틀랜틱Twin Atlantic' 등 레드불의 '날개를 펼쳐줘요Give You Wings' 감성에 맞는 아티스트들과 계약을 맺는다. 또한 '레드불 뮤직 퍼블리싱'은 유망한 작곡가 및 작사가를 지원해 이들이 만든 노래를 레드불 콘텐트 모음이나 다른 레드불 프로그램의 일부로 통합한다.

■ **스피드위크** 이륜차 및 사륜차 레이싱을 중심으로 하는 레드불의 모터스포츠 브랜드로 70가지 레이싱 등급과 360개의 챔피언십을 다룬다. 소규모 미디어 회사인 '스피드위크'는 이 특정 팬층에게 도달하고 싶어 하는 몇몇 선두 기업들에게 디지털 광고 및 모바일 스폰서십을 판매한다.

여기에 레드불 TV와 레드불 영화 및 다큐멘터리, 전 세계 익스트림 스포츠를 다루는 생방송 프로그램까지 더하면 레드불 미디어 하우스는 어쩌면 방송 스포츠 프로그램 분야에서 ESPN에 버금가는 수준일 것이다.

심층 분석 ② 애로우 일렉트로닉스

1935년에 창립된 애로우 일렉트로닉스는 연 수익 240억 달러 이상을 올리는 세계 최대 회사 중 하나다. 애로우 일렉트로닉스는 반도체부터 회로판까지를 아우르는 세계 최대 전자 부품 유통 회사며, 현재 전 세계 10만 이상의 고객에게 서비스를 제공하고 있다.

애로우의 미디어 모델은 두 단계에 걸쳐 만들어졌다. 애로우 일렉트로닉스 부사장이자 상무이사인 빅터 가오에 의하면, 2014년에 애로우 일렉트로닉스는 디지털상에 여러 마이크로사이트가 합쳐진 형태를 취하고 있었으며 수백 개의 도메인을 사용했다. 이 사이트들은 통합되어 있지 않았고, 대부분의 경우에 애로우 브랜드를 전혀 볼 수 없었다. 한마디로 고객들이 이런 사이트들을 경험하면서 애로우는 계속 산업 내 바닥 순위를 맴돌았다.

애로우는 이를 해결하기 위해 마이크로사이트 모델을 중지하고 애로우닷컴Arrow.com(애로우 일렉트로닉스 일본은 칩 원스톱Chip1Stop)이라는 하나의 글로벌 경험의 장을 만들었다. 애로우닷컴이 가지고 있는 단 하나의 목표는 제품과 서비스를 판매하는 것이다.

새로운 사이트가 완성되자 애로우는 자사 판매 제품과 관련해 전기 엔지니어들이 겪는 특정 문제에 대한 해답을 제공하는 고품질 콘텐트를 만드는 데 크게 투자했다. 제작된 모든 콘텐트는 전문가에 의해 작성되고 편집되었으며, 애로우의 전문 전기 엔지니어의 검토를 거쳤다. 애로우가 오리지널 콘텐트에 투자하고 웹사이트를 재출시한 지 1년도 지나지 않아서 독자 참여도가 30배 증가했다. 개별 방문자 수 및 체류 시간을 합친 값이다. 이 과정에서 애로우닷컴은 산업 내에서 가장 많은 트래픽이 오가는 웹사이트가 됐다.

이렇게 1단계가 끝나고, 2단계는 애로우가 2014년에 실행한 '엔지니어의 사고방식Mind of the Engineer'이라고 불리는 리서치 결과를 중심으로 진행됐다. 그 연구 결과에 의하면, 엔지니어들이 관심 갖는 아주 중요한 이슈는 각자의 공학 지식을 항상 업데이트하는 것이다. 여기에 엔지니어들이 매일 학습하는 방법 18가지가 나열되어 있는데, 이 방법들 중 2가지를 제외하고는 모두 블로그, 팟캐스트, 기사, 세미나 같은 미디어를 통한 방법이다.

애로우의 경영진은 이 자료를 바탕으로 회사의 최대 기회는 전기 엔지니어들에게 신뢰받는 자료 제공자가 되는 것이라는 사실을 깨달았다. 그리고 애로우는 미디어가 되기로 결심했다.

빅터 가오의 말을 들어보자.

애로우는 미디어 회사를 시작할 때 바닥에서 시작하지 않았어요. 우리는 인수를 통해 미디어 포트폴리오를 만들었지요. … 전기 엔지니어는 아이디어가 생겼을 때 먼저 온라인에서 자료 조사를 하고, 기술 관련 논문을 봅니다. 그다음에는 데이터 시트라고 불리는, 주로 부품 제조사가 '여기 당신이 생각해야 할 모든 매개 변수가 있습니다'라고 작성한 상세 설명서를 보죠. 그리고 '이 부품은 주로 이러한 다른 부품들과 같이 쓰입니다'라고 설명하는 참조 설계서가 있습니다. 이것들을 본 후에 클라

킬링 마케팅

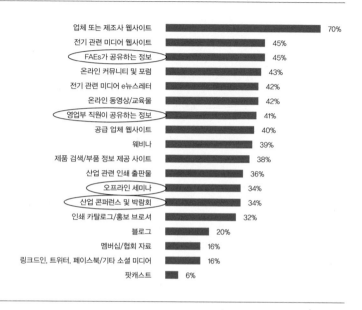

그림 3.2 | 전기 엔지니어들이 산업 정보를 얻는 방법은 거의 전부 미디어를 통한 방법이다.

업체 또는 제조사 웹사이트	70%
전기 관련 미디어 웹사이트	45%
FAEs가 공유하는 정보	45%
온라인 커뮤니티 및 포럼	43%
전기 관련 미디어 e뉴스레터	42%
온라인 동영상/교육물	42%
영업부 직원이 공유하는 정보	41%
공급 업체 웹사이트	40%
웨비나	39%
제품 검색/부품 정보 제공 사이트	38%
산업 관련 인쇄 출판물	36%
오프라인 세미나	34%
산업 콘퍼런스 및 박람회	34%
인쇄 카탈로그/홍보 브로셔	32%
블로그	20%
멤버십/협회 자료	16%
링크드인, 트위터, 페이스북/기타 소셜 미디어	16%
팟캐스트	6%

우드 기반 툴을 사용해 시뮬레이션을 실행하고 나면 몇 가지 시제품을 주문할 준비가 됩니다. … 여러 테스트를 반복하고 나면 시제품을 갖게 됩니다. 우리는 이에 대해 우리가 보유하고 있는 미디어 자산 측면에서 생각해보았고, 엔지니어들이 거치는 여정을 확실하게 따라가며 처음부터 끝까지 그들에게 도움을 주고 싶었어요.

2017년 6월 기준으로 애로우는 전기 관련 미디어 분야에서 51개의 미디어 자산을 보유하며 산업 내 최대 미디어 기관이 되었다. 이는 개별 방문자 수와 체류 시간 기준이다. 애로우의 미디어 자산은 '아스펜코어AspenCore'라는 완전히 분리된 회사가 관리하도록 하여 주 회사와 미디어 자산 간에 방화벽을 형성했다. 전통 미디어 회사에서 추구하는 편집의 독립 원칙과 비슷한 개념이다.

애로우는 1차 및 2차 핵심 성과 지표_{Key Performance Indicators, KPI}로 아스펜코어의 성과를 분석한다.

아스펜코어는 1차적으로 재무 성과, 특히 수익성을 기준으로 성과를 측정한다. 빅터 가오에 의하면, 2년간 몇몇 광고주들과 스폰서들이 지출을 2배로 늘리면서 아스펜코어의 수익성이 크게 성장했다.

2차 KPI로는 도달(오디언스 규모), 참여(체류 시간), 소셜 공유 등이 있다. 그러나 아스펜코어도 레드불 미디어 하우스처럼 미디어 회사가 하는 똑같은 방식으로 성공 플랜을 짜고 있다. 아스펜코어는 다음의 방법들로 수익을 창출한다.

- 「EE 타임스」, 「EEM」, 「파워 일렉트로닉스 뉴스」 등 콘텐트 브랜드의 배너, 버튼, 팝오버 광고, 웰컴 및 채널 광고, e뉴스레터 광고 같은 웹 광고
- 웨비나, 웹캐스트 등의 스폰서십과 스폰서 콘텐트 및 맞춤 콘텐트 제공: 애로우는 실제로 타사를 위해 오리지널 콘텐트를 제작
- 잡지 「일렉트로닉 프로덕트」 같은 출판물에 실리는 인쇄 광고
- 리스트 렌탈 및 데이터 판매

또한 아스펜코어는 특정 틈새시장에 있는 애로우의 하위 브랜드에게 광고와 스폰서십을 할인해준다. 이렇게 함으로써 2가지 혜택을 누릴 수 있다. 즉 일반 광고 대비 굉장히 저렴한 비용으로 오디언스에게 직접 도달하여 영향력을 행사할 수 있고, 자사 데이터를 얻어

독자들이 관심 갖는 것과 관심 갖지 않는 것이 무엇인지 파악할 수 있다. 이는 크래프트 푸드가 수년간 자사 콘텐츠 브랜드인 '푸드 앤 패밀리'를 활용한 것과 매우 비슷하다. 크래프트는 이런 자사 데이터를 연구 개발의 한 형태로 활용하는데, 이는 회사가 오디언스의 니즈와 불편을 파악하여 신제품 개발 목록을 정하는 데 도움이 된다. 크래프트의 자사 미디어상에서 오디언스 참여도가 높은 콘텐츠와 그렇지 않은 콘텐츠를 구별함으로써 가능하다.

심층 분석 ③ 터미너스

레드불과 애로우 일렉트로닉스는 세계 최대 규모의 회사다. 두 회사는 미디어 부문 개발에 대한 회사 승인을 받은 후 초기부터 크게 투자할 수 있는 자원을 이미 가지고 있었다. 그러나 예산이 많지 않다면 어떻게 해야 할까? 스타트업 회사라면? 이 '마케팅 및 미디어 회사' 개념은 대형 브랜드만을 위한 것일까?

터미너스Terminus는 조지아주 애틀란타에서 시작된 작은 스타트업 회사로, 고객 기반 마케팅Account-Based Marketing, ABM 소프트웨어를 판매한다. 터미너스 소프트웨어는 특별히 B2B 마케팅 전문가들을 위해 만들어졌는데, 제품 판매를 위해 같은 회사에서 10명, 15명 또는 20명의 멤버와 관계를 맺으며 일할 때 유효하다. 한마디로 터미너스 소프트웨어는 이런 프로세스를 도와준다.

터미너스의 공동 창립자이자 CMO인 상그람 야레는 '나의 프로세스 뒤집기Flip My Funnel'라는 개념을 제시하고 링크드인의 오픈 퍼블리싱 플랫폼에 이 개념에 대해 지속해서 블로그 포스트를 올렸다. 야레의 블로그를 팔로우하는 B2B 마케터들이 늘어나기 시작했고, 몇

몇 사람들은 그 개념을 주제로 이벤트를 개최하라고 제안했다. 상그람 야레는 이렇게 말했다.

> 우리는 몇 달에 걸쳐 이벤트를 준비하고 이 주제에 관심을 가지고 있는 시장의 최고 리더들을 초대했습니다. 터미너스와는 관계가 없으며 … 단 한 명도 콘퍼런스에서 터미너스를 언급하지 않았습니다. 10개의 스폰서가 콘퍼런스에 필요한 자금을 지원했습니다. … 모든 비용은 스폰서십을 통해 지급되어 저희는 크게 지불할 비용이 거의 없었던 것 같습니다. 콘퍼런스에는 300~400명의 사람들이 참석했고 … 모든 최고 리더와 관계를 쌓을 수 있었습니다

나의 프로세스 뒤집기 '레비뉴 서밋Revenue Summit'은 즉각적인 성공을 거두었다. 첫 이벤트를 통해 터미너스는 15개의 중요한 고객사와 계약할 수 있었고, 그 후에 터미너스는 미국 전역의 여러 도시에서 이벤트를 개최했다.

상그람 야레의 말에 따르면, 원래는 이벤트를 개최하는 데 150만 달러 이상의 금액이 소요되었어야 하는데 이벤트 관련 비용은 외부 스폰서와 등록 참가자가 지불한 돈으로 전부 충당할 수 있었다고 한다. 터미너스가 현재 보유한 총 300개의 고객사 중 100개는 이런 이벤트를 통해 확보된 것이다.

2017년에 개최한 터미너스의 콘퍼런스는 600개 이상의 고객사와 잠재 고객사가 참가했으며, 여기서 세일즈포스와 마케토Marketo(마이크로소프트 회사) 같은 큰 소프트웨어 회사들과 스폰서십을 체결했다. 직접적인 경쟁사들도 터미너스에게 비용을 지급하고 이벤트를 후원

하는데, 그 이유는 '나의 프로세스 뒤집기'는 업계의 행사지 터미너스의 행사가 아니기 때문이라고 야레는 말했다. 이는 애로우 일렉트로닉스의 브랜드 포지셔닝 방법과 비슷하다.

터미너스는 이런 방법을 지속해서 실행할 수 있도록 마케팅을 2개의 개별 팀인 '터미너스' 마케팅팀과 '나의 프로세스 뒤집기' 마케팅팀으로 나누고 각 팀에 별개의 손익Profit and Loss, P&L 시스템을 적용했다. 터미너스는 '나의 프로세스 뒤집기'라는 브랜드에서 더 큰 성장 가능성과 수익화 가능성을 보고 어워드 프로그램을 더해 최근에 '나의 프로세스 뒤집기 ABM 대학교'를 시작했다. 상그람 야레는 이 모델이 효과 있는 이유를 자사인 터미너스에 대해 이야기하지 않기 때문이라고 생각한다.

> 우리가 성공을 거둘 수 있었던 이유 중 하나는 언제나 문제에 대해 이야기했기 때문이라고 생각합니다. 우리는 그 어떤 때도 우리에 대한 이야기를 하지 않았습니다. … 우리는 한 번도 '터미너스가 하는 일은 무엇이며 터미너스가 어떻게 도울 수 있는지'에 대해 언급한 적이 없습니다. 이것은 그런 모델이 아닙니다.

아직도 이 모델에 대해 확신이 없는 사람들을 위해 말하자면, 실제로 외부 투자자들이 '나의 프로세스 뒤집기' 브랜드를 인수하려고 야레에게 접근한 적이 있다. 사실이다. 누군가 터미너스의 마케팅 부서를 사고 싶어 하는 것이다.

☑ 콘텐트가 전부는 아니다

1979년에 보스턴대학교에서 저널리즘을 전공한 데이빗 누스바움은 영화 〈모두가 대통령의 사람들〉(1976)에 출연하는 로버트 레드포드와 더스틴 호프만 같은 사람이 될 생각으로 사회에 첫발을 내딛었다. 데이빗은 특히 출판·신문 저널리즘에 관심이 많아 평생 지역 신문이나 전국 신문을 통해 사람들이 읽을 훌륭한 소식들을 전달하리라 다짐했다.

그러나 1985년에 데이빗이 첫 컴퓨터를 구매한 이후로 모든 것이 변했다. 그는 컴퓨터가 이야기를 전달하는 데 엄청난 도구가 될 것으로 믿고 이 분야에 파고들었다. DOS를 배우고 인터넷 1.0 세대가 되었다. 데이빗은 그때도 출판 저널리즘에 관심을 가지고 있었지만 디지털 커뮤니케이션을 이해하는 데 더 많은 시간을 들였다. 그러면서 데이빗은 새롭게 나타나는 비즈니스 모델을 보기 시작했다.

1990년대에 데이빗은 그 새 모델과 관련한 최고 전문가 중 한 명이 됐고, 2004년에는 당시 어려움을 겪고 있던 펜튼 미디어Penton Media의 재건 요청을 받아 그 회사의 CEO가 됐다. 펜튼은 2000년에 월스트리트의 떠오르는 별 중 하나로, 주식이 증권 시세보다 빠르게 치솟으며 급성장을 이룬 프린트 미디어와 이벤트 회사였다. 그러나 2001년 9·11 사태와 닷컴 붕괴 이후로 펜튼은 계속된 부실 인수합병과 엄청난 부채의 무게에 짓눌려 도산의 위기를 겪고 있었다. 단지 2년 만에 주당 35달러였던 펜튼의 주가는 7센트로 떨어졌다. 그때 데이빗은 회사의 생존을 위해 펜튼에 들어갔다.

데이빗은 전통 비즈니스 미디어 모델의 틀을 깨고 펜튼 미디어를 바라볼 수밖에 없는 상황에 놓였다. 구체적으로 회사를 제품 중심으로 편성하지 않고 오디언스 중심으로 편성했다. 펜튼의 새로운 목표는 펜튼이 독자들에게 판매해야 하는 것에 집중하지 않고 독자들이 구매하기를 원하거나 구매할 만한 것에 초점을 맞추었다.

나는 2005년에 데이빗과 나눈 대화를 잊지 못한다. 데이빗은 당시 펜튼의 커스텀 미디어 부서를 담당하던 나의 직속 상사였다. 우리의 임무는 단순히 광고뿐 아니라 그 이상을 원하는 펜튼 광고주들에게 맞춤 콘텐트 상품을 판매하는 것이었다.

데이빗을 처음 만났을 때 그는 자신이 무엇에 중점을 두고 있는지 명확히 알고 있었다.

조, 나는 당신이 신발을 팔든 무엇을 팔든 상관없어요. 당신의 임무는 당신이 활용해야 하는 자산을 잘 생각해보고 그 자산들을 수익화하는 것이에요.

데이빗 누스바움은 우리가 독자나 고객들과 매우 좋은 관계를 맺고 있다는 사실을 알고 있었다. 또한 펜튼이 그저 광고를 더 많이 판매하는 것만으로 생존할 수 없다는 것도 알고 있었다. 우리는 아주 빠른 시간 내에 모델을 변경해야 했고, 그 방법은 성공적이었다. 2007년에 펜튼 미디어는 2004년 대비 10배 높은 평가액으로 프리즘 미디어Prism Media에 인수됐다.

데이빗은 펜튼에서 성공적인 결과를 낸 후에 F&W 미디어로 넘어갔다. F&W 미디어는 예술, 공예, 사냥, 앤틱, 수집품 등 특정 취미를 다루는 전통적인 출판사다.

몇 년 전까지만 해도 미디어 분야에서 성공하기 위해 가장 중요한 것은 콘텐트라고 생각했는데 그것은 틀린 생각이에요. 미디어 경영자로서 콘텐트를 어떻게든 전달하는 것에 속박되어 그것에만 집중할 게 아니라 **놀라운 콘텐트로 훌륭한 커뮤니티를 구축하는 것에 집중해야 해요.**

데이빗은 F&W에서도 광고에 맞추고 있던 초점을 독자들이 구매할 만한 대상으로 옮기는 일을 했다. 이는 곧 F&W를 전자상거래 회사로 변화시키는 것을 의미했다. 7년이 지나 F&W는 책, 키트, 멤버십, 구독권 등을 다이렉트로 또는 전자상거래를 통해 오디언스에게 판매함으로써 6,000만 달러 이상의 매출을 올리게 되었다.

현재 데이빗은 아메리카 테스트 키친America's Test Kitchen, ATK의 CEO다. ATK는 광고주의 지원 없이 자금을 조달한다. 잡지 구독, 웹사이트 구독, 교육 코스, 요리책, 레시피 패키지 등으로 자사 콘텐트와 커뮤니티를 수익화하며, 대형 기관에 방대한 양의 데이터를 판매하고 컨설팅을 제공한다.

ATK는 TV 방송사와 협력하여 브랜드 TV 프로그램을 출시하면서 차츰 규모를 확장하고 있다. 확장 이후에는 각 TV 프로그램 관련 브랜드 제품을 판매하여 수익을 낼 것이다.

데이빗은 ATK는 타사가 접근하지 않는 특정 틈새 분야에 초점을 맞춘 덕분에 성공을 거둘 것이라고 믿는다.

우리는 음식과 요리의 기술과 과학을 다룹니다. 라이프스타일 브랜드는 우리의 경쟁 상대가 아니에요. 푸드 채널은 계속 라이프스타일 분야에서 겪는 경쟁이 심화되고 있는데, 이는 푸드 채널이 요리 자체를 다루다가 점점 그 핵심이 요리 관련 대회로 넘어갔기 때문입니다. 이렇게 하면 더 많은 오디언스가 생길 수 있지만, ATK 오디언스처럼 몰입도가 더 높고 열정적인 오디언스를 얻는 데 도움이 되지는 않지요.

ATK는 주요한 틈새 분야와 콘텐트 틸트에 집중하여 충성도 높은 오디언스를 구축할 수 있었고, 이를 통해 수익화할 수 있는 여러 제품을 출시하고 오디언스를 활성화시킬 수 있었다. 데이빗은 변치 않는 핵심 목표를 가지고 있다. 그는 지속해서 가치 있는 콘텐트 경험을 전달해 충성도가 높은 오디언스를 구축하는 데 집중하고 있다. 이것만 잘 해내면 무엇이든 할 수 있다.

☑ 지원 기능이 아닌 비즈니스 모델로서 마케팅

1장에서 '비즈니스 모델로서 콘텐트'를 간략하게 설명했다.

콘텐트를 전략적으로 사용하여 오디언스를 구축할 수 있을 뿐 아니라 고객을 창출하고 유지할 수 있다. 그것도 수익을 내면서 가능하다. 이는 지금까지 우리가 알고 있는 마케팅을 완전히 다른 것으로 변형시킬 것이다. 이로 인해 전체 마케팅 업무가 진화될 것이며, 마케팅 업무의 일부 또는 전체를 비용을 쓰는 업무가 아니라 수익을 내는 업무로 탈바꿈시킬 것이다.

대부분의 회사는 수요 창출 또는 고객 충성도 등 다른 사업 목표를 지원할 목적으로 콘텐트를 활용한다. 물론 이런 방식도 충분히 받아들일 수 있다. 적어도 아직까지는 그렇다. 이것이 『에픽 콘텐츠 마케팅』의 핵심 내용이었다.

그러나 우리는 거기서 멈출 수 없다. 미래의 마케터들은 빅터 가오가 애로우 일렉트로닉스를 운영하듯 전체 마케팅 부서를 그 자체가 사업인 것처럼 운영할 것이며, 사업 목표를 지원하기 위해서만 운영하지는 않을 것이다. 미래의 마케터들은 마케팅을 이해하는 것뿐 아니라 CEO나 출판인이 출판 및 미디어 사업을 운영하는 운영 방식에 대해서도 알아야 할 것이다.

마케팅 부서는 그 역할을 특정 제품을 지원하는 데 국한하지 않아도 된다. 일단 충성도 높은 오디언스를 구축하고 나면, 마케팅 부서는 다양한 방법으로 매출을 올리고 이윤을 창출하여 조직에 가치를 더할 수 있을 것이다.

그런데 이런 비즈니스 모델을 매출 또는 이윤이라는 관점에서 볼 때는 어떨까? 4장에서 이를 밝힐 예정이다.

올바른 길 위에 있지 않다면, 달리는 것이 무슨 의미가 있을까?

독일 속담

◇ 가장 혁신적인 미디어 회사와 콘텐트를 가장 잘 활용하는 기업은 동일한 비즈니스 모델을 사용한다. 하지만 많은 사람이 이 사실을 아직 알아채지 못하고 있다.

◇ 레드불이나 애로우 일렉트로닉스 같은 대기업이든, 터미너스 같은 작은 스타트업이든 적용되는 모델은 동일하다. 충성도 높은 오디언스를 구축하면 직접적인 수입원을 다양하게 창출할 수 있다.

◇ 데이빗 누스바움이 말했듯, 문제는 얼마나 많은 콘텐트를 만들어내느냐가 아니라 충성도 높은 커뮤니티를 구축하는 것이다. 그렇게 하려면 만들어내는 콘텐트의 품질이 굉장히 좋아야 한다.

KILLING

4장
스폰서 수익 모델

MARKETING

Killing Marketing

> 랜돌프 듀크: 돈이 전부는 아니야, 모티머.
>
> 모티머 듀크: 그건 어린애 같은 생각이지.
>
> 랜돌프 듀크: 어머니는 항상 네가 욕심이 많다고 하셨어.
>
> 모티머 듀크: 그건 칭찬으로 하신 말씀이야.
>
> 영화 〈대역전〉(1983)

> 오늘의 투자자는 어제의 성공을 염두에 두지 않는다.
>
> 워런 버핏

CMI는 기업 마케터들에게 콘텐트 마케팅 중심의 교육과 훈련을 제공하기 위해 2010년 5월에 시작된 조직이다. CMI가 첫해에 올린 매출은 7만 5,000달러가 조금 안 됐다. 순이익이 아닌 매출이다. 2016년에는 1,000만 달러가 넘는 매출을 올렸으며 순이익률 또한 양호한 수준인 25%였다.

CMI가 사용한 모델은 꽤 간단하다.

CMI는 마케팅 전문가로 이뤄진 충성스런 오디언스를 구축했는데, 2010년에는 수천 명뿐이던 오디언스가 2016년에는 약 20만 명으로 늘어났고, CMI는 수십 가지 방법을 활용해 이러한 오디언스와의 관계에서 매출을 올렸다.

☑ 심층 분석: CMI

CMI는 수익을 이벤트, 디지털, 인쇄물, 인사이트 4가지로 분류한다.

(1) 이벤트
CMI의 비즈니스 모델을 보면 모든 디지털과 인쇄, 리서치 계획이 어떤 식으로든 오프라인 교육이나 이벤트와 연결되어 있다.

콘텐트 마케팅 월드
CMI의 수익 모델 중 가장 큰 부분을 차지하며, 가장 수익성이 높은 요소는 오프라인 이벤트다. 매해 9월이 되면 전 세계 70개국에서 4,000명 이상의 인원이 오하이오 클리블랜드로 모여들어 CMI의 대표 이벤트인 '콘텐트 마케팅 월드'에 참석한다. 이 이벤트는 콘퍼런스 참석자들에게 100개의 개별 세션을 제공하고 대형 전시관에서 최신 콘텐트 마케팅 기술을 소개한다.

일반 참가자들이 참석하는 메인 콘퍼런스의 입장료는 1,295달러이며, 참가자의 약 25%는 이의 약 2배 금액에 판매되는 '무제한 입장권'을 구매하여 워크숍 2개에 참여할 수 있는 권한을 얻고 모든 프레젠테이션의 영상 자료를 받는다. 스폰서들은 보통 부스 1개당 1만 5,000달러를 투자하며, 몇 천 달러에서 많게는 10만 달러까지의 금액을 내고 다른 여러 스폰서십에 투자한다. 이벤트로 버는 총 매출의 70%는 참가비, 30%는 스폰서십 금액으로 구성된다. 콘텐트 마케팅 월드로 얻는 총 이익은 매출의 40%가 넘는다.

또한 CMI는 약 500명의 마케팅 전문가들이 참가하는 중소기업 대상 콘텐트 이벤트인 '인텔리전트 콘텐트 콘퍼런스'를 라스베이거스에서 개최한다. CMI는 2014년에 이 인텔리전트 콘텐트 콘퍼런스를 인수했다. 그리고 매해 가을에는 미국 전역의 여러 도시에서 '마스터 클래스' 이벤트를 연다. 2017년에 CMI는 8개 도시를 순회했고, 각 지역에서 50~100명의 사람이 참가했다.

(2) 디지털
CMI의 비즈니스 모델의 길을 열어준 것은 디지털 수입원이었다.

베네팩터
CMI의 첫 수입원은 2010년에 만든 베네팩터benefactor(후원자)라는 스폰서십 프로그램이다. 이 스폰서십은 현재 매해 수백만 명의 사람들이 방문하는 CMI의 웹사이트를 통해 CMI의 타깃 오디언스에게 도달하려는 회사들을 대상으로 광고, 스폰서십, 콘텐트 서비스를 통합 판매하는 프로그램이다. 첫해에 CMI는 연간 스폰서십으로 1만 5,000달러의 수입을 올렸다. 2017년 기준으로 베네팩터 스폰서십 금액은 4만 달러이며, 12개월 동안 10개 회사에 한정 제공된다.
베네팩터 스폰서십에는 다음의 사항이 포함된다.

- CMI 웹사이트에 게재될 교육용 블로그 포스트를 작성할 수 있는 권한(CMI 편집부의 승인 필요)
- 12개월간의 온라인 배너 디스플레이 광고 권한(CMI 웹사이트 방문자의 10%가 후원 회사의 광고를 지속적으로 보게 됨)
- CMI e뉴스레터와 매일 발송되는 블로그 알림에 광고를 넣을 수 있

는 권한(연간 최소 40개)

- 모든 CMI 웹사이트 페이지 하단에 브랜드 노출 권한
- 특별 협업 기회에 대한 최초 선택권 제공

팟캐스트

2013년 11월에 우리는 전화로 업무 관련 대화를 1시간가량 나눈 적이 있다. 대화를 마칠 때쯤 로버트는 "아주 굉장한 대화였다"며 "이 통화를 녹음할 걸 그랬다"는 말을 했다. 그다음 주부터 우리는 한 주의 뉴스를 비평하는 CMI의 팟캐스트 시리즈인 '디스 올드 마케팅This Old Marketing'을 시작했다. ESPN의 라이브 쇼 '파든 디 인터럽션 Pardon the Interruption'의 형식을 반영해 이 팟캐스트를 만들었다.

팟캐스트를 시작한 첫 달에 기록한 다운로드 건수는 1,000회였는데, 우리는 이를 보고 1,000명의 사람이 시간을 내어 이 1시간짜리 프로그램을 들었다는 사실에 깜짝 놀랐다. 2017년 초반부터 이 팟캐스트는 매달 약 10만 번씩 다운로드되고 있다. 매주 미국 동부 시간 기준으로 월요일 밤에 팟캐스트 에피소드를 1개씩 올리고 있고, 이를 블로그 포스트로 정리해 매주 토요일에 CMI 웹사이트에 게재하고 있다(그림 4.1).

각 에피소드에서 우리는 하나의 주요 스폰서가 제출하는 교육 콘텐트를 가지고 이야기하는데, 이를 통해 얻는 월간 수익은 6,000~1만 달러 정도다. 가끔 에피소드당 2개의 스폰서가 투자할 때도 있다.

이메일 리스트 렌탈

CMI가 사전 동의를 받은 e뉴스레터 구독자 중 많은 사람이 관련

그림 4.1 팟캐스트 '디스 올드 마케팅'의 다운로드 수는 2013년부터 꾸준히 증가했다.

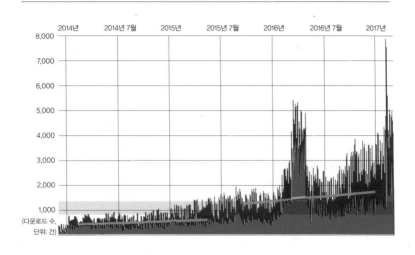

파트너사의 메시지 수신에도 동의한다. 매주 목요일에 CMI의 협력사가 백서, 전자책 또는 마케터에게 유용한 기타 정보를 홍보하기 위해 CMI의 이메일 리스트를 구매한다. CMI는 협력사를 대신해 이를 구독자에게 전달하고 협력사에 약 300달러의 CPM~Cost Per Mille~(오디언스 1,000명당 소요되는 경비)을 청구한다.

웨비나

CMI는 매달 3회씩 CMI 오디언스에게 스폰서 지원 교육 웨비나~webinar~(웹web과 세미나~seminar~의 합성어로 인터넷상에서 열리는 회의 ─ 옮긴이)를 제공한다. 각 웨비나에 500~1,000명의 오디언스가 등록하며, 그중 40%는 라이브 이벤트에 참가한다. CMI는 각 스폰서와 협력하여 웨비나의 콘텐츠가 참가자의 니즈와 스폰서의 목표에 맞도록 조정한다. 웨비나 투자 금액은 평균 1만 9,000달러다.

백서

CMI는 협력사에서 제공하는 유익한 교육 콘텐트를 홍보하기 위해 웹사이트 내에 백서 라이브러리를 운영한다. 여기의 백서들은 보통 8~12페이지 분량이며, 이를 읽어보기 원하는 사람들은 이메일 주소를 제공하고 백서를 무료로 내려받을 수 있다. 이는 독자들이 백서에 포함된 가치 있는 정보를 받는 대가로 스폰서가 이메일을 통해 자신들에게 연락할 수 있도록 허락해주는 것이다.

온라인 이벤트

CMI는 매해 2월에 최신 콘텐트 마케팅 기술을 다루는 '콘텐트테크 ContentTECH'라는 무료 온라인 이벤트를 개최한다. 2017년에 4,000명의 참가자가 콘텐트테크에 등록하고 12개의 스폰서가 이 이벤트를 지원하면서 CMI는 10만 달러라는 매출을 올렸다.

(3) 인쇄물

「최고 콘텐트 책임자」

「최고 콘텐트 책임자Chief Content Officer, CCO」 잡지는 2011년 1월에 창간됐다. 2017년 기준으로 「CCO」는 30개 호가 출판되어 2만 명의 마케터에게 발송되었으며, 오디언스의 60%는 인쇄된 잡지를 읽었고 나머지는 디지털 버전을 읽었다. 「CCO」에 실린 콘텐트와 오리지널 플랫폼인 블로그의 콘텐트가 완벽하게 통합된 덕분에, 「CCO」는 CMI의 전반적인 전략에서 매우 중요한 역할을 한다.

「CCO」는 본래 CMO와 콘텐트 마케팅 예산을 담당하는 고위 마케터들에게 도달하는 것이었다. 여기서의 전략은 간단했다. 잡지가 타깃 오디언스의 수중에 들어가게 하고, 그들이 콘텐트 마케팅을 가치 있는 시장 침투 전략으로 인식하도록 해서 회사 내에 콘텐트 자원을 위한 예산을 준비하게 하는 것이었다.

CMI에서 출판하는 이 잡지의 페이지 수는 주로 40~64페이지다. 출판 비용은 총 페이지 수, 편집 기사 페이지 수, 총 인쇄 부수에 따라 다르지만, CMI가 출판물 제작에 들이는 비용은 호당 최소 4만 달러다. 호마다 CMI의 협력사가 전면 또는 반면 광고 페이지를 구매하고, 해외에 거주하는 몇몇 마케터들이 비용을 내고 해외 구독을 신청한다. CMI는 이 월간 잡지의 발행으로 매월 약간의 이윤을 남긴다.

인쇄물 예산 편성에 대한 이해

잡지 출판 운영을 위한 예산을 이해하는 것은 매우 중요하다. 예산 편성을 하려면 다음 사항들을 고려해야 한다.

- **프로젝트 관리** 잡지 출판을 총괄하는 사람에게 지급하는 비용
- **편집** 미가공 콘텐트 비용(외주 작업자 지급 비용 포함), 편집 관리 비용, 교정 비용
- **디자인** 출판물의 그래픽을 담당하는 사람에게 지급하는 비용
- **사진·일러스트레이션** 사진 촬영 또는 맞춤 그래픽 제작 비용
- **DB 이용료** 오디언스 리스트의 우편 배송 정보 확보를 위한 비용
- **인쇄** 출판물 인쇄 비용

- **우편 요금** 출판물 배송을 위해 우체국에 지급하는 비용
- **운임** 인쇄소에서 사무실로 잡지를 대량으로 전달받을 때 필요한 비용
- **수수료** 광고 수익으로 운영되는 잡지라면, 수수료는 보통 사내 직원이 영업 담당일 경우에는 광고 수익의 8~10%, 모든 비용을 직접 부담하는 프리랜서일 경우에는 20~25%를 지급한다

(4) 인사이트

CMI의 '인사이트Insights' 그룹에서는 온라인 교육, 자문 서비스, 리서치, 어워드 등의 업무를 통해 CMI에 보조 수입을 제공한다.

온라인 교육

CMI는 '콘텐트 마케팅 월드' 등 CMI가 운영하는 오프라인 이벤트에 참가할 수 없는 마케터들을 위해 2015년에 온라인 교육 프로그램을 출시했다. 'CMI 유니버시티'에서는 연 4회 입학 신청을 받으며(분기별 학기), 1인당 받는 1년 수강료는 995달러다. 또한 CMI는 마케팅 부서 전체를 교육하기 원하는 회사들에게 기업 패키지를 판매한다. 현재까지 1,000명이 넘는 마케팅 전문가가 프로그램에 등록하고 학습 과정을 수료했다.

자문 서비스

CMI는 매일 콘텐트 마케팅에 대한 교육 콘텐트를 제공하고 있지만, 좀 더 실무에서 도움이 필요한 회사들도 있다. CMI는 AT&T, 펫코, 더 게이츠 파운데이션, 캐피탈 그룹, 시트릭스, SAS, 델, 어도비, 애보트 등의 회사들에게 맞춤형 교육 세션을 제공했다. CMI가 이러한

맞춤 자문 프로그램으로 지급받는 금액은 내용에 따라 1회당 1만 5,000~4만 5,000달러다.

리서치

많은 웹사이트가 CMI 콘텐트에 링크를 걸어놓고 있는데, 그중에서 도 자체 리서치가 가장 많이 참조된다.

2009년에 CMI는 콘텐트 마케팅에 관한 연례 벤치마크 연구를 진행 하고 자료를 배포하기 위해 '마케팅프로프스MarketingProfs'와 협업을 맺 었다. 이 리서치 자료는 매해 6월에 발표된다. CMI는 매해 9월 콘 텐트 마케팅 월드에서 첫 보고서를 공개하고 이후 12개월간 B2B, B2C, 비영리 기업, 대기업, 소기업, 제조업 등 여러 항목에 대한 하 위 보고서를 발표한다.

각 보고서는 40페이지 분량의 e북으로 만들어지며, 한 CMI 협력사 에서 후원한다. 보고서 1개당 약 1만 5,000달러의 후원을 받는다. 또한 CMI는 주요 브랜드를 대신해 소규모 리서치 프로젝트를 제공 하는데, CMI는 이 연구 자료를 CMI의 오디언스에게 공개하고 보고 서를 작성해 배포한다. 이러한 스폰서가 있는 보고서에 대해서는 한 프로젝트당 2만~4만 달러를 받는다.

콘텐트 마케팅 어워드

2012년에 CMI는 '매그넘 오퍼스 어워드Magnum Opus Awards'라는 어워드 프로그램을 소유한 에이전시와 협업을 맺었다. 이 어워드는 산업 내 가장 큰 어워드 프로그램이었고, CMI는 어워드 프로그램을 홍보하 는 대가로 제휴 수익을 받았다. CMI는 수상 후보 신청 1개당 발생하는 수익의 일정 비율을 받았다.

CMI는 2014년에 '매그넘 오퍼스 어워드' 프로그램을 완전히 인수하고 어워드의 이름을 '콘텐트 마케팅 어워드Content Marketing Awards'로 변경했다. 매해 400개 이상의 회사가 1,200개 이상의 콘텐트 어워드 후보로 등록하며, CMI는 91개의 콘텐트 마케팅 카테고리에 해당하는 100명의 자원 심사 위원들과 함께 작업한다.

이 어워드 프로그램은 약 40만 달러의 총 매출을 올리고, 콘텐트 마케팅 산업 내에 수많은 콘텐트 제작 기회와 훌륭한 인사이트를 가져다주고 있다.

요약해서 말하면, CMI는 충성 오디언스를 수익화하는 여러 방법을 빠르게 성장시켜 각 방안이 다른 방안의 마케팅을 지원할 수 있게 했다. 웨비나에서 오프라인 이벤트를 홍보하고 오프라인 이벤트에서 어워드를 홍보하는 등의 방식이다.

CMI는 일단 충성 오디언스와 커뮤니티가 형성되고 나면 독자들에게 약속한 가치를 계속 제공하는 한, 어떤 제품이나 서비스든 이론적으로는 얼마든지 수익성 있는 사업이 될 수 있다고 믿는다.

☑ 미디어 마케팅 수익 모델

3장에서 이야기한 것처럼 새로운 마케팅 모델과 새로운 미디어 모델은 일맥상통한다. 한 번 충성 오디언스가 형성되면 그림 4.2에서처럼 그 오디언스로부터 수익을 창출할 수 있는 10가지 방법이 있다. 확보, 유지 또는 성장 목표를 충족하는 5가지 직접적인 방법과

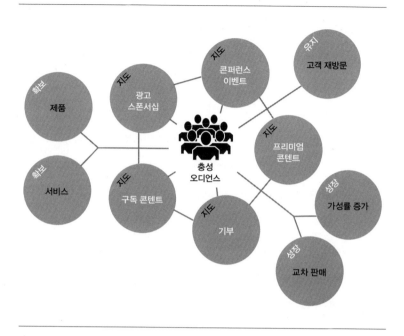

그림 4.2 미디어 마케팅 수익 모델: 조직이 충성 오디언스로부터 수익을 창출할 수 있는 10가지 방법이다.

5가지 간접적인 방법이 있다.

☑ 직접 매출

회사가 오디언스 집단으로부터 직접 매출을 창출할 수 있는 방법은 5가지로 나뉜다. 광고·스폰서십, 콘퍼런스 및 이벤트, 프리미엄 콘텐트, 기부, 구독 콘텐트가 있다.

(1) 광고&스폰서십

매출을 직접 올리기 위해 가장 많이 쓰이는 방법은 광고 및 스폰서십 프로그램을 통한 방법이다. 회사들은 우리의 오디언스에게 직접 접근하기 위해 금액을 지불할 용의가 있다.

전통 광고

- **앤 리어든** 유튜브 채널 '저건 어떻게 요리할까How to Cook That'로 현재 300만 명의 구독자를 보유한 유튜브 제빵의 여왕 앤 리어든은 수익의 대부분을 유튜브 광고 수익금으로 번다. 앤은 '불가능해 보이는 음식 만들기'에 초점을 맞춰 아주 적은 자원으로 차별화된 메시지를 전달한다.

- **소방기술자협회** 소방 기술자들의 단체인 SFPE는 분기마다 인쇄 잡지 「소방공학기술Fire Protection Engineering」을 1만 3,000명의 회원 및 구독자에게 배송하며 인쇄 잡지 광고 수익을 통해 많은 이익을 내고 있다. 이 협회는 이렇게 얻은 이익을 연구 및 교육 프로그램 자금으로 투자한다.

- **레드박스** 유통 매장 안팎에 키오스크 형태로 운영되는 인기 DVD 제공 서비스인 레드박스Red Box는, 고객에게 신작 영화와 신규 게임에 관한 e뉴스레터를 발송한다. 뉴스레터마다 주로 그들의 게임 및 영화를 판촉하기 위한 하나 또는 다수의 스폰서가, 레드박스의 오디언스에게 도달하기 위해 레드박스에게 비용을 지급한다.

- **크래프트 푸드** 음식 브랜드의 세계적 컬렉션인 크래프트레시피닷컴KraftRecipes.com을 보유한 크래프트 푸드는 매일 크래프트 제품으로 음식을 만드는 요리 전문가 20명을 고용하고 있다. 3만 개가 넘는 레

킬링 마케팅

시피가 수록된 크래프트 웹사이트와 인쇄 잡지인 「크래프트 푸드 앤
패밀리」를 통해 크래프트는 광고로 직접 매출을 일으키고 있다.

네이티브 광고&스폰서 콘텐트

셰어스루Sharethrough에서 정의한 네이티브 광고란, 유료 미디어 광고
의 한 형태로서 사용자가 자연스럽게 경험할 수 있도록 본래의 형태
와 기능에 맞춰 만든 광고다.

즉 네이티브 광고는 매체의 콘텐트처럼 보이는 광고다. 이는 미디어
사이트에 실린 기사처럼 보이는 유료 콘텐트가 될 수도 있고, 링크
드인에서 팔로우하는 사람들이 올리는 여느 게시물과 똑같아 보이
는 링크드인 포스트가 될 수도 있다.

심지어 「월스트리트저널」같이 세계적 미디어 브랜드들도 스폰서 콘
텐트로 상당한 매출을 올리고 있다. 「뉴욕타임스」에 의하면 바이스
Vice 같은 신생 미디어 회사들은 매출의 대부분을 스폰서 콘텐트로
벌어들이며, 「애틀랜틱」과 「슬레이트」 모두 스폰서 콘텐트가 회사 디
지털 수입원의 50%를 넘게 차지한다고 한다.

네이티브 광고 및 스폰서 콘텐트가 광고의 큰 부문 중 하나로 성장
하고 있는 이유는 다음과 같다.

- 미디어 브랜드와 소셜 네트워크 플랫폼인 링크드인, 페이스북 등에
  서 네이티브 광고 상품을 적극 제공하고 있다.
- 브랜드들은 이제 예산의 약 25~30%를 콘텐트 마케팅에 사용한다.
  브랜드들이 콘텐트 마케팅을 우선적으로 생각하면서 네이티브 광고
  도 중요한 옵션으로 여겨지고 있다.

- 제대로만 실행되면 성공적일 수 있다. 예를 들어 '버즈피드BuzzFeed' 매출의 대부분은 네이티브 광고에서 얻어지는데, 이 전략은 매우 성공적이어서 전통 온라인 광고와 비교할 때 상당히 높은 가격으로 매출을 창출할 수 있었다.
- 광고 업계에서 네이티브 광고와 관련해 새로운 관심이 일고 있다. 이 '새로운 광고'는, 사실은 전혀 새로운 것이 아니지만 전 세계의 미디어 바이어들에게 배너 광고보다 더 효과적인 대안이 있을 수 있다는 희망을 안겨주었다.

현재 진행 중인 몇 가지 스폰서 콘텐트로는 다음과 같은 것들이 있다.

- **포브스** SAP 등의 대기업들이 포브스 '브랜드보이스BrandVoice' 프로그램을 통해 편집 기사처럼 보이는 콘텐트를 커뮤니케이션하기 위해 매달 포브스에 이용료를 지불한다. 이 프로그램을 이용하는 스폰서는 매달 7만 5,000달러 이상의 비용을 낸다.
- **코난 오브라이언** 코난과 그의 팀 '코코Coco'는 지금까지 몇 년 동안 그가 진행하는 심야 TV 프로그램에 스폰서 콘텐트를 제작해 방송했다. 일례로 코난과 동료 앤디 리히터가 프로그램에서 '사이버 먼데이Cyber Monday'에 대한 대화를 나눈 적이 있는데, 이는 결국 페이팔PayPal을 홍보하는 것이었다.
- **디 어니언** 풍자 웹사이트 '디 어니언The Onion'은 콘텐트 프로그램에서 매출의 대부분을 올리는데, 미국 최고의 세금 보고 대행 업체인 H&R 블록의 후원을 받아 쓴 기사 '세금 신고서에 이름과 주소를 입력하고 잠시 휴식을 취할 예정인 여성' 등이 있다(그림 4.3).

킬링 마케팅

그림 4.3 풍자 뉴스 네트워크 '디 어니언'은 여러 협력사에 스폰서 콘텐트를 게재할
기회를 제공한다. 그림은 H&R 블록의 스폰서 콘텐트다.

스폰서십

일반적으로 광고는 제품 또는 콘텐트의 홍보 내용을 사용자 경험
속에 끼워넣는 반면, 스폰서십은 보통 한 회사가 어떤 콘텐트를 보
증하는 형태다. 스폰서십의 효과로는 미래 고객(다운로드 스폰서) 및
브랜드 인지도 증가(팟캐스트 또는 TV 프로그램 후원)가 있다.

- **CMI** CMI는 상품에 대한 광고보다 스폰서십 모델을 선호한다.
  - 팟캐스트: 에피소드마다 개별 스폰서가 지정된다.
  - 리서치 보고서: 보고서마다 하나의 스폰서가 있다.
  - 웨비나: 각 웨비나는 하나의 스폰서가 후원한다.
- **ESPN의 마이크 앤드 마이크** 오전 시간에 방송되는 유명 라디오 및 TV 프로그램(생방송으로 ESPN2에서 방송되며 라디오로 신디케이트됨) '마이크 앤드 마이크Mike & Mike'는 몇 년째 보험 회사 프로그레시브Progressive의 후원을 받고 있다. ESPN은 '파든 디 인터럽션' 등 다른 여러 생방송 프로그램에도 이러한 모델을 적용하고 있는데, '파든 디 인터럽션'의 경우는 주로 캡틴 모건Captain Morgan 또는 기타 주류 회사의 스폰서십을 받고 있다.

(2) 콘퍼런스&이벤트

CMI와 마케팅프로프스의 리서치에 따르면, 10개 기업 중 약 7개가 자체 이벤트를 만들고 관리한다. 이 중 몇몇 이벤트는 소규모 고객 모임이고, 어떤 이벤트는 전시관과 여러 세션을 동반하는 규모 있는 이벤트다. 이벤트 수익은 파티 또는 전시 공간에의 유료 입장료나 스폰서십에서 나온다.

- **치킨 위스퍼러** 앤디 슈나이더는 가정에서 소규모로 키우는 가금류 사육 분야의 제왕이며, 닭에 대해서라면 무엇이든 알고 있는 정보원으로 통한다. 앤디는 애틀란타주에 있는 집 뒤뜰에서 양계를 시작하면서 그 닭들을 지인들에게 직접 팔거나 온라인 벼룩시장 '크레이그리스트Craigslist'를 통해 판매했다. 많은 사람이 직접 닭을 사육하는 것

에 관심을 보였지만 그들은 양계를 하려면 많은 교육을 받아야 했다. 그래서 앤디는 소규모 가금류 사육에 관심 있는 사람들의 질문에 답하기 위해 애틀란타에서 모임을 기획했다. 앤디는 이렇게 시작된 '치킨 위스퍼러The Chicken Whisperer' 플랫폼을 책과 잡지(구독자 수 6만 명 이상), 라디오 프로그램으로 확장했다. 라디오 프로그램은 현재 7년 넘게 진행되고 있으며 주간 구독자 수가 2만 명이 넘는다. 또한 미국 전역을 순회하며 로드쇼를 하고 있는데, 이는 그의 수익 모델의 주된 부분을 차지하며 사료 제조 및 유통 회사인 캄바크 피즈 Kalmbach Feeds에서 독점 스폰서십을 제공한다.

- **마인콘** 마이크로소프트가 소유하고 있는 온라인 멀티 플레이어 게임인 마인크래프트Minecraft의 공식 이벤트다. 연례 이벤트 마인콘 Minecon은 2016년에 1만 2,000명이 참가하면서 1매당 160달러인 입장권이 몇 분 안에 매진됐다. 최신 마인크래프트 기술과 상품을 소개하는 전시관 입장권도 전부 팔렸다. 마이크로소프트는 스폰서와 협력사로부터 전시관 부스 이용료를 받는다.

- **레녹스 라이브** 세계 최대 냉난방 장비 제조사 중 하나인 레녹스 라이브Lennox Live는 매해 미국 내 최고의 건설 업자 및 유통 업자에게 기술, 마케팅, 비즈니스 실무 관련 교육을 제공하며 이들을 이벤트로 끌어모은다. 이벤트 전시 협력사로는 허니웰Honeywell, 신타스Cintas, 플루크Fluke 등이 있다. 레녹스는 12개 이상의 제조, 서비스 파트너사들뿐 아니라 이벤트 참가 등록자들로부터 직접 매출을 올리고 있다.

- **어도비 서밋** 세계에서 가장 큰 디지털 마케팅 이벤트 중 하나다. 2017년 어도비 서밋Adobe Summit에는 최신 디지털 마케팅 기술을 배우려는 참가자가 1만 명 넘게 모였다. 스폰서들로는 액센추어, 딜로이

트, 마이크로소프트, IBM 등이 있었으며 참가 등록비는 정가로 1인당 1,895달러였다. 이 이벤트 하나로 어도비는 손쉽게 1,000만 달러의 매출을 창출하였다.

(3) 프리미엄 콘텐트

프리미엄 콘텐트 패키지는 직접 판매용 콘텐트 상품과 주문형 자금 지원 콘텐트, 신디케이트 콘텐트 등 여러 형태로 제공된다.

콘텐트 상품

- **디지털 포토그래피 스쿨** 대런 로즈는 초보 사진사들에게 유용한 정보를 알려주고 사진 촬영 능력으로 얻을 수 있는 최대 가치를 알려주기 위해 DPSDigital Photography School를 시작했다. DPS는 직판용 프리미엄 e북과 전문 보고서로 매해 수백만 달러를 버는데, 프리미엄 콘텐트 판매는 회사 수익화 전략의 핵심이 됐다.
- **버즈피드** 버즈피드의 저속 촬영 요리 영상은 2년간 400억 이상의 시청 횟수를 기록했다. 버즈피드가 이런 성공을 바탕으로 수익을 창출한 방법은 맞춤형 요리책이다. 2016년에 버즈피드는 구매자의 입맛에 따라 맞춤화할 수 있는 인쇄본 요리책인『테이스티: 쿡북Tasty: The Cookbook』을 출시했다. 출시 후 몇 주 지나지 않아 버즈피드는 요리책을 10만 권 이상 판매했다.

자금 지원 콘텐트 판매

- **클리블랜드 클리닉** 세계 최대 병원 네트워크 중 하나인 클리블랜드 클리닉은 병원 e플랫폼 '더 헬스 허브The Health Hub'를 통해 세계적인 의

료 분야 출판사가 됐다. 이러한 클리블랜드 클리닉의 전문 지식을 보고 구글은 클리블랜드 클리닉에 구글 검색 결과가 불충분하게 나온다고 느끼는 의료 관련 주제에 대해 글을 기고해달라고 요청했다.

■ **푸더블**Foodable TV 여러 다큐멘터리와 음식 관련 영상 시리즈를 제작 출판하는데, 넷플릭스와 아마존 프라임 등의 회사에서 이를 개발 요청한 후 구매한다.

신디케이트 콘텐트

콘텐트 연합content syndication은 자체 제작된 콘텐트가 비용을 받고 제3자 웹사이트에 올려지는 경우에 발생한다.

■ **레드불** '콘텐트 풀'에 수천 개의 영상과 사진, 음원을 가지고 있는데, 미디어 회사들과 콘텐트 제작자들은 직접 비용을 내고 레드불로부터 사용 권한을 얻을 수 있다.

■ **야후 뉴스** 야후는 자체 제작 콘텐트를 제작할 수 있는 편집 부서를 가지고 있지만, 우리는 야후가 MSNBC, 뉴스위크, 로이터스 등의 회사에 직접적으로 비용을 내고 게재하는 신디케이트 콘텐트를 자주 볼 수 있다.

(4) 기부

일반적으로 기부는 비영리 회사 및 자선 단체의 출판에 보조금을 지급할 때 가장 효과적이다.

■ **ATK** 공영 방송 프로그램인 ATK와 '쿡스 컨추리Cook's Country'는 거의

모든 제작비를 스폰서가 지원한다.

- **펜 스테이터** 펜실베이니아주립대학교 동창회 잡지 「펜 스테이터Penn Stater」는 1910년부터 출판되어 펜실베이니아주립대학교 동문에게 두 달에 1번씩 배송된다. 나도 이 잡지를 받아보는 사람 중 한 명이다. 이 잡지는 동창회나 대학교를 지원하는 기부금을 모금할 목적으로 운영된다.

- **프로 퍼블리카** 대중이 반드시 알아야 한다고 생각되는 주제에 대해 탐색 보도를 하기 위해 기금을 사용하는 비영리 조직이다. 「월스트리트저널」 편집장 출신인 폴 스타이거가 설립했으며, 50명 이상의 기자들이 근무 중이다. 주요 자금 조달처는 프로 퍼블리카가 2008년 6월에 설립된 이후 수년간 자금을 조달한 샌들러 기업Sandler Corporation이다. 프로 퍼블리카www.propublica.org는 조직의 대의명분에 뜻을 같이하는 사람이라면 누구나 기부할 수 있도록 하고 있다.

- **채리티 워터** 비영리 단체인 채리티 워터Charity Water는 영감을 주는 스토리텔링으로 5년간 1억 5,000만 달러가 넘는 기부금을 모았다.

마이크로펀딩

케빈 켈리는 『1,000명의 진정한 팬들1,000 True Fans』(2008)이라는 훌륭한 에세이를 썼다. 이 에세이에서 그는 작가들이 글을 출판하기 위해 스스로 자금을 마련했던 여러 사례를 들었다.

요즘에는 킥스타터Kickstarter와 고펀드미GoFundMe 등의 프로그램을 통해 훨씬 더 쉽게 자금을 마련할 수 있다. 켈리는 에세이에서 작가 로렌스 에반스의 예를 요약했다.

2004년에 작가 로렌스 와트 에반스는 최신작 소설을 출판하기 위해 마이크로펀딩Micro-Funding을 이용했다. 그는 자신의 진정한 팬들에게 매달 총 100달러를 지원해달라고 요청했고, 100달러가 모이면 소설의 다음 장을 게시했다. 에반스의 진정한 팬들에게 먼저 책의 전체 내용을 온라인에 공개했고, 그 후 일반 팬을 위해 인쇄본으로 출판했다. 그는 현재 두 번째 소설을 집필하는 중이다.

(5) 구독 콘텐트

구독 콘텐트가 프리미엄 콘텐트와 다른 점은 소비자가 금액을 지급하고 주로 1년간 콘텐트를 받는다는 점이다.

- **「뉴욕타임스」** 인쇄 광고가 줄어들고 있는 시점에서 「뉴욕타임스」가 경험한 중요한 반전은 디지털 신문 구독자 수가 증가한 것이다. 「쿼츠Quartz」에 의하면, 「뉴욕타임스」의 디지털 구독자는 2년 동안 약 100만 명이 증가했고, 도널드 트럼프 대통령이 당선된 직후에는 27만 6,000명이 디지털 구독을 신청했다. 구독 프로그램 출시 이후 가장 큰 증가율을 보였다.
- **슈나이더 일렉트릭 에너지 유니버시티** 슈나이더 일렉트릭은 10년 전에 무료 온라인 교육 프로그램의 일환으로 에너지 유니버시티를 설립했다. 그리고 에너지 사용, 여러 산업의 기술 개발, 에너지 소비 문제를 해결하기 위한 관리 솔루션 및 기타 에너지 관련 주제에 대한 대규모 교육 영상 라이브러리를 제공하고 있다. 이곳에는 약 500개의 수업 과정이 있으며 50만 명의 구독자가 웹사이트 출시 이후부터 지금까지 75만 개의 과정을 수강했다. 수업들은 여러 언어로 번역되어 제

공되므로 전 세계의 오디언스가 이용 가능하다. 에너지 유니버시티는 회사의 신사업 원천을 제공하는 동시에 지역 시장 내 고객 니즈에 대한 통찰을 얻을 수 있게 해준다. 또한 회사의 신규 인력 채용에 도움을 주고, 사람들에게 전자 공학 분야 개발에 대해 교육하는 역할을 한다. 최근에 슈나이더 일렉트릭은 에너지 유니버시티 프로그램 일부를 유료 구독 프로그램으로 판매하기 시작했는데, 초기 결과가 긍정적이다.

☑ 간접 매출

직접 매출 옵션은 예전부터 미디어 회사 모델의 일부로 여겨진 반면, 간접 매출은 회사의 사업 목표를 위해 자금을 조달하려는 목적으로 하는 콘텐트 마케팅 혹은 콘텐트를 제작하고 오디언스와 관계를 구축하는 일에 속한다.

☑ 매출 확보하기

기본 매출에는 특정 제품 또는 서비스를 판매할 목적으로 콘텐트를 제작하고 배포하는 활동이 포함된다.

(1) 제품
충성 오디언스에게 제품을 판매하는 조직들의 사례를 보자.

- **칠리 클라우스** 클라우스 필고르는, 칠리 고추를 그만의 독특한 방식으로 이야기하는 것으로 잘 알려진 덴마크의 유명 인사다. 클라우스가 찍은 유튜브 동영상은 수백만 건의 조회 수를 기록했다. 동영상 중에는 클라우스가 덴마크국립관현악단이 연주하는 〈탱고 젤루지Tango Jalousie〉를 지휘하는 동시에 세계에서 가장 매운 칠리 고추를 먹는 영상이 있다. 이 영상 하나만으로 조회 수 300만을 넘었다. 이 숫자는 덴마크 인구의 절반이 넘는 수다. 이를 바탕으로 클라우스는 '칠리 클라우스'라는 브랜드로 칠리 칩, 칠리 소스, 칠리 감초 사탕 외에 수십 가지의 제품을 성공적으로 출시했다.

- **인듐 코퍼레이션** 뉴욕주 북부에 본사를 두고 있는 글로벌 제조사 인듐은 주로 전자 부품 조립 산업에 사용되는 소재를 개발하고 제조하는 회사다. 인듐의 핵심 사업은 전자 부품들이 서로 분리되지 않게 하는 납땜 소재를 개발하는 것이다. 인듐의 마케팅 커뮤니케이션 디렉터인 릭 쇼트는 직원들이 납땜 소재에 대해서는 세계 어느 회사의 직원들보다 지식이 풍부하다는 것을 알고 있었다. 이는 인듐에서 제조하는 대부분의 제품이 납땜과 관련이 있기 때문에 설득력 있는 말이다. 인듐은 정기적으로 회사가 보유한 전문 지식을 발행하면 새로운 고객을 유치하고 매출을 올릴 기회를 가져올 것으로 생각했다. 현재 인듐은 자사 블로그인 '엔지니어가 엔지니어에게'를 통해 70개의 블로그를 운영하고 21명의 블로거를 보유하고 있다.

- **카피블로거** 2006년에 브라이언 클라크는 온라인 카피라이팅에 도움이 되는 정보를 제공하기 위해 카피블로거를 시작했다. 카피블로거는 시작된 지 몇 년 만에 매일 게재하는 블로그 콘텐트로 10만 명이 넘는 구독자를 모았다. 그 후로 몇 년 뒤에 카피블로거는 콘텐트 관

리 시스템인 레인메이커Rainmaker를 출시했는데, 레인메이커 매출의 90% 이상이 카피블로거의 구독자가 구매한 것이다. 현재 레인메이커는 시장에서 가장 빠르게 성장하고 있는 마케팅 소프트웨어 라이선싱 제품이다.

- **로레알 메이크업닷컴** 세계적인 화장품 대기업 로레알은 2010년에 라이브 커런트 미디어Live Current Media로부터 100만 달러에 메이크업닷컴Makeup.com을 인수했다. 맥킨지에 의하면 로레알은 소비자들에게 올바른 화장법을 알려주겠다는 생각에서 메이크업닷컴을 인수했고, 그 결과 로레알은 소비자 구매 여정의 아주 이른 단계부터 고객과 관계를 맺기 시작할 수 있었다.

- **소니의 알파 유니버스** 소니의 알파 유니버스Alpha Universe는 사진 전문가들을 위한 콘텐트 플랫폼이다. 여기서는 소니 제품에만 초점을 맞추지 않고 교육적이고 유용한 정보에 주력하고 있다. 블로그로 처음 시작한 후 알파 유니버스는 팟캐스트와 트레이닝 온라인 대학으로 다각화되었다. 이 사이트의 목표는 소니의 '알파' 라인에 속한 카메라 제품의 매출을 높이는 것이다.

- **모즈** 초기 명칭은 세오모즈SEOMoz인 모즈Moz의 CEO 랜드 피시킨은 2004년에 시작한 블로그에 검색 엔진 최적화에 대한 자신의 생각을 게재했다. 블로그를 시작한 지 5년도 되지 않아 10만 명이 넘는 사람들이 모즈에서 발송하는 이메일을 구독했다. 랜드는 원래 컨설팅 서비스를 제공해 오디언스로부터 매출을 창출했는데, 2007년에는 모즈를 통해 소프트웨어 툴과 보고서를 제공하는 베타 구독 서비스를 출시했다. 2009년부터 모즈는 컨설팅 서비스를 종료하고 오디언스에게 소프트웨어를 판매하는 것에 초점을 맞추었고, 2015년부터

3,000만 달러의 매출을 올리는 회사가 되었다.

- **미주리 스타 퀼트 컴퍼니** 제니 돈은 해밀턴에서 가장 많은 종류의 선재단 직물precut fabric을 판매하는 퀼트 샵 공동 창업자다. 매출이 저조해지자 제니는 판매에 박차를 가하기 위해 퀼팅 교육 영상을 제작하여 유튜브에 올렸다. 제니의 유튜브 채널은 첫해에 1,000명의 구독자를 확보했고, 2년째에는 1만 명을 돌파했으며, 지금은 35만 명이 넘는 구독자를 보유하고 있다. 제니의 동영상 조회 수는 최대 200만을 기록했다. 제니가 올린 유튜브 영상은 그녀의 웹사이트로 새로운 트래픽을 유도해 1일 평균 온라인 판매 건수가 2,000번으로 늘어났고, 그녀의 회사는 세계 최대 선재단 직물 공급 업체가 되었다.

제휴: 제휴 판매

- **떠오르는 사업가** EOFEntrepreneur on Fire는 존 리 두마스가 매일 진행하는 팟캐스트 시리즈다. 존은 여러 회사를 홍보하며 수익을 올리는데, 이 회사들은 클릭 또는 실제 제품 판매 수에 따라 존에게 제휴 수수료를 지급한다. EOF는 매달 블로그에 매출 및 이윤 현황을 게재한다. 다음은 2017년 2월에 게재된 EOF 월 매출 및 이윤 보고에 나온 제휴 수입 부분이다.

제휴 수입: 9만 1,155달러

사업가용 리소스: 7만 3,908달러

- 오디블: 172달러
- 에이 웨버: 104달러
- 블루 호스트: 600달러(단계별 가이드 및 워드프레스 교육 23개)

- 클릭 퍼넬스: 6만 4,892달러

- 코칭 의뢰: 4,775달러

- 면책 조항 템플릿: 44달러(웹사이트용 법적 면책 조항)

- 이지 웨비나: 438달러

- 피즐: 837달러

- 리드페이지: 1,088달러

- 샘카트: 148달러

사업가를 위한 교육 과정: 1만 5,371달러

- DSG의 '멋진 온라인 과정 만들기': 172달러

- 에벤 파간의 '런칭 계획': 635달러

- 마이클 휴아트의 '인생 최고의 한 해': 4,234달러

- 닉 스티븐슨의 '첫 1만 독자': 306달러

- 트라이브의 '계속 발생하는 매출 만들기': 1,432달러

- 브라이언 해리스의 '1만 구독자': 519달러

팟캐스터용 리소스: 915달러

- 립신Libsyn: 730달러

- 팻 플린Pat Flynn의 스마트 팟캐스트 플레이어: 120달러

- 유데미Udemy 팟캐스트 수업 과정: 65달러

기타 리소스: 1,771달러

- 아마존 어소시어츠: 1,227달러

- 기타: 544달러

- **와이어 커터** 기기 추천 및 할인 정보 사이트인 '와이어 커터The Wirecutter' 는 2016년에 「뉴욕타임스」에 3,000만 달러에 인수되었다. 이 사이트 는 추천한 제품이 판매될 때마다 약간의 수수료를 받는다. 이런 수 수료가 합쳐져 2015년에는 제휴 수입으로 1억 5,000만 달러 이상을 벌어들였다.

제품: 데이터

미디어 회사에서 판매하기 가장 쉬운 상품을 꼽자면 그것은 '데이 터'일 것이다. 회사는 오디언스에 대한 접근 권한과 그들의 행동에 대한 정보를 패키지로 만들어 다양한 방법으로 판매할 수 있다.

- **GIE 미디어** 유통 관련 미디어 회사로, 잔디와 조경 산업을 포함한 여 러 산업에 오디언스를 가지고 있고, 해마다 구독 데이터베이스에 많 은 투자를 하여 주요 제품 분야에서 활동하는 대부분의 바이어 및 인플루언서의 정보를 얻는다. 이를 활용해 대기업을 대상으로 일회 성 또는 구독 모델을 적용해 데이터에 대한 접근 권한을 판매한다.
- **어드밴스 퍼블리케이션스** 미국 최대 사설 미디어 회사 중 하나로 레딧, 피치포크, 차터 커뮤니케이션스 등 수백 개의 사업체를 소유하고 있 다. 그 결과로 5,000명 이상의 사람들에 대한 정보를 얻을 수 있다. 어드밴스는 이를 활용해 다양한 산업에 있는 회사들에게 지역 상세 정보 및 리테일러 트렌드뿐 아니라 시장 점유율, 구매 경로 데이터, 특정 고객층의 구매 제품 및 구매 방법 등을 포함한 특정 오디언스 에 대한 데이터를 판매할 수 있다.

(2) 서비스

- **게임 이론** 매튜 패트릭은 게임을 통해 학습하는 것에 대한 온라인 프로그램을 시청하던 중 문득 '게임 이론Game Theory'에 대한 아이디어를 생각해냈다. '게임 이론'은 주간 유튜브 영상 시리즈로서 게임 및 영상 게임에 대한 매튜의 열정과 그의 수학과 분석학 능력이 결합되어 만들어졌다. 매튜가 1년이 조금 넘는 시간 동안 유튜브에 56개의 영상을 올렸을 때쯤, 그의 유튜브 채널을 구독하고 그가 게임에 수학을 적용하는 방법을 관심 있게 시청하는 오디언스는 50만 명에 달했다. 예를 들어 '퓨디파이(유명 온라인 영상 크리에이터)의 유튜브 정복하기'라는 제목의 영상은 500만이 넘는 조회 수를 기록했고, '공식 젤다 연대표가 잘못된 이유Why the Official Zelda Timeline Is Wrong'라는 영상은 400만이 넘는 다운로드 수를 기록했다. 현재 매튜 패트릭의 브랜드인 '게임 이론'은 800만이 훨씬 넘는 구독자를 보유하고 있다. 매튜는 이런 성공을 바탕으로 유튜브에서 좋은 성과를 원하는 대기업들을 위한 전문 컨설팅 회사 시어리스트Theorist Inc.를 설립했다. 전 세계의 유명 유튜브 크리에이터들이 각자의 채널로 더 많은 시청자를 모으기 위해 시어리스트를 직접 고용했으며, 「포춘」 500대 기업에 속한 여러 기업도 시어리스트와 계약했다. 심지어 유튜브에서도 시어리스트를 고용해 오디언스 수를 유지하고 확장하는 데 대해 자문을 구했다.
- **자포스 인사이트** 아마존닷컴에서 인수한 신발 회사 자포스는 브랜드 산하에 별도 사업체인 자포스 인사이트Zappos Insights를 출범했다. CEO 토니 셰이가 그의 저서와 연설을 통해 공유한 기업 문화 변화에 대한 이야기가 점점 인기를 얻으면서 자포스는 문화를 변화시키는 것에 대한 도움 요청을 더 많이 받게 되었다. 이러한 요청이 늘어

나자 넘쳐나는 수요를 맞추기 어렵게 되면서 자포스의 리더들은 그 과정에서 눈앞에 펼쳐져 있는 사업 기회를 보게 되었다. 자포스 인사이트가 현재 제공하는 서비스로는 컨설팅, 교육, 자문, 멘토링 서비스 등이 있다.

☑ 매출 유지하기

매출 유지하기 혹은 충성도는 이 수익 모델에 있는 모든 수입원 중 가장 오랫동안 활용되어왔으며, 아직도 매우 중요하다. 규모에 상관없이 모든 회사가 고객의 충성도를 지속적으로 유지하기 위한 방법으로 인쇄본 잡지를 출시했다.

- 「더 퍼로우」 존 디어가 1895년에 창간했다. 이 잡지는 현재까지 인쇄본과 디지털로 출판되고 있으며, 40개국에 14개 언어로 배포되고 있다. 「더 퍼로우The Furrow」는 항상 농부들이 농장이나 사업을 성장시킬 수 있도록 최신 기술 학습 방법에 초점을 맞춰왔다. 100년 동안 「더 퍼로우」에 실린 기사 중 실제로 존 디어의 제품과 서비스에 대한 기사는 몇 편 되지 않는다.
- 「레고 클럽 매거진」 1980년대와 1990년대에 레고는 조립 장난감 경쟁사들로부터 굉장한 위협을 받으면서 강력한 브랜드를 구축하고 모방 회사들에 맞서기 위해 통합 마케팅을 실행해야 한다고 생각했다. 이에 따라 레고에서 기획한 놀라운 브랜딩 및 콘텐츠 마케팅 방안 한 가지가 지역 시장 및 고객 연령별로 구독자를 나누어 출판한 「레고

클럽 매거진LEGO Club Magazine이다. 이 잡지는 전 연령의 아이들에게 재미있고 휴대하기 편리한 형식으로 적절한 맞춤형 콘텐츠를 제공한다. 2011년에 레고는 세계에서 가장 크고 인기 있는 아동 회원제 클럽 중 하나인 '레고 클럽'에서 제공하는 서비스를 확대할 목적으로 잡지 상품을 대폭 개선하는 노력을 했다. 잡지에 레고 블록 만화를 추가하고, 고객 사진 통합 방식을 개선했으며, 레고 매장에서의 놀랄 만한 서비스 프로그램과 새로이 '마스터 빌더 아카데미'를 출시했다. 「레고 클럽 매거진」은 원래 1987년에 '브릭 킥스Brick Kicks'라는 이름으로 출시되었다. 나도 이 잡지의 구독자 중 한 명이었다.

☑ 매출 성장시키기

혁신적인 기업들은 고객을 한 번 확보하면 그 고객의 정보를 활용해 목표에 충실하고 일관적인 출판물을 제공한다. 중요한 것은 시간이 지나면서 이들을 더 좋은 고객으로 만드는 것이다.

(1) 가성률 증가

- TD 아메리트레이드의 「싱크머니」 투자 서비스는 특히 복잡한 파생 시장에서 보수적이고 고지식하게 느껴질 수 있지만, 「싱크머니」는 색다른 방식으로 접근한다. 투자라는 주제를 진지하게 다루고 있지만, 다른 많은 월스트리트 회사처럼 엄숙한 진지함을 내세우지 않는다. 오히려 「싱크머니」는 자신만만하되 건방지지 않고, 재치 넘치되 불손하지 않은 '세련된 단순함'을 추구한다. 「싱크머니」는 20만 명이 넘는

현재 거래 고객에게 전달되며, 설문 조사에 의하면 고객들은 평균적으로 「싱크머니」를 1번 읽을 때 45분 이상씩 읽는다고 한다. 독자의 80% 이상이 잡지를 읽은 후 의미 있는 활동을 하며, 잡지에 어느 정도 관심을 가지고 참여하는 구독자들은 비구독자에 비해 5배 더 많은 거래를 한다.

(2) 교차 판매

- **폴드 팩토리** 폴드 팩토리의 CEO 트리시 윗카우스키는 매주 올리는 동영상 '60초 만에 따라 할 수 있는 이 주의 멋진 접지 방법The 60-Second Super Cool Fold of the Week'을 통해 다이렉트 메일 산업에서 명성을 얻었다. 트리시는 동영상에서 멋진 인쇄본 다이렉트 메일의 예를 보여준다. 작가이자 연사인 앤드루 데이비스는 트리시를 언급하며 "그녀가 올린 250개 이상의 동영상은 조회 수가 100만이 넘었고, 이 동영상 채널의 구독자 수는 5,000명이 넘는다. 트리시는 여러 브랜드의 홍보 대사가 되었으며, 전 세계를 순회하며 연설을 하고 워크숍을 운영한다"고 했다. 폴드 팩토리 영상으로 인해 50만 달러 이상의 추가 매출을 직접 올릴 수 있었다.

미래에 가장 성공적인 회사들은 미디어 마케팅 모델의 한 부분만이 아니라 여러 부분을 활용할 것이다.

투자자들이 여러 주식 또는 뮤추얼 펀드로 포트폴리오를 다각화하듯 회사들도 그들의 마케팅으로 창출되는 수입원을 다각화해야 한다.

◇ 일단 충성도 높은 커뮤니티가 형성되고 회사가 오디언스에게 직접 다가갈 수 있게 되면, 이 오디언스로부터 수익을 창출할 수 있는 방법이 10가지나 있다.

◇ 일반적으로 회사는 특정 오디언스로부터 하나의 명확한 매출원을 확보하고, 그것이 성숙 단계에 이르면 다른 분야로 확장해 수입원을 다각화한다.

◇ 전통적으로 미디어 회사가 직접 매출원을 활용하고, 제품 및 서비스를 판매하는 브랜드는 간접 매출원을 활용하는 구조였다. 미래에는 미디어 회사와 비미디어 회사가 같은 모델을 사용하여 직간접 매출을 모두 창출하게 될 것이다.

KILLING

5장

마케팅 미디어
비용 절감 모델

MARKETING

Killing Marketing

> 지식에 투자하는 것은 최고의 이자를 지급한다.
>
> 벤자민 프랭클린

> 나의 문제는 순수입으로 총 습관을 조정하는 것이다.
>
> 에롤 플린

TV 프로그램을 볼 때 가장 많이 나오는 것 중 하나는 '화질 향상' 장면이다. 아마도 많은 사람이 이런 장면을 100만 번쯤은 봤을 것이다. 형사와 기술자가 흐릿한 감시 카메라 영상을 보다가 형사가 무언가 이상한 점을 발견하고 "저 부분 화질 올려봐"라고 말한다. 기술자는 자동차 번호판 부분의 화질을 높인다. 역시 뭔가 있다. 형사는 "선명도도 좀 올리고 화질을 더 향상해봐"라고 말한다. 그러자 마법같이 자동차 번호판에 맺혀 있는 물방울에 비친 까만 얼룩이 누군가의 얼굴로 변한다. 그렇게 그 둘은 겨우 슈퍼 8mm 필름으로 영상을 촬영하는 감시 카메라로 범죄자의 신원을 밝혀낸다. 이런 발상은 점점 더 황당해져서 급기야 폭스 채널에서 방영하는 TV 프로그램 〈본즈Bones〉에서는 다음과 같은 장면이 나온다.

기술자 한 명이 시체의 뼈를 스캔하는데, 이 뼈에는 악당이 '프랙털 바이러스'라는 것을 손으로 새겨놓았다. 기술자가 사용하는 스캐너는 어느 순간 뼈에서 찾은 코드를 읽고 자동 실행하도록 프로그래밍이라도 된 듯 바이러스가 컴퓨터로 자동 업로드되어 컴퓨터에 불이 붙는다. 진지하게 내가 본 그대로 설명하는 것이다. 황당하기 짝이 없다. 그러나 이런 능력들이 정말로 현실화되고 있다.

2014년에 과학자들이 고화질 카메라를 사용하는 여권 사진 촬영 장소를 만들었다. 촬영 대상자 앞에 다른 사람들을 몇 명 세워놓고 카메라 줌인을 했더니 카메라를 보고 서 있는 사람들의 얼굴을 모두 알아볼 수 있었다. 사진의 화질을 높이고 다시 줌인했더니 각 사람의 얼굴을 꽤 명확하게 구분할 수 있었다. 우리가 범죄 수사 프로그램을 보며 우습게 생각했던 장면들이 이제 더는 우습다고만 할 수 없게 되었다. 기술은 우리가 장난스럽게 웃으면서 보던 그 모든 장면을 정확히 실현할 정도로 발전하고 있다. 이는 현재의 마케팅을 완전히 새롭게 정의하기 원하는 우리가 지금 서 있는 시점을 비유할 만한 흥미로운 예다.

오늘날 기술은 인간의 상상력과 인간이 기술을 사용할 수 있는 능력을 훨씬 능가하는 경우가 많다. 마케팅 부서는 전혀 이해하지 못하는 기술을 구매하게 될 수 있으며, 실제로도 자주 그런 일이 발생한다. 그래서 요즘의 마케팅 부서들은 고객이 겪고 있는 진짜 문제를 해결하려는 것보다는 소프트웨어로 할 수 있는 모든 기능을 효과적으로 이해하는 데 초점을 맞추고 있을 수 있다.

소프트웨어가 점점 정교해지면서 우리는 기술의 꼬리를 쫓아가는 데 더욱 무게를 두고 있다. 최근에 진행된 한 연구에서는 마케터의

킬링 마케팅

8%만이 자신이 필요한 도구를 전부 가지고 있으며, 그것들을 완벽하게 활용한다고 생각한다는 결과가 나왔다. 마케터의 33%는 자신이 필요한 도구를 전부 가지고 있지는 않지만 가지고 있는 도구는 완벽히 활용한다고 생각했다. 그리고 가장 많은 비율을 차지한 34%의 마케터 집단은 필요한 도구를 전부 가지고 있지 않으며, 이미 가지고 있는 것도 완벽히 활용하지 못한다고 생각했다.

이 연구 결과는 CMI에서 2016년에 실시한 조사와 일치한다. 우리는 콘텐트 관련 기술에 주력해 조사했는데, 마케터의 18%만이 자사 미디어 자산을 관리하기에 적절한 기술을 가지고 있다고 생각한다고 대답했다. 조사 대상의 45%는 도구는 있지만, 그 도구를 제대로 사용하고 있지 않은 것 같다고 했다. 나아가서 우리가 마케터들에게 콘텐트에 관해 필요한 교육 중 최우선으로 필요한 것이 무엇이냐고 물었을 때, 압도적으로 많은 66%의 마케터들이 기술을 더욱 잘 사용하는 방법을 배우고 싶다고 대답했다.

마케터들은 커뮤니케이션 업무를 더욱더 효율적으로 해야 한다는 압박감을 느끼고 있으며, 기술은 비용 부담만 가중시킬 뿐이다. 우리는 데이터와 기술을 활용하여 효율이 아닌 마케팅 효과를 높일 수 있는 보다 전략적이며 뛰어난 방안을 찾아야 한다.

☑ 새로운 마케팅 미디어의 비용 절감 모델

3장에서 설명한 것처럼, 자사 미디어를 이용하면 성장과 수익을 동시에 이룰 수 있는 기회를 많이 만들 수 있을 뿐만 아니라 자사 미디어는 여러 방법으로 효율성을 증진시킨다. 기술과 데이터의 가치가 마케팅 업무에 끼치는 영향을 자세히 살펴보면, 오디언스가 회사에서 수행해야 할 다른 여러 일들을 보다 효과적이고 효율적인 방법으로 완수할 수 있도록 수단을 제공하고 있다. 이러한 비용 절감 효과는 수익 및 성장을 이윤과 결합하여 훨씬 더 수익성 높은 사업을 구축할 수 있도록 돕는다.

크래프트 푸드를 예로 들어보자. 크래프트 푸드는 수년간 콘텐트 마케팅 부문에서 앞서나가고 있다. 크래프트 푸드는 인쇄 잡지 「크래프트 푸드 앤 패밀리」를 출판하고 있는데, 판매 부수 기준으로 「푸드 앤 와인Food & Wine」을 꾸준히 앞서며 수익을 올리고 있다.

그런데 이 잡지 콘텐트가 회사에 주는 진짜 혜택은 수익 창출이 아니다. 이 잡지가 주는 더 큰 혜택은 기존 디지털 매체 구매 비용을 절감하는 것이다. 크래프트는 자사 데이터베이스인 '온라인 레시피Online Recipes'의 오디언스로부터 입수한 데이터를 활용해 기존 디지털 매체 구매로 거둔 성과 대비 4배 더 많은 수익률을 달성한다.

크래프트는 콘텐트 및 데이터 기술을 사용해 자사 웹사이트를 방문하는 1억 명 이상 사람들의 특징 2만 2,000여 개를 추적한다. 혹시 스스로 계산해보고 있는 독자들도 있을 것 같아 언급하자면, 이렇게 크래프트가 추적한 총 데이터 수는 2조 개다. 크래프트는 이 데이터를 활용해 기존 디지털 광고를 맞춤화하고 더욱 계획적인 매체 구매를 통해 광고의 초점을 맞춘다.

2014년 당시 크래프트의 데이터, 콘텐트 및 미디어 담당 디렉터 줄리 플라이셔는 「애드 에이지」에서 이렇게 말했다.

그림 5.1   마케팅 미디어의 비용 절감 모델.

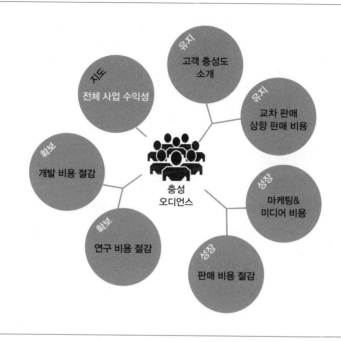

소비자에게 비용을 들이지 않고 자연스럽게 도달하는 시대는 머지않아 끝날 거예요. 돈을 들이지 않을 거라면 왜 하는 건가요? 그것은 아무 소리 내지 않고 바람 속에서 외치는 것과 같아요. … 광고와 함께 전략적으로 짜인 적절한 콘텐츠를 사용하면 광고가 더 효과적으로 작동합니다.

3장에서 말했듯 새로운 마케팅 모델과 새로운 미디어 모델은 일맥상통한다(그림 5.1). 일단 충성 오디언스가 형성되면 그 오디언스를 수익화해 비용을 절감할 수 있는 7가지 방법이 있다. 수익 모델처럼 이 모델도 확보, 유지, 성장이라는 구조로 분류할 수 있다.

판매 비용 절감

충성 오디언스의 가치 측면에서 우리가 얻을 수 있는 가장 큰 기회 중 하나는 판매 비용을 절감하는 것이다. 우리와 협업했던 한 B2B 기술 회사는 유료 검색(구글 애드워즈), 이벤트(배지 스캔), 사고 리더십 웨비나(등록 승인)를 주로 활용해 효율적인 다이렉트 마케팅 잠재 고객 창출 엔진을 구축했다.

다른 많은 기술 회사와 마찬가지로 이 회사는 이런 비용이 드는 활동의 성과를 높이기 위해 콘텐트와 사고방식 리더십 자산을 활용했다. 구글 광고를 통해 오는 유료 트래픽은 리소스 및 전시 센터로 연결해 잠재 고객이 이메일 주소를 제공하고 사고방식 리더십 콘텐트를 내려받을 수 있게 했다. 콘퍼런스에서는 주로 사은품이나 회사 부스에서 무료로 내려주는 카푸치노를 나누어주고 이름표를 스캔했다. 그리고 웨비나 등록자들은 두 그룹으로 나누어 참석자들에게는 영업 부서에서 직접 전화 연결을 했고, 참석하지 않은 사람들에게는 리소스 센터로 초청하는 이메일을 보냈다.

문제는 이런 방법들이 점점 비싸질 뿐 아니라 효과 또한 점점 떨어지고 있다는 것이다. 회사 데이터베이스에 이름 1개를 추가하는 데 드는 비용이 평균 1개당 15~18달러로 올랐고, 나중에는 이름 1개당 20달러 이상까지 올랐다. 게다가 그렇게 얻는 데이터의 품질도 급격히 떨어졌다. 회사가 제공하는 자산을 얻기 위한 수단으로 데이터는 제공하되 mickeymouse@gmail.com처럼 명백하게 가짜인 정보를 입력한 사람들이 많아졌다.

이 회사가 이해하지 못한 것은 이런 마케팅 모델은 언제나 제로섬을 향한다는 사실이다. 매번 처음부터 다시 시작해 사람들에게 도달하려면 점점 힘들어질 수밖에 없다. 그리고 아무도 이야기하고 있지 않지만, 많은 회사가 결국 똑같은 거짓 정보를 얻기 위해 계속 2배, 3배, 4배의 비용을 들인다.

이런 방법을 사용하는 대신 우리는 모델을 바꿨다. 우리는 이 회사와 함께 고객에게 구매 여부와 상관없이 가치를 제공하는 통합 리소스 센터 플랫폼을 구축했다. 이에 반응을 보인 사람들을 잠재 고객으로 바라보지 않고 오디언스로 여겼고, 마케팅 잠재 고객이 아닌 '구독자'를 구축하기 위한 목적으로 프로모션 활동을 했다.

이 회사는 시간이 지나면서 수익화할 수 있는 오디언스 데이터베이스를 구축했다. 이런 오디언스 구성원들 대다수가 당장 구매할 준비가 되어 있지 않지만 한 달 또는 석 달 안에는 가능할 수 있다. 회사는 취득 비용을 이름당 18달러 정도로 안정시켰다.

그러나 가장 중요한 것은 데이터 품질이 기하급수적으로 향상된 것이다. 회사는 매번 똑같은 가짜 이름에 비용을 지급하는 일을 하지 않았다. 오디언스는 지속해서 받는 콘텐츠의 가치를 높게 평가하고 양질의 데이터를 제공했다. 이들은 회사에 정확하고 풍부한 일련의 데이터 세트를 제공했다.

마법은 그다음에 일어났다. 회사는 오디언스가 일단 자청해서 잠재 고객이 되면 그 후로는 지난번보다 구매로 이어지는 횟수가 2배 더 증가했다. 따라서 회사는 이름 취득당 비용을 안정화한 동시에 고객 취득당 비용을 반으로 절감했다. 요령은 다음과 같다.

회사는 기꺼이 잠재 고객을 육성하는 데 시간을 들였고 영업 및 마케팅 방식을 뒤바꿨다. 그리고 잠재 고객 데이터베이스를 구축하는 대신 오디언스를 구축했다.

기계적으로 회사 판매 경로에 사람들을 집어넣고 무언가 구매하라고 설득하는 대신, 인내심을 가지고 언젠가는 판매 경로에 자발적으로 들어오고 싶어 할 오디언스를 구축한 것이다. 이렇게 회사는 전과 전혀 다른 방식을 사용했고, 이 방식으로 매해 수십만 달러의 마케팅 비용을 절감하고 있다.

마케팅&미디어 비용

크래프트 사례에서 명확히 볼 수 있듯 오디언스를 구축함으로써 얻는 진정한 가치는 오디언스에 속한 개개인에게 접근하고 도달하는 방법에 대한 인사이트를 얻는 것이다.

크래프트는 충성 오디언스에게 가치를 전달함으로써 데이터를 수집하고 활용해 잠재 고객을 대상으로 더욱 정확하고 적절한 광고를 노출할 수 있다. 이것은 전통 디지털 광고 매체 구매의 공식을 바꾸게 될 것이다. 또 다른 사례를 살펴보자.

위스케 은행Jyske Bank은 시장 점유율 기준으로 덴마크에서 세 번째로 큰 은행이다. CMI에서 제작한 다큐멘터리 〈더 스토리 오브 콘텐트〉에서 자세히 다루는 위스케 은행은 마케팅 부서의 운영 방식을 뒤바꾸었다. 위스케 은행의 마케팅 부서 직원들은 위스케 은행을 두고 '자체 은행을 가지고 있는 미디어 회사'라고 말한다. 이들은 미디어에 특정 공간을 대여하는 것보다 차라리 독자 미디어 회사가 되는 것이 더 비용 효율적이라는 사실을 체감하고 있다.

위스케 은행은 연중 무휴로 운영되는 뉴스룸을 만들어 충성 오디언스를 구축하는 것을 넘어서 덴마크 공영 TV 방송사에도 콘텐트를 배포할 정도로 품질 좋은 콘텐트를 제작하고 있다. 위스케 은행 뉴스룹의 편집국장 라세 헤글레트는 "미디어를 통제할 수 없으면 스스로 미디어가 되어라"라고 했다.

이런 접근 방식은 전통 미디어 구매에 수천만 달러 또는 크로(유럽 통화 단위)를 소비하는 회사에만 국한되는 것이 아니다. 중소기업들도 구독 데이터를 활용해 광고 대상을 파악하면 수익을 올리는 데 도움이 된다는 것을 점점 인지하게 되었다.

우리와 함께 일했던 한 소규모 B2B 제조사는 새로운 오디언스 데이터베이스를 활용해 구글 광고를 효과적으로 집행한다. 누군가가 회사의 디지털 잡지 구독을 신청하면 그 사람이 소비하는 콘텐트를 추적할 수 있는데, 그렇게 하면 구독자가 인터넷 탐색을 할 때 구글 네트워크에서 구독자의 콘텐트 소비 습관을 기초로 해서 적절한 광고를 내보낸다. 만약 우리가 '구매' 신호가 지정된 콘텐트 페이지를 방문하면 우리를 목표 구매자로 생각하고 만든 광고를 볼 수 있다. 그리고 우리에게 변화를 불러일으키기 위한 목적으로 만든 콘텐트를 방문하면 그와 관련해 좀 더 심도 있는 콘텐트로 유도하는 광고를 보게 될 것이다. 이 회사는 위 마케팅 방법을 사용해 이미 구글 광고 효과를 25% 증대시켰다.

교차 판매 및 상향 판매 비용

캐나다 최대 소프트웨어 회사인 오픈텍스트OpenText는 기업용 정보 관리 소프트웨어를 개발하고 판매하는 회사다. 이 회사가 실행한 혁신적 프로그램들 중 하나는 오픈텍스트 소프트웨어를 이제 막 사용하기 시작한 신규 고객을 겨냥해 만든 완벽한 미디어 웹사이트다. 오픈텍스트는 신규 고객을 환영하고 계속 그들을 교육할 목적으로 웹사이트에 백서, 체크리스트, e북, 사례 연구 등으로 구성된 라이브러리를 만들었다. 오픈텍스트는 이 미디어 사이트를 통해 고객사로부터 1,700개의 신규 연락처를 얻었으며, 이 연락처로부터 180만 달러어치의 신규 기회 31개가 생겨났다.

마케터들이 흔히 간과하는 것 중 하나는 마케팅 프로세스를 늦추고 참여도 높은 고객들에게 지속해서 가치를 제공하면 고객들의 평균 가치를 올릴 수 있다는 사실이다. 이러한 고객들은 제품을 더 많이 구매할 뿐 아니라 제품에서 부가 가치를 느끼므로 많이 하지 않아도 된다.

R&D 비용 절감

충성 오디언스는 시장에 출시를 고려할 만한 신제품이나 추가할 새로운 기능에 대한 정보를 회사에 알려주어 비용을 절감할 수 있도록 돕는다. 4장에서 브라이언 클라크가 만든 온라인 카피라이팅 관련 교육 자료 사이트인 '카피블로거'에 대해 이야기했다. 브라이언이 성공할 수 있었던 가장 중요한 비결은, 충성 오디언스를 먼저 구축하고 그 오디언스가 그에게 판매하기 가장 적절한 소프트웨어의 종류를 알려주도록 한 것이다. 따라서 브라이언은 그의 오디언스가 구매에 관심을 보이지 않을 소프트웨어를 개발하는 데 많은 돈을 들이는 대신, 오디언스가 그들이 구매할 만한 것이 무엇인지 직접 그에게 이야기하는 것을 듣기만 하면 됐다.

어도비의 'CMO닷컴'은 2만 5,000명 이상의 고위급 마케터들이 구독하는 굉장한 미디어 플랫폼이다. 어도비가 CMO닷컴을 통해 얻을 수 있는 커다란 혜택은 전 플랫폼에 걸쳐 소비되는 콘텐트를 보고 그 정보를 이용해 자사 행사, 사고방식 리더십 프로그램, 마케팅 자료를 기획할 때 고위급 마케터 고객들이 들어서 관심을 가질 만한 프로그램으로 구성하는 것이다.

2장에서 언급했듯 J&J는 회사가 보유하고 있는 5만 명으로 구성된 리서치 패널에 추가로 수백만 명의 부모들이 활동하고 있는 베이비센터닷컴을 활용해 이 플랫폼에서 공유되는 소비자 정서에 대한 인사이트를 얻고 있다.

모든 회사에서 가장 비용이 많이 드는 부문은 신제품 연구 개발R&D이다. 물론 이 R&D 비용은 회사나 산업에 따라 차이가 크다. 세일스포스같이 성장하고 있는 소프트웨어 라이선싱 회사는 매출의 12~15% 정도를 신제품 개발에 사용할 수 있을 것이다. 반면 제약 회사들은 R&D가 전부라고 할 수 있으므로 R&D에 매출의 20% 이상을 투자할 수 있다. 폭스바겐 같은 자동차 제조사는 아마 총 매출의 5~8% 정도를 R&D에 들일 것이다. 그러나 R&D 투자 비율이 어떠하든 성공적인 회사의 사업 예산에서 R&D는 큰 부분을 차지한다. 지속적인 플랫폼이 되어 무엇을 만들지 말해주는 충성 오디언스는 분명 회사에서 활용할 수 있는 중요한 자산이다.

고객 충성도와 구전WOM 커뮤니케이션

자사 미디어를 구독하는 오디언스들의 충성도를 높이는 방법을 살펴보면 시장에 새로운 방식을 제시할 수 있다. 몇 가지 정보를 짚고 넘어가보자. 10년간 데이터를 확보해 고객을 이해하고 고객과 관계를 형성하기 위해 지대한 노력을 들였음에도 불구하고 다음과 같은 결과가 발생했다.

- 1년간 미국 고객의 절반 이상이 단순히 고객 서비스 경험이 좋지 않았다는 이유로 서비스 제공자를 교체했으며, 이 수치는 2012년 대비 5% 증가했다.
- 2012년 이후로 미국 고객의 충성도는 고작 1%밖에 증가하지 않아 거의 변동되지 않았으며, 고객이 회사를 추천할 의향 또한 2%밖에 증가하지 않았다.
- 전체 소비자의 23%만이 특정 브랜드와 긴밀한 관계를 맺고 있다고 대답했다.
- 미국 성인의 75%가 개인 정보를 수집하거나 사용하지 않는 것을 선호한다고 말했다.

2012년에 기업경영자위원회Corporate Executive Board, CEB에서 실시한 연구에 따르면, 고객과의 상호 작용 횟수와 그 고객과의 관계 깊이에는 직접적인 상관관계가 없다고 한다. 그런데도 마케팅 전략 대부분은 다음의 공식에 중점을 두고 있다.

더 밀어붙이는 커뮤니케이션을 가질수록 더 많은 정보를 얻게 되고, 그렇게 되면 고객과의 관계는 더욱 깊어진다는 것이다. 이는 전혀 사실이 아니다.

고객에게 충성도가 조금이라도 있다고 가정할 때, 고객의 충성도를 결정짓는 것은 고객이 구매한 제품이나 서비스가 아니라 그들이 브랜드와 지속해서 함께하는 가치 있는 경험이다.

1장에서 언급했듯 바로 여기에서 브랜드의 자사 미디어가 시작됐다. 그러므로 더욱 충성도 높은 고객을 창출하는 사업의 실례를 만드는 것은 상대적으로 쉽다. 이런 사실을 보여주는 사례가 꽤 많다.

킬링 마케팅

- 「더 퍼로우」 1895년부터 출판된 이 브랜드 잡지는 전 세계 200만 명에게 구독되며 미국과 캐나다에서는 57만 명에게 구독된다. 「더 퍼로우」의 출판 매니저 데이빗 존스는 "이렇게까지 사람들이 애정을 갖는 브랜드 잡지에서 일해보기는 처음이에요. 이 잡지는 사람들이 열정을 느끼는 브랜드로 들어가는 통로 같아요. 고객들의 자녀가 방벽면을 우리의 트랙터가 나온 잡지 페이지로 도배해놓을 정도예요. 이런 일은 흔치 않죠"라고 말했다.

- 「미슐랭 가이드」 세계에서 가장 화려한 레스토랑들이 한 타이어 회사에 의해 등급이 매겨진다는 사실을 아는 사람은 별로 없을 것이다. 가장 선망받는 레스토랑 평가 제도인 미슐랭 스타는, 100년이 넘는 시간 동안 레스토랑들에 부여되었다. 「미슐랭 가이드」(프랑스의 타이어 회사인 미슐랭에서 1900년대 타이어 구매 고객에게 무료로 나눠주던 자동차 여행 안내 책자에서 출발 – 옮긴이)는 사람들이 운전을 더 많이 하여 더 많은 타이어를 사용하게 하려고 만들어졌다.

하지만 수익성 있는 충성도 프로그램을 만든 사례 중 우리가 가장 좋아하는 것은 자포스의 프로그램이다. 우리는 크리스타 폴리와 함께 이 자포스 프로그램에 대해 논의한 적이 있다. 자포스의 CEO 토니 셰이는 『딜리버링 해피니스』(북하우스, 2010)라는 충성도에 대한 책까지 집필했다. 한마디로 자포스는 고객 서비스와 충성도에 총력을 기울인다고 말해도 과언이 아니다.

흥미롭게도 자포스는 그들이 제공하는 충성도 경험의 일부를 수익적인 관점으로 바라본다. '자포스 인사이트' 프로그램은 충성도 기반의 서비스를 제공하면서 수익을 창출하는 방법이다. 크리스타가 우리와 한 인터뷰를 보면 이 프로그램은 우연히 시작되었다고 한다.

우리는 브랜드 세일즈맨들이 우리 구매팀에게 그들의 제품 라인을 보여주기 위해 사무실을 방문하면 그들을 열렬히 환영해주며 회사를 구경시켜주곤 했어요. 우리는 우리의 고객인 업체들과 그 어떤 협업 상대와도 결속력이 좋을수록 더 좋은 협업 성과를 낼 수 있다고 생각했죠. 그렇게 해서 뜻하지 않게 우리는 자포스 사무실 투어와 함께 충성도에 대한 강의를 외부 사람들에게 제공하기 시작했어요.

이 프로그램은 이제 회사에 수익을 올려주는 하나의 사업 부문이 되었다. 크리스타 폴리는 또 이런 말도 했다.

토니는 그것을 잠재적 사업 기회로 수익화하거나 활용하자는 아이디어를 냈어요. 그렇게 해서 '자포스 인사이트'는 2008년에 자포스닷컴 내부의 작은 사업으로 시작되었고, 초기에는 멤버십 플랫폼에 초점을 맞췄어요. 이 멤버십은 자포스 인사이트에 속한 구독 모델로, 우리 사무실에 방문하기 어려운 사람들이 자포스를 좀 더 알게 되고, 고객 충성도 측면에서 자포스가 문화와 고객 서비스에 대해서 어떻게 생각하는지 알 수 있게 해줍니다.

전체 사업 수익성

5년간 내가 했던 인터뷰 중 가장 마음에 들었던 만남을 꼽자면 2013년에 코카콜라의 글로벌 광고 전략 및 크리에이티브 엑설런스 부서를 이끌었던 조나단 밀든홀(현재는 에어비앤비의 CMO)과의 인터뷰

킬링 마케팅

를 들 수 있다. 그는 코카콜라의 '콘텐트 2020' 프로젝트에 대해 이 야기하며 이렇게 말했다.

> 회사에서 재정 중심적으로 생각하는 사람들에게 저는 이렇게 말합니다. "내가 만약 브랜드의 감성적 부분을 채울 수 있다면 나는 할인을 점점 더 적게 할 것입니다. 믿기 어려울 수 있지만 우리는 여전히 감성의 샘이 채워지지 않은 새로운 고객들과 관계하고 있습니다."

내가 그에게 '할인'의 의미를 물었더니 그는 어떤 유튜브 영상이나 소셜 미디어 포스트, 인포그래픽이 코카콜라의 전체 수익성에 끼치는 기여도를 측정하는 것은 불가능한 일이라고 설명했다. 그리고 코카콜라는 당연히 계속 유료 광고에 투자할 것이라고 말했다. 코카콜라는 세계에서 가장 많은 매체 서비스를 구매하는 회사 중 하나다. 하지만 조나단에 의하면, 그보다 더 중요한 것은 코카콜라가 어떤 종류의 광고를 창조하느냐는 것이다. 그는 쿠폰 할인이나 '1+1' 식의 광고로 사람들이 코카콜라를 더 많이 마시게 할 수 있다. 아니면 콘텐트를 통해 사람들의 '감성을 채워' 사람들이 제값을 주거나 심지어 더 높은 가격을 내고 코카콜라를 구매하게 할 수도 있다.

조나단은 코카콜라를 미디어 브랜드로 본 것이다. 콘텐트를 구독하는 충성 오디언스를 활용해서 그들의 감성의 샘을 채워준다면 할인할 필요가 적어진다는 것이 그의 이론이다. 제품이라는 물품보다는 추가 경험을 더 가치 있게 생각하는 충성 오디언스를 사용함으로써 그는 회사 전체의 이익률에 본질적인 영향을 주었다.

잘 살펴보면 레드불 미디어 하우스의 핵심 전략도 이와 같다. 대부분의 조사에 따르면, 레드불은 모든 편의점에서 판매하는 무알코올 음료 중 가장 비싼 음료다. 그리고 확실하게 짚고 넘어갈 점 한 가지는 레드불이 맛으로 높이 평가되는 음료도 아니라는 사실이다.

실제로 2006년에 레드불은 자사 음료가 얼마나 맛이 없는지 광고했다. 그러나 레드불은 레드불 미디어 하우스를 통해 콘텐트 중심 경험을 제공하여 아주 충성스러운 오디언스를 만든 덕분에 고객들은 더 높은 가격을 지불할 의향이 있는 것이다. 그리고 레드불은 회사에서 창출한 이런 수익으로 원한다면 어떤 사업에도 진입할 수 있다.

이에 대해 잠시 생각해보자. 레드불의 마케팅 부서는 회사가 원하는 무엇이든 팔 수 있게 해준다. 레드불은 지금도 이미 이익률이 높은 콘텐트를 판매하지만, 당장 내일 패션 사업에 뛰어들거나 자전거 또는 서핑보드를 판매한다 해도, 무엇이든 구매할 준비가 된 충성 고객들이 있어 쉽게 성공할 수 있을 것이다. 그리고 이 고객들은 기꺼이 높은 가격을 지불하고 이런 제품을 구매하려 할 것이다.

☑ 오디언스: 전략적인 저축 계좌

우리는 사업에서 마케팅 트렌드의 발전을 바라볼 때 하드웨어와 소프트웨어의 발전을 중심으로 바라보는 경향이 있다. 다시 말해 우리는 태블릿이나 휴대폰, 사물 인터넷 또는 인공지능이 발전할 때 그것들을 우리가 다루어야 할 또 하나의 플랫폼으로 바라본다. 아니면 TV 방송, 케이블 TV, 페이스북, 트위터, 링크드인, 인스타그램, 스냅챗 등 새로운 소비자 집합 장소가 생기면 그에 따라 특별한 콘텐트팀을 배정하고 콘텐트 전략을 만들어야 한다고 생각한다.

15년간 우리는 수많은 개별 팀을 만들고 마케팅 부서 안에도 그런 팀들을 따로 만들었다. 이제는 소셜 미디어팀, 모바일팀, 소셜 CRM 팀, e비즈니스팀, 웹팀, PR팀, 브랜드팀 등 수많은 팀이 존재한다.

사실은 간단하다. 회사들은 브랜드 스토리를 전파하기 위해 확보해야 하는 모든 마케팅 채널에 대해 개별 팀을 만들 수 없다는 것을 깨달아야 한다.

콘텐트는 고객들에 의해 공유될 수 있고 공유될 것이기 때문에, 마케팅 부서는 전체 판매 경로에 걸쳐 가치 있는 콘텐트를 창조하고 확대시키는 것이 중요하다. 이것이 바로 브랜드가 필요한 가장 많은 채널에 올라갈 수 있는 유일한 방법이다. 오디언스가 브랜드와 관련된 가치 있는 경험이나 콘텐트를 소셜 네트워크상에 공유하게 되면 그 브랜드는 그 채널에 직접 들어가 있어야 할 필요가 점차 없어진다.

따라서 콘텐트를 확장하는 유일한 방법은 정보의 생성, 관리 및 궁극적인 정보(콘텐트)의 흐름에서 고객을 위한 가치를 창출할 수 있게 마케팅 부서의 구조와 목적을 전환시키는 것이다. 그리고 이는 기존 채널에서든 앞으로 사용하게 될 채널에서든 반드시 실행돼야 한다.

요약하면 마케팅 부서는 빠르게 변하는 고객 권한 위임에 대한 니즈를 충족시키고 직접 생산하는 많은 양의 콘텐트를 회사가 관리 및 조정할 수 있도록 새로운 조직적 변화를 실행해야 한다.

가치에 대한 설명은 비교적 잘 이해되고 있는 편이다. 마케팅 부서들이 회사에서 생산하는 제품과 서비스의 가치를 설명하기 위해 그 어느 때보다도 많은 콘텐트를 기하급수적으로 생산해내는 것은 의심할 여지 없다. 마케팅을 가치 있는 경험과 콘텐트를 창조하는 기능으로 변화시켜야 대부분의 조직이 새로운 힘을 얻게 될 것이다.

그것이 바로 우리가 이 책을 통해 실현하고 조금 더 발전시키려고 하는 것이다.

이런 주장들은 결과적으로 우리가 왜 시장에 접근하는 방법을 전부 바꿔야 하는지를 설명한다. 마케팅은 가치를 설명하는 것이 아니라 가치를 창조하도록 구축돼야 한다. 예전부터 마케터들은 4P 법칙에 걸쳐 가치를 설명하는 법을 배웠다. 이제 우리는 콘텐트와 경험을 활용해 가치를 창조함으로써 더 많은 것을 해야 한다. 앞서 말한 대로, 회사는 미디어 회사가 일하는 것처럼 하는 것에 그칠 것이 아니라, 그 자체로 미디어 회사가 되어 계속 오디언스를 만들고 그들에게 즐거움을 주어야 한다. 회사들은 미디어 회사로서 다음을 포함한 마케팅 경로의 모든 측면에서 고객과 관계를 형성해야 한다.

- 제품, 서비스 또는 브랜드의 약속을 고객이 처음 인지하는 순간
- 고객 육성 및 의사 결정 과정
- 고객이 된 순간
- 고객이 브랜드에 충성심을 느끼고, 상향 판매 및 교차 판매가 이뤄지며, 남들에게 브랜드 멤버십 등록을 추천하게 되었을 때

오늘날 많은 회사에서 마케팅 부서는 영업 부서를 '고객'으로 삼고 영업 직원들이 필요로 하는 자료를 제공하며 단순히 영업을 지원하는 서비스 조직이다. 어떤 회사에서는 마케팅을 생각할 때 '중요한 일'이 다른 곳에서 일어나는 동안 단순히 예쁜 브로셔를 만드는 골칫거리 부서로 여기기도 한다. 또 어떤 회사는 콘텐트 창작 및 콘텐트 관련 업무가 마케팅 직원들이 새로 만들어야 할 브로셔나 광고

킬링 마케팅

가 없을 때 시간 때우기 위해 하는 일이라고 생각한다. 많은 회사가 이런 생각을 바꾸지 않을 것이며, 그런 나태함으로 인해 결국 시장에서 도태될 것이다.

이 새로운 마케팅 모델에서는 독특하고, 인상적이며, 차별성 있는 콘텐트 중심의 경험이 제품 개발만큼이나 중요한 투자 대상이 될 것이다. 이것이 주는 하나의 중요한 혜택은 마케팅 부서가 기업을 위한 엄청난 저축 계좌가 될 수 있다는 것이다.

성공적인 마케터들은 고객에게 정보와 즐거움을 제공하고, 고객과 관계를 맺고, 고객을 발전시키는 등 멋진 경험을 만드는 데 초점을 두며 끊임없이 진화하는 미디어 운영 방식에 적응하고 그에 맞게 변할 것이다.

💡 통찰력 있는 아이디어

◇ 마케팅 전략에 따라 새로운 소프트웨어 기능을 도입하는 것이 아니라, 새 소프트웨어 기능에 의해 마케팅이 끌려다니는 모습을 많이 볼 수 있다. 기술을 사용해서 효율성을 끝없이 좇는 것은 결국 제로섬 게임이다. 기술 지원을 받아 전략을 세우는 방법을 찾아야 한다. 마케팅 비용을 기하급수적으로 절감하려면 우리가 원치 않는 고객을 찾아내려고 노력할 것이 아니라, 우리와 관계를 맺고 있는 오디언스에게 보다 쉽게 도달할 수 있어야 한다.

◇ 판매 과정에서 고객과 관련성 있는 대화가 이뤄질 수 있는 콘텐트를 제공하면 판매 비용을 절감할 수 있다.

◇ 우리의 제품과 서비스를 원하는 고객을 정확하게 타깃팅하는 데 오디언스 데이터를 사용한다면 기존의 광고 미디어 비용을 줄일 수 있다.

◇ 고객 참여 과정을 늦추고 교육 효과를 높인다면, 우리의 제품과 서비스를 구매할 수 있는 고객을 더 많이 창출할 수 있다.

◇ 회사가 시장에 내놓는 제품·서비스로부터 원하는 바를 자발적으로 알려주는 오디언스를 구축하면 제품 및 연구 비용을 절감할 수 있다.

◇ 현재 하고 있는 사업에서 보다 더 많은 이윤을 남기며 다양한 가치를 만들어내는 미디어 모델을 통해 수익성을 늘릴 수 있다.

KILLING

6장
킬링 마케팅, 그 첫 단계

MARKETING

Killing Marketing

굽히지 말아라. 약화시키지 말아라. 논리적으로 만들려고 애쓰지 말아라. 유행에 맞춰 당신의 영혼을 바꾸려 하지 말아라. 당신의 가장 강렬한 집착들을 무자비하게 따라가라.

프란츠 카프카

원하는 것을 얻으려 하지 않는다면 그저 늙어가는 일만 남은 것이다.

빌리 조엘

이제 우리가 본격적으로 마케팅을 혁신하기 위해 밟아야 할 첫 단계는 무엇일까?

실제로 사업을 할 때 마케팅의 모든 기능을 바꾸는 것이 현실적으로 어떤 의미를 갖는지 우리는 너무나 잘 알고 있다. 결코 쉬운 일이 아니라는 것을 알고 있으며, 이 일을 하루아침에 해낼 수 있는 사업체가 있을 것이라고 기대하지도 않는다.

우리의 목표는 이런 변화의 의미와 이로 인해 생기는 기회를 이해하는 것이다. 17년간 우리가 마케터로서 범한 가장 큰 실수는 디지털 마케팅, 소셜 미디어 마케팅, 콘텐트 마케팅, 기타 운영 모델 같은 작고 점진적인 변화를 만들면서 그것들이 근본적으로 어떻게 우리의 사업 운영 방식을 변화시킬지 따져보지 않은 것이다.

우리는 마케팅이 단순히 제품이나 서비스를 통해 고객이 얻을 경험에 대해 설명하는 부서 그 이상의 역할로 변하고 있다고 생각한다. 이제 새로운 마케팅 전략은 제품이나 서비스를 넘어선 가치 있는 경험에 집중해서 전체 사업 전략을 이끌어가야 한다. 그러려면 이러한 변화를 만들어낼 수 있는 새로운 프로세스를 위한 실용적 접근을 해야 한다.

☑ 고객 변화에 대응하지 않는 마케팅의 문제

시장에서 고객들이 브랜드를 인지하고, 검색하고, 탐색하고, 사용하고, 불평하고, 브랜드에 충성하게 되는 방법이 실제로 바뀌었다. 그러나 브랜드 인지, 구매, 차별화, 사용, 서비스를 실행하는 업무 절차는 아직 변하지 않았다.

지금까지 지속되어온 방식은 프로세스 각 단계에서의 만족도 증대를 위해 인력과 마케팅 기술을 단계마다 투입해 최대한 많은 캠페인을 창출함으로써 각 단계를 최적화하는 것이었다.

이런 방식의 마케팅은 영향력이 아주 강력해서 서비스 제공자들과 에이전시들마저도 그와 같은 방식을 따르게 되었다. 많은 브랜드에서 각기 다른 사업 분야에 대해 각각 다른 에이전시를 고용하는데, 대형 에이전시들마저도 이제 '다이렉트 그룹', '디지털 그룹', '고객 경험 그룹', '충성도 그룹' 등으로 세분화되어 있다. 이는 에이전시가 고객사에 제공하는 가치를 크게 감소시킨다.

아이러니하게도 미디어 회사들이 마케터들보다 더 빠르게 진화하고 있다. 뉴욕타임스, 월스트리트저널, 콘데 나스트Condé Nast, 타임 등 대형 출판사들은 아직도 전통 미디어, 배너 광고, 30초짜리 TV 또는 라디오 광고에 매달리고 있는 에이전시들과 경쟁하기 위해 브랜디드 콘텐트 스튜디오를 구축했다. 그뿐 아니라 미디어 회사들은 기존 미디어 중심 수익 모델과 더불어 실제 제품까지 생산하며 제품 개발 분야로도 빠르게 진입하고 있다.

3장에서 설명한 데니스 퍼블리싱은 영국 최대의 독립 자사 미디어 회사 중 하나며 현재는 자동차 판매까지 사업을 확장했다. 미디어 회사인 데니스 퍼블리싱은 온라인 자동차 판매업체 바이어카를 매입했는데, 바이어카는 현재 데니스 퍼블리싱 총 수익의 16%에 기여한다. 반대로 메리어트Marriott는 "이제 우리는 미디어 회사"라고 밝혔다. 메리어트는 여행 및 레저 분야를 이끄는 라이프스타일 미디어 브랜드가 되려 하고 있다. 에미상 수상자인 메리어트의 글로벌 크리에이티브 부사장 데이비드 비비는 이렇게 말했다.

우리는 미디어 회사들을 고용하고 스토리텔링 경험이 있는 사람들을 많이 영입해 이들을 마케터로 바꾸었어요. 사람들이 이제 전통 광고를 보지 않는다는 사실을 반박할 수 없으며, 지금의 이 방법이 우리가 앞으로 해야 할 일입니다. 이 방법은 우리가 반드시 시도해야 합니다.

여기서 말하는 '시도'가 핵심 과제다. 대부분의 마케팅 부서는 현재 그 어느 때보다 디지털 경험을 많이 만들어 회사 가치를 돋보이도록 하기 위해 개별적으로 업무를 진행하고 있다.

그러나 여기서 바꾸어야 하는 것은 전략의 구조다. 콘텐트 중심의 조화롭고 일관된 포트폴리오를 고객들에게 전달하여 마케팅 부서가 충성 오디언스를 구축하는 부서로 발전될 수 있도록 해야 하고, 브랜드에서 하는 모든 활동을 통합해 수익성 있는 사업 결과를 내도록 해야 한다.

분명히 하자면, 우리가 제안하는 것은 마케팅팀에서 새롭고 가치 있는 콘텐트 경험을 만들고 관리하는 것이다. 이런 콘텐트 경험은 전체 고객 경험의 일부가 되고 결국에는 고객 경험을 향상시킬 것이지만, 제품과는 다른 독특한 가치를 제공할 것이다. 이는 캠페인처럼 창조되는 것이 아니고, 항상 생산돼온 콘텐트처럼도 아니고, 오히려 제품 자체인 것처럼 창조돼야 한다.

우리는 5년 동안 다양한 규모의 회사들과 함께 일하면서, 마케팅팀에서 이런 변화를 시작하려면 3가지 핵심 요소가 필요하다는 것을 알게 됐다.

☑ 마케팅팀 혁신을 위한 3가지 핵심 요소

마케팅의 재창조, 콘텐트 전략의 진화 혹은 통합 마케팅 등으로 변하는 데 성공한 회사들은 공통적으로 3가지 역량을 보유하고 있다. 이는 새로운 프로세스를 수립하고 관리하는 강력한 비즈니스 사례가 될 수 있다.

(1) 구매 여정을 안내하는 것보다 이벤트를 기획한다

간단히 말해, 콘텐트 중심의 미디어 경험을 관리하는 것은 단순히 구매 여정에 따라 사람들을 끌어들이는 것에 중점을 두지 않는다. 그보다 사람들이 콘텐트를 구독하도록 유도(오디언스를 구축)하고 다음 단계의 경험으로 나아갈 수 있게 하는 몇 가지 놀라운 이벤트들을 통합해서 연출해야 한다. 소비 여정이 매우 길고 인간적인 접촉이 많은 B2B 혹은 완전한 거래 중심의 B2C에 관계없이 고객은 가이드받기를 원하지 않는다. 그들은 모든 단계에서 자신만의 매력적인 경험을 기대한다. 가치 있는 경험을 계속 얻고 싶은 것이 고객들의 목표인 것이다.

(2) 데이터 중심이 아닌 의미 중심으로 사고한다

데이터는 그 정의에서 볼 때도 아무 의미가 없다. 데이터는 그저 참조 또는 분석을 위해 종합한 사실과 통계들이다. 데이터를 의미 있게 만들려면, 회사는 데이터를 수집하기보다는 데이터에서 감성적 가치를 발견할 수 있는 새로운 전략들을 개발해야 한다. 기업은 데이터로 무엇을 증명하려 할 것이 아니라 통찰력 있고 진심 어린 질문을 던지며 왜 이러한 데이터가 처음에 제공되었는지를 생각해보고, 그 데이터로부터 차별화된 가치와 깊이 있는 아이디어를 찾아봐야 한다.

(3) 속도가 아닌 민첩성을 추구한다

마케팅 부서는 더욱 민첩해야 한다고 계속 강조했지만 이는 비단 빨리 움직이라는 것만은 아니다. 혼돈 속에서 평정을 찾을 수 없는 것, 계속 '더 많이' 생산해야 한다는 압박감은 너무 느리게 움직이는 것에 대한 두려움에서 온다. 혁신적인 마케팅팀은 민첩성 있는 전략을 활용해 속도의 균형을 맞추며 전략적이고 고객 중심적인 경험을 창출해 고객을 변화시키는 과정에서 일의 의미와 기쁨을 찾는다.

마케팅팀 혁신을 위한 3가지 요소를 좀 더 자세히 살펴보자.

(1) 구매 여정을 안내하는 것보다 이벤트를 기획한다

디지털 콘텐트 플랫폼을 소비자의 구매 여정에 맞추어 기획하는 방법에 대해 인터넷상에 많은 글이 올라와 있다. 구매 여정에 맞춘 디지털 콘텐트 플랫폼 기획이 가치 있는 기능인 것은 분명하다.

그러나 새로운 마케팅팀이 알아야 할 것은, 이런 기획을 만들 때 마케팅과 콘텐트 경험의 브랜드 생태계를 통해 고객이 안내받는 과정에서 그들을 너무 오랫동안 잡아두려고 해서는 안 된다는 것이다. 핵심은 균형 잡힌 경험을 설정하는 것이다. 실제 목적은 고객과 그들에게서 유도하려는 행동과 고객이 원하는 가치 사이에 마찰을 최소화하는 것이다.

그러나 회사에서 새 콘텐트 플랫폼을 만들고 발행하는 것이 너무 쉬워져 마케터들이 전통적으로 사용해왔던 '도달과 빈도' 법칙을 남발하는 경우가 있다. 이제는 회사 내에 세분화된 모든 그룹이 고객 구매 여정에서 각기 담당하는 작은 부분에 대해 콘텐트 플랫폼을 따로 하나씩 가지고 있으며, 고객과 많이 상호 작용하는 것이 고객과 기업의 관계를 더욱 넓고 깊게 형성해준다는 잘못된 인식으로 팀들에게 고객과의 상호 작용 횟수를 기준으로 보상하고 있다. 사실은 주로 그 반대인 경우가 많은데도 말이다.

이를 달리 설명하면, 우리가 기존에 사용하던 마케팅 모델은 우리가 판매하려는 제품과 서비스 중심의 관점에서 그 구매 여정을 따라 중간중간에 구매를 설득할 정도의 시간만큼 고객을 잡아두는 '정지점'을 만들려고 시도하는 것이다. 이 대신에 미디어와 마케팅의

　　　　　　　　　　　　　킬링 마케팅

역할을 새롭게 바꾸어 고객이 스스로 참여하고 구독하기 원하는 가치 있는 플랫폼을 기획해보면 어떨까? 그런 다음 그 고객들의 큰 모집단 안에서 고객들이 우리가 만든 제품을 자연스럽게 찾을 수 있도록 신뢰와 통찰력을 쌓을 수 있는 방안을 만들어낼 수 있지 않을까? 한마디로 통합적인 사업 가치를 알려주는 동시에 제공하기도 하는 오디언스를 구축하는 가치 있는 미디어 상품을 통해 장기간에 걸쳐 좀 더 주도적 브랜드를 이끌어나가는 것이다.

콘텐트 문화

매트리스 회사인 캐스퍼_{Casper}는 침구를 구매하는 방식을 송두리째 변화시키고 있다. 캐스퍼는 '반 윙클스_{Van Winkle's}'를 활용하고 있는데, 이는 '수면 문화를 주도하자'는 회사 미션에 따라 만든 독자적인 디지털 뉴스 및 미디어 사이트다.

캐스퍼는 침구에 대해 보다 심층적으로 이야기하기 위해 '필로 토크_{Pillow Talk}'라는 블로그를 운영하고 있다. 2016년 봄에는 '슬립슬립슬립슬립닷컴_{sleepsleepsleepsleep.com}' 사이트를 개설하고, 시적인 표현으로 잠의 가치를 찬미하는 8개의 스토리를 실었다. 캐스퍼는 여러 소셜 미디어 채널을 통해 재미있고 장난스러운 방식으로 가치 있는 콘텐트를 공유하며 오디언스를 끌어모으고 있다.

캐스퍼는 콘텐트를 발행하며 그 과정에서 충성 오디언스를 구축하고 있다. 캐스퍼가 유료 미디어에 비용을 들이는 것도 주로 콘텐트 플랫폼을 지원하기 위해서다. 검색 및 유료 소셜 미디어가 상당한 투자 대상이기는 하지만, 캐스퍼는 아웃브레인_{Outbrain}과 타불라_{Taboola} 같은 콘텐트 확장 플랫폼에 크게 투자해 무료 미디어 및 자사 미디어를 홍보하고 있다. 2015년에 필립 크림은 이렇게 말했다.

> 우리는 지출을 늘리면서 예산을 크게 늘렸음에도 CPA Cost Per Action(행동
> 당 과금으로 실제 매출과 가장 깊은 연관이 있는 광고 성과 측정법 — 옮긴이)를 낮
> 추고 ROI를 높인 것에 대해 매우 자랑스럽게 생각합니다.

주요 학습 포인트

높은 성과를 내는 브랜드들은 디지털 미디어 경험에 있어서 균형 잡
힌 포트폴리오를 구축하고 있다. 이는 구매 여정에 맞춰 기획되며,
오프라인과 온라인 채널을 통합하고, 다양한 유형의 콘텐트를 다룬
다. 이런 브랜드들은 자사 미디어 포트폴리오의 혜택이 최우선으로
고객에게 도달하게 하고, 그다음에 콘텐트 전달 시스템에 주어질 수
있도록 구조화한다. 이 중 많은 회사가 오프라인 및 온라인 콘텐트
플랫폼을 구축하고 이러한 경험을 통합하는 방안을 설계하는 교차
기능팀을 만들었다.

(2) 데이터 중심이 아닌 의미 중심으로 사고한다

CMO들이 마케팅하면서 CIO의 지원을 받아 도입하기를 원하는 단
한 가지 기술을 꼽으라면 그것은 바로 최적화된 성과를 만들기 위
한 데이터 사용 기술일 것이다. 데이터 기반 기술이든, 빅 데이터든,
머신 러닝이든, 우리가 추진한 대부분의 기술과 전략의 목적은 최적
광고 배치, 개인 맞춤 콘텐트, 잠재 고객과의 커뮤니케이션 횟수 증
대, 예측 분석을 통해 그다음에 무엇을 할지 파악하는 것이었다.
계획적이고 타깃이 이미 정해진 광고는 자멸할 수밖에 없다. 궁극적

으로 광고주에게 해가 되고 출판사, 소비자에게 이득이 되지 않는다. 타깃이 정해진 광고는 일반 오디언스가 아니라 브랜드의 매우 특정한 고객을 대상으로 한다는 데 가치를 두고 있다. 이런 광고는 타깃 고객이 인터넷에서 뭘 하든 따라다니며, 광고주가 광고비를 지불한 모든 사이트에 방문할 때마다 나타난다. 그러나 「더 버지The Verge」의 편집장이자 전 「월스트리트저널」 기술부 기자인 월트 모스버그Walt Mossberg가 저녁 식사를 하며 동료에게 한 이야기를 소개한다.

제 옆에 앉아 있던 한 광고 회사의 대표가 이런 말을 했어요. "저는 「올싱스디AllThingsD」를 정말 좋아했는데 「리코드Recode」에서도 첫 주에 흥미로운 주제를 많이 다뤘더군요." 그래서 저는 "좋습니다. 그렇다면 거기에 광고를 실으실 건가요?" 하고 물었어요. 그랬더니 그 사람이 이렇게 말했어요. "글쎄요. 사실대로 말씀드리자면 거기에 잠깐 광고를 올리고 쿠키를 생성한 다음 당신의 독자들이 어디에 있는지 알아내서 그 사람들이 방문하는 웹사이트들 중 더 저렴하게 광고할 수 있는 다른 사이트를 알아내 광고를 그 사이트로 옮길 거예요."

이 대화에 대해 잠시 생각해보자. 이런 프로그래밍 기술이 생겨나면서, 마케터들이 이제 미디어 회사들의 위상과 신뢰도만을 보고 계속 그들의 브랜드를 광고하는 시대는 사라지게 되었다. 이제 관건은 클릭 비용이 가장 싸고, 더 빠르고, 개인 맞춤화할 수 있는 매체를 찾아서 사람들이 구매할 준비가 되는 순간 내가 준비한 덫 안에 들어올 수 있게 하는 것이다.

다른 채널이나 심지어 자사 구매 채널에서 고객들을 지켜보는 것만으로 가치를 얻을 수는 있다. 하지만 이는 기본적으로 한계가 있다. 고객이 무엇을 구경하고 무엇을 구매하는지 지켜보며, 교차 판매 또는 상향 판매 방법을 알아보는 것도 의미 있을 수 있다. 그러나 이는 고객이 관심이 생겼을 때 그 고객이 관심 있는 것이 무엇인지에 대한 통찰력을 줄 뿐이다. 우리가 원하는 것은 애초에 고객의 관심을 불러일으킬 방법에 대한 통찰력 있는 고급 정보다.

또한 이런 정보 수집은 점점 어려워지고 있다. 유럽만 해도 소비자 개인 정보 보호를 위한 새로운 법규가 이미 제정됐다. 개인 정보 보호 규정General Data Protection Regulation, GDPR은 미국에서 비교적 잘 알려지지 않았지만, 향후 5~10년 안에 유럽에서 사업하는 모든 나라에 엄청난 영향을 끼칠 것이다. GDPR의 핵심은 감시 형식의 마케팅으로 데이터를 수집하는 것을 제한하는 것이다. 앞으로 4~8년 동안 데이터와 개인 정보에 관련해 미국 정부가 어떤 조치를 취할지는 모르지만, 소비자 정보를 수집하는 것은 복잡해지기만 할 뿐 쉬워지지는 않을 것이다.

그러나 우리가 마케터로서 수집된 데이터 대신 소비자가 자발적으로 제공한 데이터를 보기 시작하면, 데이터의 가치뿐 아니라 그 데이터로 파악할 수 있는 정보의 가치가 급격히 늘어나게 될 것이다. 소비자가 우리에게 데이터를 제공한 이유에 대해 생각해보고, 적어도 스스로 정보를 제공한 사람을 구분할 수만 있어도 그 정보의 가치는 훨씬 더 커진다.

J&J의 '베이비센터닷컴' 사례를 생각해보면 마케터들이 고객에게서 얻는 가치 있는 데이터와 통찰력은 전부 고객들이 원해서 자발적으로 제공한 정보를 통해 얻는 것이다. 그리고 고객들은 브랜드가 제

공한 미디어를 경험한 대가로 본인 의지에 의해 데이터를 제공한 것이므로 베이비센터닷컴의 이런 방식은 GDPR에 어긋나지 않는다. 어쩌면 고객을 설득하고 그들이 매장을 구경할 때 감시하려는 기획에서 시작하는 것 대신 미디어를 통해 고객에게 가치를 전달하는 것부터 시작하는 전략으로 나아간다면, 고객에게 구매할 준비가 되었는지 물어볼 수 있는 적절한 시기를 가늠할 수 있을 것이다.

이성과 감성의 미학

CMO와 CIO의 역할이 계속 진화하면서, 고객 경험 향상을 위해 콘텐트와 데이터를 사용하는 방식이 마케팅 기능 변화의 주요한 결정 요인이 되고 있다.

그러나 데이터는 그 자체만으로는 의미 없는 일련의 기초 숫자에 불과하며, 간혹 실제로 진행 중인 문제를 보지 못하게도 한다. 오늘날 새로운 마케팅팀을 만들거나 실행하는 기술을 증명하기 위해 데이터가 얼마나 많이 사용되는지 생각해보라. 이 팀에게는 다른 마케팅팀들과 기술들을 고려하지 않고, 때로는 이들과 경쟁 구도에 서서 팀의 성과를 관리할 충분한 동기가 있다.

여기서 들 수 있는 전형적인 예는 영업팀과 마케팅팀이 분리된 B2B 회사에서 데이터가 일단 한 팀에 주어지면 이 '디지털 경험'이 전혀 달라질 수 있는 현상이다. B2B가 아닌 다른 유형의 회사들에서도 이렇게 마케팅팀에게 데이터와 측정 업무가 팀의 목표로서 볼모가 되어버리면 벽으로 둘러싸인 정원에 있는 것처럼 그 기능을 충분히 발휘하지 못하는 경우를 흔히 볼 수 있다.

데이터와 디지털 경험은 진정한, 실행 가능한 통찰력 있는 아이디어를 생성할 때 그 의미가 있다. 데이터만으로는 문제에 대해 회사에서 이해하지 못할 이론적인 답만 제공할 수밖에 없다. 그리고 데이터가 뒷받침되지 않는 경험은 그저 창의적인 프로젝트나 행위 예술에 불과하다.

경험이 데이터를 통해 최적화된 아이디어와 맥락을 가지고 합쳐질 때, 비로소 진정한 의미가 생기게 된다. 그런 융합은 무엇인가를 증명해 보이려는 게 아니라 과정을 개선하기 위한 목적으로 제기되는 창의적이고 통찰력 있는 질문에서 나온다.

SAS의 글로벌 고객 정보 관리자인 윌슨 라즈는 이에 대해 깔끔하게 설명했다.

데이터는 강력한 것이지만 단지 이야기의 반쪽일 뿐이다. 나머지 반쪽은 고객의 감성을 자극하는 니즈를 이해하는 것이다. 즉 '그들이 열망하고, 두려워하고, 꿈꾸고, 바라는 것은 무엇인가?'를 이해하는 것이다.

높은 성과를 내는 회사들은 고객에게 제공하는 디지털 경험을 최적화하기 위해 이성과 감성의 균형을 잡는다. 분석 문제와 데이터 문제를 구분하는 것이 중요하다. 또 한 번 윌슨 라즈의 말을 빌리겠다.

CMO들은 항상 "데이터를 가지고 있는가?"라는 질문을 해야 한다. 만약 "그렇다"는 답이 나왔는데 그 데이터를 이해할 수 없고, 빅 데이터 문제가 없다면, 그건 분석이 문제인 것이다. 만약 "그렇지 않다"는 결론이 나온다면 그 CMO는 데이터를 어디서 찾을 수 있는지를 검토하고 비어 있는 연결 고리를 추가해야 한다.

이것은 CMO와 CIO 모두에게 아주 중요한 요소다. "데이터를 가지고 있는가?"를 제대로 따져보려면, 회사들은 먼저 "무슨 데이터가 필요한가?"에 대한 답을 알고 있어야 한다.

데이터가 기존 정보보다 사업을 위해 더 좋은 가치를 가지려면 마케터들은 마케팅을 변화시켜야 한다.

성과 혹은 ROI를 '증명'하기 위해 데이터를 분석하는 것은 지속 가능한 일이 아니다. 그 대신 마케터들은 데이터와 측정 방법을 활용해 더욱 의미 있는 아이디어를 산출하는 지속적인 과정을 개선함으로써 고객에게 횟수가 적더라도 더 아름답고 강력한 경험을 만들어 주어야 한다.

주요 학습 포인트

높은 성과를 내는 회사들은 이를 달성하기 위해 마케팅팀에 새로운 리더 포지션을 도입할 것이다. 이는 새로운 편집 전략 담당인데, 빅 데이터를 쪼개 작고 쉽게 활용할 수 있으며, 무엇보다 그것을 의미 있게 만드는 기획과 전략을 세우는 일을 할 것이다. 이들은 과학이나 수학을 전문으로 할 필요가 없다. 대신 데이터, 고객, 인플루언서에 대한 고차원적 의문을 제기할 수 있어야 한다. 그리고 경청, 대화, 통합의 기술을 적용해 사실과 결과로부터 사업을 성장시킬 수 있는 의미 있는 통찰력을 발휘할 수 있어야 한다.

(3) 속도가 아닌 민첩성을 추구한다

요즘 마케팅 업계에서는 '민첩한agile'이라는 용어에 열광하고 있다. 그러나 이를 해석하는 과정에서 마케터들은 빠른 것과 정말로 민첩한 것의 차이를 망각하곤 한다.

디지털로 인한 변화 때문에 마케터들은 확실히 마케팅 실무의 즐거움을 재발견하는 데 어려움을 겪고 있다. 최근 여러 연구에서 CMO의 66%가 "CEO 또는 이사회에 마케팅의 가치를 증명해야 하는 압박감을 느낀다"고 했으며, 또 다른 60%는 "이런 리더들이 그 같은 현상을 과열시키고 있다"고 대답했다고 발표했다.

나아가서 마케터들은 디지털 미디어 경험을 개발하는 데서도 압박감을 느끼고 있다. 1,000개의 글로벌 사업체를 대상으로 '현대의 항상 접속되어 있는 모바일 구매자를 관리하고 경영하는 방식을 재편하기 위해 실시한 한 조사 연구에 따르면, 응답자의 96%가 디지털 요소들을 통합함으로써 사업을 근본적으로 변화시켰다고 한다. 서글프게도 이 사업군에 속한 마케터의 3분의 1이 이런 변화로 인해 **"압박감과 무력함을 느낀다"**고 했다.

이것들은 모두 매우 중요한 관찰 결과다. 높은 성과를 내는 회사들은 사업 방향을 재설정하고 있으며 "더 많이, 더 빠르게" 법칙은 틀린 것이라는 사실을 발견하고 그것에서 벗어나려 하고 있다. 반면 많은 마케터가 너무 느리게 움직이는 것에 대한 두려움 때문에, 명확한 미디어 경험을 만들어 이를 최적화하기보다 더 많은 소셜 미디어 채널에 더 많은 광고를 내보내는 데 치중하고, 디지털 콘텐트에는 소극적인 자세를 취하는 어리석음을 보이고 있다. 이것이 바로 신속함과 빠름의 차이이며, 성과가 높은 회사들이 마케팅 및 기술로 즐거운 과정을 만들 수 있었던 이유다.

그들의 새로운 방법론은 고객 중심 경험을 만들고 관리할 수 있게 해준다. 이 회사들은 100년간 지속했던 낡고 오래된 단계와 절차에서 벗어나 이런 경험을 구매 여정의 모든 부분에 절묘하게 스며들게 하는 방법으로 변하고 있다.

쉽게 표현하면 이 회사들은 빠르게 움직이는 전략이 아니라 민첩하게 대응하는 전략으로 방향을 재설정하고 있다. 잠재적으로 디지털 경험을 접할 기회가 폭발적으로 증가하는 지금, 회사들은 언제 어디에서나 존재감을 나타내려는 욕구를 다스리고 적시 적소에 나타나는 것에 집중해야 한다.

주요 학습 포인트

오늘날 만들어지고 있는 '소셜 대화' 및 '실시간' 경험들은 소비자 앞에 끊임없이 나타나 "우리에 대해 알고 있나요?"라는 메시지를 던졌다가 바로 3초 후에 다시 나타나 "그러니까 우리에 대해 알고 있느냐고요?" 하는 식이 되어서는 안 된다.

높은 성과를 내는 조직들은 이제 이렇게 할 게 아니라 "저희가 필요할 때 찾으실 수 있도록 여기에 있겠습니다" 같은 메시지를 전달하며 영구적인 민첩성을 유지해야 한다.

다시 말해 고객이 조깅할 때마다 푸시 알람을 빠르게 보낸다고 되는 것이 아니라 고객 선호에 맞춰 자동화된 방식으로든 고객이 구체적으로 요청하는 방식으로든, 요청이 들어왔을 때 가장 가까운 약국이 어디인지 알려주는 알람을 보낼 수 있는 능력이 아주 중요한 것이다.

민첩한 것과 빠른 것의 차이를 이해하면 마케팅 과정을 수행하는 즐거움을 되살릴 수 있고, 이는 마케팅을 이윤 창출의 원천으로 변화시킬 주요한 첫 단계가 될 것이다.

☑ 콘텐트 경험 창조를 위한 마케팅 재설계

마케터들은 새로 생겨나는 모든 채널에 대해 캠페인 중심 활동을 펼칠 기회를 찾는 순환 고리에서 벗어나야 한다. 즉 성공하려면 마케팅 부서가 변해야 한다.

마케터들이 TV, 인쇄물, 소셜 미디어, 모바일 등 캠페인 중심의 오프라인 및 온라인 콘텐트 매체를 통해 판매 제품이나 서비스의 가치를 설명할 수 있어야 하는 것은 당연하다. 그러나 이뿐 아니라 제품이나 서비스와 별도로 차별화된 경험적 가치 또한 만들어야 하며, 물리적 공간과 디지털 공간을 매끄럽게 통합해야 한다.

캠페인을 넘어서 새롭게 초점을 맞추어야 할 것은 제대로 된 콘텐트를 만드는 것이다. 콘텐트와 관련된 일은 이제 모두가 담당하는 동시에 아무도 담당하지 않는 일이 될 수 없다.

콘텐트 중심 경험의 창작, 협업, 관리, 출판 및 프로모션 활동은 실제로 하나의 사업 전략 기능이 되어야 한다.

그렇게 하려면 새로운 절차를 만들어야 하며, 그 후에 그 절차를 수행할 새로운 담당자를 배정해야 한다. 이는 별도의 수익성 있는 자산으로서 콘텐트 중심 경험을 창조하는 데 초점을 두는 접근 방식 또는 방법론이다. 이것은 제품만큼이나 중요한 잠재 가치를 지니며, 수익 창출과 비용 절감의 가능성을 모두 가지고 있다.

이것이 우리가 앞으로 마케팅이라고 부를 새로운 기능을 수행하기 위한 새로운 접근의 본질이다.

◇ 마케팅을 이 새로운 모델로 변화시키기 위해 밟아야 할 첫 단계는, 고객들의 '구매 여정'에서 우리가 일방적으로 어떤 지점을 선택해 멋진 경험을 만들어주려는 일을 그만두는 것이다. 고객들이 우리의 콘텐츠를 구독하고, 색다른 경험을 열망하도록 영감을 주는 일에 우리가 집중한다면, 또 다른 단계를 선택하라고 계속 고객을 설득하는 것보다 훨씬 더 오래 고객들과 좋은 관계를 유지할 수 있다. 데이터를 사용할 때는 감성적 요소가 더해져야 한다.

◇ 데이터는 그 자체만으로는 아무런 의미가 없다. 단순히 사실과 통계의 모음일 뿐이다. 그러나 우리가 감성 데이터(소비자들이 기꺼이 제공하는 데이터)를 더 많이 찾아내려고 하면, 우리가 수집하는 데이터를 훨씬 더 가치 있는 것으로 만드는 데 한 걸음 더 나아갈 수 있다.

◇ 우리는 그간 빠르게 움직이는 데 과도하게 치중했다. 마케팅 전문가들은 이미 정신없이 빠른 속도로 움직이고 있다. 우리는 언제나 빠르기만 한 게 아니라 민첩하게 대응하게 해주는 과정과 관리법을 만드는 데 초점을 맞춰야 한다. 항상 빠르게 달리는 것보다는 신속히 움직이고, 적응하고, 돌아가는 것이 관건이다.

KILLING

7장

단일 미디어 모델

MARKETING

Killing Marketing

말이란 마법의 무궁무진한 원천이지. 상처를 줄 수도 있고, 상처를 치유해줄 수도 있어.

J. K. 롤링, 『해리 포터와 죽음의 성물』

당신이 보아야 하는 것은 건물의 아름다운 외관이 아니라 오랜 세월을 견뎌낼 건물의 기초 공사다.

데이빗 앨런 코

콘텐트 마케팅을 전파하고 다닌 지 이제 10년이 넘었다. 그동안 콘텐트 마케팅은 원동력이 되었고, 어쩌면 내가 본 마케팅 접근 방법 중 가장 큰 변화를 일으켰을 수도 있다. 우리는 서서히 제품 중심의 접근 방법에서 오디언스 중심의 접근 방법으로 옮겨가고 있다.

그런데 마케터들은 콘텐트 마케팅이라는 개념을 너무 복잡하게 생각한다. 아직도 웹상에서 소비자가 있는 곳이라면 어디든지 참여해야 한다고 생각하는 사람들이 있다. 이들은 우리가 원하든 원하지 않든 모든 소셜 미디어 플랫폼에 존재해야 한다고 믿으며, 매일 그 플랫폼에서 열댓 가지 방법으로 이야기를 배포해야 한다고 강하게 주장한다.

그리고 우리가 바이럴 콘텐트viral content를 만들어야 한다고 말한다.

여기에 대해 얘기하자면 한도 끝도 없다. 그러므로 미국, 핀란드, 독일, 오스트레일리아, 영국 등의 마케터들에게 강의하면서 속도를 늦추고, 채널을 신중하게 선택하고, 몇몇 소셜 미디어 사이트에서의 활동을 중단하는 것도 고려해보고, 전략을 간소화하라고 이야기하면 이 조언에 반발하는 사람들이 자주 있다. 어떤 이들은 "지나치게 단순화했다"고도 말한다.

많은 사람이 "우리 경영진은 모든 플랫폼에서 커뮤니케이션하기 원합니다"라거나 "우리는 즉각적인 결과가 필요합니다"라고 말하곤 한다. 여기서 내가 말해줄 수 있는 것은 모두가 우왕좌왕하고 있을 때 우리는 한 방향으로 나아가야 한다는 것이다. 경쟁사들이 양으로 승부하는 출판에 시간과 자원을 낭비할 때, 우리는 앞으로 오랜 기간 보상받게 해줄 충성 오디언스를 구축해야 한다.

콘텐트를 무작정 많이 만든다고 자산이 늘어나는 것이 아님을 기억하라. 진짜 자산은 오디언스이고, 콘텐트는 오디언스와 우리를 연결해주는 매개체다. 실제 자산인 오디언스를 개발하면 그때 비로소 매출과 이익을 낼 수 있다.

다시 한번 말하지만 "우리의 목표는 콘텐트를 더 많이 만드는 것이 아니라 최소한의 콘텐트로 최대한의 자원을 전달하는 것"이라는 것을 기억하라.

☑ 간소화한 접근 방법

대부분의 기업은 콘텐트를 만들기로 하면 최대한 빨리 그 일에 착

수하려고 한다. 하지만 그보다 먼저 그에 대한 가설이 적절한지 검토하고, 창작한 콘텐트가 오디언스 또는 미래의 오디언스와 사업에 적합한지 확인해야 한다.

다음 질문들은 모든 마케팅 접근 방식에서 생각해보아야 할 것들이지만, 특히 콘텐트를 비즈니스 모델로 삼는 접근 방식을 취할 때 큰 도움이 될 것이다.

거시적 질문 던지기

다음은 문서화된 전략을 실행하기 전에 답을 구해야 할 포괄적인 질문들이다.

(1) **문제는?** 구체적으로 사업에서 어떤 어려운 점을 해결하려고 하는가?

(2) **최종 결과는?** 이 접근법으로 얻고자 하는 이상적인 결과는 무엇인가?

(3) **리스크는?** 실패했을 경우에 생기는 리스크는 무엇인가?

(4) **관련된 사람은 누구인가?** 참여하려면 경영진으로부터 어떤 허락을 받아야 하는가?

(5) **예산은?** 이 접근 방식을 실행하려면 얼마의 자금이 필요한가?

(6) **만약 잘못된다면?** 목표를 제때 달성할 수 없거나, 고객이 불만을 제기하거나, 다른 문제가 발생했을 때의 계획은 무엇인가?

(7) **시간은?** 성공적 결과를 위해 시간이 얼마나 걸리겠는가?

이 포괄적 질문들에 대한 답을 생각해야 하는 이유는, 어떤 유형의 콘텐트이든 만들기 전에 그와 관련해 적절한 사고의 틀을 갖게 해주기 때문이다.

구체화하기

(1) 목표를 위해 구체적으로 필요한 것은 무엇인가? 잠재 고객 생성, 더 좋은 고객, 고품질의 잠재 고객, 직접 판매 등 무엇이 필요한가?

(2) 얼마나 큰 기회인가? 과연 시간과 돈을 투자할 정도로 가치 있는가?

(3) 이 아이디어가 사업 목표에 어떻게 부합하는가? 또한 기존의 마케팅과는 어떻게 부합하는가?

(4) 리스크는 무엇인가? 설정한 목표를 달성하는 데 따르는 리스크가 생길 수 있는 원인들을 확인한다. 내가 관리할 수 있는 것들에 초점을 맞추고 리스크 가능성을 최소화하기 위해 무엇을 할 수 있는지 알아본다.

오디언스에 대해 질문하기

이제 해결하려는 문제와 애초에 콘텐트를 만들려는 이유에 대해 감을 잡았으면, 콘텐트의 페르소나에 초점을 맞춘다.

(1) 타깃 오디언스는 누구인가? 하나뿐이어야 한다.

(2) 이 계획에서 오디언스에게 필요한 콘텐트나 정보 또는 오디언스에게 필요한 다른 것들로는 무엇이 있는가?

(3) 이것이 오디언스들의 직업이나 삶에 어떤 도움을 줄 수 있는가?

(4) 오디언스가 이것에 관심을 가질 이유가 무엇인가? 사람들은 관심을 가질 것인가?

(5) 콘텐트 페르소나에 부여할 독특한 가치 제안Unique Value Proposition, UVP은 무엇인가? 어떤 차별화된 가치를 제공하려 하는가?

콘텐트에 대해 질문하기

무엇보다 콘텐트를 자세히 조사해야 한다. 만약 제공하는 정보가 확실히 차별화되지 않거나 그 정보 제공에 대한 경쟁이 치열하다면, 사람들에게 제공되었을 때 온갖 잡음을 헤치고 그들의 관심을 끌 가능성은 아주 작다.

(1) 다루려고 하는 틈새 콘텐트가 무엇인가?

(2) 이런 종류의 정보를 제공하는 다른 회사들은 어떤 회사들인가? 이 분야의 정보 출처에 있어 선두가 될 기회가 있는가? 이를 어떻게 알아낼 수 있는가?

(3) 새 콘텐트를 만드는 대신 구축된 외부 자산을 인수해도 되는가?

(4) 스토리는 어디서 찾을 수 있는가? 회사 직원 중 이를 도울 만한 전문 지식이 있는 사람은 누군가? 이미 가지고 있는 내부 자산과 기타 콘텐트에는 어떤 것들이 있는가?

(5) 필요한 자원(직원 등) 중 가지고 있지 않은 것은 무엇인가?

(6) 오디오, 영상, 글 중 스토리의 주된 전달 방식은 무엇인가? 하나의 핵심 콘텐트 유형과 이를 배포할 하나의 핵심 플랫폼, 즉 블로그, 잡지, 정기 이벤트, 팟캐스트, 영상 시리즈 등에 집중해야 함을 기억하자.

(7) 프로그램을 좌우할 주요 디자인 관련 사항으로는 무엇이 있는가?

(8) 콘텐트를 배포하기 가장 적합한 플랫폼은 무엇인가?

(9) 새로운 콘텐트 브랜드를 만들 것인가, 아니면 기존의 제품 또는 회사 브랜드와 함께 엮어나갈 것인가?

배포하고 측정하기

(1) 오디언스가 정보를 어떻게 찾을 수 있게 할 것인가?

(2) 콘텐트 배포에 필요한 자산 중 현재 가지고 있는 것은 무엇인가? 어떤 파트너십이 유용할 것인가? 배포에 쓸 수 있는 예산이 있는가?

(3) 계획이 성공적으로 진행되고 있는지 어떻게 파악할 것인가?

(4) 오디언스 정보를 확보하기 위해 사용할 구독 툴은 무엇인가?

(5) 필요한 데이터를 확보하기 위해 만들어야 할 주요 자산은 무엇인가?

(6) 영향력을 극대화하기 위해 어떤 부서들과 협업해야 하는가?

(7) 협업과 측정에 필요한 기술 중 없는 것은 무엇인가? 반드시 필요한 기술은 무엇이고, 있으면 좋은 기술은 무엇인가?

(8) 프로그램을 통해 구매가 발생하고 유지되도록 하기 위해 내부 커뮤니케이션에서 무엇이 필요한가?

(9) 구매 사이클을 고려할 때 계획을 판매, 비용 절감, 고객 충성도로 얼마나 빠르게 연결할 수 있는가?

(10) 구독자를 매출로 연결하기 위해 내부 문제 중 어떤 것을 해결해야 하는가?

☑ 사업 기술서 작성하기

제시할 질문은 더 많지만, 위에서 다룬 질문에 대한 답을 찾다 보면 우리의 전반적인 계획 안에 들어 있는 기회와 허점을 찾을 수 있을 것이다. 이제 이렇게 얻은 정보를 이용해 전체 프로젝트의 뼈대가 될 사업 기술서를 작성한다.

문제: 기존 마케팅 프로세스에서 확보하게 되는 기계 공학자들, 즉 주요 구매자 및 잠재 고객은 구매 여정의 끝부분에 가서야 확보될 때가 많다. 이 말은 영업팀이 이들과 어렵게 접촉해 만날 수 있게 될 때, 제품의 가치보다는 오로지 가격에 맞춰 이들과 사업 관계를 성사시킨다는 것이다. 따라서 12개월간 총 수율이 큰 타격을 받았다. 이는 경영진에게 심각한 우려 사항이 되었다.

해결책: 먼저 기계 공학자들로 이뤄진 충성 오디언스를 구축한다. 과연 이들이 놀랄 만한 브랜드인지 경험하게 한다면, 즉 구독자층에서 잠재 고객을 끌어내 제안 요청Request For Proposal, RFP 과정 없이도 더 건실한 잠재 고객의 수를 늘리고 경쟁 없이 제품을 할인하지 않고 더 많은 사업 성과를 낼 수 있을 것이다.

자사 엔지니어들은 산업 납땜 장비Industrial Soldering Equipment, ISE 설계와 관련해서는 가장 뛰어난 인재들이다. 현재 ISE의 설계와 구축 과정을 다루는 출판물이 3개 있지만, 그중 아무것도 ISE를 핵심적으로 다루지 않는다. 제대로 진행하기만 하면 이 분야에서 최고의 정보 출처가 될 수 있다. 즉 이 분야의 설계와 구축을 담당하는 기계 공학자들로 이뤄진 충성 구독자층을 구축할 수 있게 된다. 이 구독자들이 일련의 행동, 즉 구독, 참여, 다운로드, 웨비나 참여 등을 거친 후 잠재 고객 형성 기준에 도달했을 때 잠재 고객이 될 수 있을 것이다.

콘텐트 창작 방안을 검토한 결과, 블로그와 e뉴스레터의 조합이 가장 적절하다는 결론을 내렸다. 초기 계획은 e뉴스레터 구독자가 5,000명이 될 때까지 한 주에 2개의 블로그 포스트를 올리는 것이다. 매주 화요일과 목요일에 블로그 포스트를 올리고 토요일에 e뉴스레터를 발송한다. 초기 목표를 달성하면 게재하는 블로그 포스트의 수를 주당 3개로 늘린다.

뉴스레터 구독을 유도하는 방법은 설계와 구축 절차 양식의 견본을 무료로 제공하는 것이다. 이 견본 양식은 이미 내부 다른 부서에서 제작해놓았고, 우리가 그것을 새로 디자인하여 외부에 공유하는 것에 대한 부서 승인을 얻었다. 이는 매우 가치 있는 다운로드 자료다.

현재 보유한 데이터베이스를 활용하고 외부 미디어 조직과 협업하여 적절한 홍보 활동을 한다면 6개월 안에 목표 구독자 수인 5,000명을 달성할 수 있을 것이다. 6개월의 구매 여정으로 프로그램 시작 후 8개월이 되는 시점부터 수율에 변화가 생길 것이며, 최종 목표는 매출당 평균 수율이 15% 증가하는 것이다. 이 프로그램에 필요한 예산과 자원을 고려할 때, 신규 사업을 개시하고 전체 수율이 증가하기까지 12개월 동안 ROI가 5.5배 증가될 것으로 예상된다.

이 사업 기술서는 실무자가 경영진에게 제출해야 할 1페이지짜리 보고서의 예다. 사업 기술서를 작성하는 목적은 전략적 아이디어를 종이 위에 기술하여, 이 기회를 추진할 수 있는 탄탄한 사업 계획과 가설을 세울 수 있도록 하는 것이다. 이 기술서에 기록한 계획은 확정된 것이 아니다. 언제든지 변경할 수 있으며 정기적으로 업데이트되어야 한다.

☑ 단일 비즈니스 모델

1979년에 빌 라스무센과 스콧 라스무센은 9,000달러를 투자하여 스포츠 프로그램 전용 케이블 방송국인 ESPN을 설립했다. 그 후 40년

이 지나고, 「포브스」에 의하면 ESPN은 가치 평가액이 170억 달러에 달하는 세계에서 가장 가치 있는 스포츠 미디어 브랜드가 되었다.

ESPN은 초기 13년 동안 오로지 하나의 채널, 즉 케이블 TV에만 집중했다. 1990년대에 접어들자 사업을 급격히 다각화하기 시작했다. 1992년에 ESPN 라디오를, 1995년에는 ESPN.com을, 1998년에는 「ESPN 더 매거진」을 출시했다.

오늘날 ESPN은 트위터와 스냅챗에서 팟캐스트와 다큐멘터리까지 거의 모든 채널에서 지구상에 가능한 모든 형태로 존재한다. 그러나 ESPN은 핵심 플랫폼(케이블 TV)에서 성공을 거두기 전까지는 다각화를 시도하지 않았다.

역대 최고 미디어 회사들은 다음과 같이 하나의 핵심 채널을 선택해 플랫폼을 구축했다.

- 「월스트리트저널」: 인쇄 신문
- 「패스트 컴퍼니」: 인쇄 잡지
- 테드 토크: 오프라인 이벤트
- 「버즈피드」: 온라인 잡지
- 〈러시 림보Rush Limbaugh〉: 라디오 쇼

더 많은 콘텐트를 만들고 배포하려는 대부분의 조직은 가능한 한 많은 플랫폼에서 최대한 다양한 방법으로 많이 출판하려고 한다. 이는 실패로 가는 방법이다. 만약 당신이 미디어 회사의 역사를 안다면 솔직히 이 방법은 절대로 통하지 않는다는 것을 기억하라.

☑ 단일 미디어 전략

2014년에 『콘텐트 주식회사』 집필을 위해 조사하면서 리서치팀과 100개가 넘는 성공적 미디어 브랜드와 콘텐트 마케팅 사례들을 살펴보았다. 놀랍게도 그 모든 브랜드가 동일한 모델을 적용하고 있었다. 이들 플랫폼의 콘텐트는 4가지 속성을 가지고 있었다.

- 하나의 주요 타깃 오디언스
- 하나의 미션: 틸트
- 하나의 콘텐트 유형: 오디오, 영상, 텍스트/이미지, 오프라인
- 하나의 플랫폼: 블로그/웹사이트, 아이튠즈, 유튜브, 스냅챗 등

AOL(지금은 버라이즌)에 3억 1,500만 달러에 인수된 「허핑턴 포스트」도 수백 개의 블로그와 수백 개의 다른 오디언스, 4,000명의 기고자를 처음부터 보유하지 않았다. 단지 하나의 미션, 즉 좌파 성향을 가지고 하나의 블로그로 시작했을 뿐이다.

☑ 하나의 오디언스, 하나의 미션

기본 비즈니스 모델(수익 창출 방식) 외에도 미디어 회사들이 콘텐트 기획과 관련해 비미디어 회사와 다르게 하는 일이 한 가지 있다. 바로 편집에 대한 '미션 스테이트먼트mission statement'를 만드는 것이다. 미디어 회사들은 콘텐트 제작 업무의 지침이 되고 전체 사업의 등

대 역할을 해줄 편집 미션 스테이트먼트를 만드는 것으로 전략 실행의 첫걸음을 내디딘다. 나는 그동안 직장 생활을 하면서 잡지와 뉴스레터부터 이벤트와 웨비나 프로그램까지 40개가 넘는 미디어 상품을 출시했다. 상품을 매번 출시할 때면 처음 며칠을 편집 미션 스테이트먼트를 만들고 조정하는 데 활용한다.

콘텐트 미션

'미션 스테이트먼트'는 회사의 존재 이유를 선언하는 문구다. 이것은 회사가 하는 일을 왜 하는지 설명한다. 예를 들어 사우스웨스트항공의 미션 스테이트먼트는 '여행 경험을 민주화하는 것'이다. CVS 헬스의 미션 스테이트먼트는 '사용자가 가장 편리하게 사용할 수 있는 약국 유통 매장이 되는 것'이다. 한마디로 미션 스테이트먼트는 "우리가 왜 존재하는가?"라는 질문에 대한 답이다. 본질적으로 당신의 편집 미션 스테이트먼트는 구체적인 오디언스가 누구이며 당신이 콘텐트를 왜 만드는지를 분명히 밝혀야 한다.

그렇다면 『에픽 콘텐츠 마케팅』에서 제시한 콘텐트 미션 스테이트먼트의 3요소를 보자.

- 핵심 타깃 오디언스
- 오디언스에게 제공할 콘텐트
- 오디언스가 콘텐트를 통해 얻는 성과

심층 분석: DPS

대런 로즈는 콘텐트를 비즈니스 모델로 활용하여 2개의 성공적인 사업을 구축했다. 맨 먼저 '프로블로거'는 소규모 사업의 블로그 활동에 초점을 맞춘다. 다음 'DPS'는 초보 사진가들이 가장 완성도 높은 사진 촬영 성과를 얻을 수 있는 방법에 대해 알려주는 최고의 자료 제공 사이트다. 그러나 이 두 사업은 처음부터 지금과 같은 목적을 위해 만들어진 것이 아니다. 처음에는 카메라 리뷰를 하기 위해 블로그를 만들었다고 한다.

프로블로거를 시작하기 전에 저는 카메라 리뷰 블로그를 운영했어요. 이 블로그는 내가 처음 상업적 목적을 가지고 전업으로 운영한 블로그인데, 만족스럽게 운영되지는 않았어요. 특정 카메라에 대해 조사 차 찾아왔다가 다시 방문하지 않는 사람들이 많았죠. 그래서 커뮤니티를 형성하지 못하고 있다는 사실이 늘 불만스러웠어요. 저는 지속해서 방문하는 독자들이 있어야 이 일에 정말 만족할 수 있다고 생각해요. 항상 사람들에게 장기적으로 도움을 줄 수 있는 블로그를 만들기 원했고요.

이처럼 초기에 실험했던 일이 잘 풀리지 않자 대런은 다시 사진 관련 블로그를 하는 일로 돌아갔는데, 그때는 초점을 다른 데 맞추기 시작했다. 이것이 우리가 '콘텐트 틸트'라고 부르는 일이다. 대런은 특정한 하나의 오디언스에 초점을 맞추기 시작하면서 "바로 이것이다!" 하는 순간을 경험했다. "일을 진행하면서 가졌던 의문점 한 가지는 초점을 맞추는 것에 관련된 것"이었다고 과거를 회상했다.

초기에는 블로그의 핵심 대상이 초보자였기 때문에 기초 지식을 다루는 콘텐트를 올렸는데, 저는 좀 더 난이도가 높은 내용으로 콘텐트를 확장해야 할지 고민했어요. 하지만 첫 2년 동안은 제 오디언스가 다음 수준의 콘텐트가 필요할 정도로 성장할 때까지 초보자용 콘텐트만 올리는 것을 고수하기로 했지요. 콘텐트에서 다루는 전문 지식의 난이도를 너무 일찍 높이지 않았는데, 지나고 보니 아주 잘한 일이었죠.

대런 로즈가 내린 결정은 결실을 맺어 이메일과 소셜 미디어를 통한 총 구독자 수가 100만이 훨씬 넘을 정도로 오디언스가 성장하는 것을 볼 수 있었다.
DPS의 콘텐트 미션 스테이트먼트는 이것이다.

> DPS에 오신 것을 환영합니다. 이곳은 디지털 카메라 사용자들이 카메라를 이용해 가장 완성도 높은 사진 작품을 만들 수 있게 도와주는 간단한 팁들을 제공하는 웹사이트입니다.

이제 이 미션 스테이트먼트를 분석해보자.

- 핵심 타깃 오디언스: 디지털 카메라 사용자
- 오디언스에게 제공할 콘텐트: 간단한 팁들
- 오디언스가 콘텐트를 통해 얻는 성과: 카메라를 이용해 가장 완성도 높은 사진 작품을 만드는 것

(1) 콘텐트 틸트
『콘텐트 주식회사』에서도 설명했지만, 콘텐트 틸트는 그저 색다른 이야기를 하는 것만이 아니다. 콘텐트 틸트는 **교육적이거나 정보를 제**

공할 수 있는 분야 중 경쟁이 적거나 없는 분야를 찾아 눈에 띄는 차별화된 콘텐트를 제공하는 것이다.

DPS의 경우, 대런은 어떻게 해서 사진을 주제로 하는 다른 수천 개의 웹사이트를 제치고 큰 홍보 투자 없이 두각을 나타냈을까?

대런은 인터넷에 있는 대부분의 사진 관련 콘텐트가 ① 전문 사진가들을 대상으로 만들어졌거나, ② 설명이 장황해서 독자들이 관심을 갖고 읽기 어렵다고 생각했다.

대런의 콘텐트 틸트, 즉 그가 자신의 콘텐트를 차별화할 수 있었던 것은 통찰력과 능력을 발휘해 콘텐트의 초점을 초보자 오디언스로 맞추고, 독자들이 쉽고 즉각적으로 사용할 수 있는 유용한 팁을 제공했기에 가능했다.

(2) 회사가 저지르기 쉬운 실수

블로그 운영에 어려움을 겪고 있던 한 대형 기술 회사가 CMI에 컨설팅 의뢰를 한 적이 있다. 당시 이 회사는 6개월간 트래픽과 전환율이 서서히 낮아지고 있는 것을 발견했는데, 회사의 편집팀은 그 원인을 찾아내지 못하고 있었다.

우리는 이 회사와 연 첫 회의에서 불과 몇 분 안에 문제를 찾을 수 있었다. 이 회사의 편집팀은 블로그를 통해 10개가 넘는 부류의 오디언스(고객 페르소나)를 유치하려고 했다. 우리는 그들이 원하는 모든 오디언스에 적합한 콘텐트를 만들려면 편집팀이 콘텐트 주제를 광범위하게 희석할 수밖에 없다는 사실을 쉽게 파악할 수 있었다. 그렇게 만들어지는 콘텐트 경험은 인터넷 여기저기에서 흔히 찾아볼 수 있는 경험이었다. 다시 말해 이 회사는 한 번에 너무 많은 유형의 오디언스를 겨냥하면서 진정으로 차별화되거나 의미 있는 콘텐트는 하나도 만들지 못하고 있었다.

최고의 미디어 회사들은 한 번에 한 종류의 오디언스를 대상으로 삼는다. 더 많아지면 모든 장애를 뚫고 의미 있는 콘텐트를 만들어 전달하기가 쉽지 않기 때문이다.

불편함을 감수하며 걷는 콘텐트 틸트의 길

팀 페리스의 『타이탄의 도구들』(토네이도, 2017)이라는 책을 기억할 것이다. 팀 페리스는 이 책에서 헤지펀드 매니저로 일하면서 수많은 회사를 창업한 제임스 알투처를 언급했다. 제임스가 단기간에 그 누구보다 빨리 웹상에서 오디언스를 키울 수 있었던 이유를 잠시 들여다보자.

> 우리 모두에게는 다른 사람들이 공감할 만한 불편함이 최소한 20가지는 있어요. 저는 기본적으로 그런 것들에 관한 글을 쓰고 제가 어떻게 그것들을 해결했는지 밝히려고 합니다.

팀 페리스는 제임스의 충고에 따라 스스로에게 "혹시 내가 어려움을 겪고 있다는 사실을 부끄러워하는 것은 아닐까? 나는 이것을 해결하기 위해 무엇을 해야 할까?"라는 질문을 던졌다고 했다.

솔직히 말해 어떤 브랜드라도 콘텐트 제작과 스토리텔링에 콘텐트 틸트를 적용하기는 매우 어렵겠지만, 콘텐트 틸트는 꼭 필요한 일이다. 고객의 질문에 답하고 산업 내 기본 틈새 요소를 다루는 것은 당연히 해야 할 일이다. 어떤 방법으로든 콘텐트를 차별화해야 한다.

우리가 전 세계의 많은 회사를 방문하면서 느끼는 점은 그들이 만드는 콘텐트가 전혀 특별하지 않다는 것이다. 이런 콘텐트는 모두 전에 만들어진 적이 있는 이미 익숙한 콘텐트다. 세스 고딘의 말을 빌려보겠다.

비슷하게 해서는 경쟁을 무너뜨릴 수 없다. 비슷한 것은 더 많은 비슷한 것을 만들 뿐이며, 그렇게 함으로써 회사의 시간과 그나마 아직 남아 있는 오디언스의 시간을 모두 낭비하는 셈이다.

우리가 콘텐트 틸트를 설정할 때 바로 이런 생각을 해야 한다. 지금이 바로 콘텐트의 틈새, 그 틈새에서의 편집 미션, 그 콘텐트가 과연 차별화된 것인지를 분석해볼 때다. 우리가 대부분의 회사와 비슷하다면 우리는 특별하지 않은 것이다.

우리가 대하는 오디언스가 엔지니어든 사업가든, 제임스 알투처가 말한 대로 '그들이 불편을 겪고 있는 문제에 깊게 파고들어야' 한다. 그들이 겪는 불편함이 무엇인지 모르겠다면 오디언스, 영업 사원, 고객 서비스 직원과 대화를 시도하면 된다. 데이터는 어딘가 있는데 아직 찾지 못한 것일 수도 있다.

우리에게는 현재 대부분의 회사가 두려워서 못하는 일을 할 수 있는 기회가 있다. 그 일은 바로 콘텐트에서 진실되고, 어쩌면 부끄러울 수도 있는 방식으로 어려움에 대해 이야기하는 것이다.

제작한 콘텐트를 공개할 때 편안하게만 느껴져서는 안 된다. 어느 정도 부끄럽다는 생각도 들어야 한다. 그렇게 느껴진다면 맞는 방향으로 가고 있는 것이다.

(3) 콘텐트 틸트의 발견

2010년에 CMI를 처음 시작했을 때로 돌아가보자. 9년 동안 '콘텐트 마케팅'이라는 용어를 때때로 사용해왔지만, 당시는 아직 새로운 마케팅 용어였다. 그때 업계에서 지배적으로 쓰였던 용어는 '맞춤형 퍼블리싱'이었는데, 내가 고위 마케팅 실무자들(CMI의 타깃 오디언스)과 대화를 나누어본 결과 그 용어가 그들에게 와닿지 않고 있었다. 그런데 콘텐트 마케팅이라는 말에는 기회가 있을까? 업계 용어를 바꾸는 것이 우리의 콘텐트 틸트가 될 수 있을까?

나는 구글 트렌드 툴을 사용해보며 여러 가지 문구 대안들을 살펴봤다. 나는 많이 쓰이는 업계 용어(맞춤형 퍼블리싱) 그리고 신생 용어(콘텐트 마케팅)와 관련해 다음의 사실을 발견했다.

- **맞춤형 퍼블리싱** 만일 이 용어를 구매 가능한 주식에 비유한다면 CMI에서 소유할 만한 주식이 아니다. 해가 지날수록 이 용어를 검색한 횟수가 줄고, 브랜드의 콘텐트 제작과 관련된 내용이 아니라 맞춤형 인쇄 도서를 의미한 것이 문제였다.
- **콘텐트 마케팅** 이 용어는 구글 트렌드에 등록조차 되어 있지 않았다. 나는 알맞은 콘텐트가 충분히 제작된다면 이 용어와 관련된 움직임이 생길 것이라는 생각이 들었다. 사람들이 '브랜디드 콘텐트', '커스텀 콘텐트' 등 다른 용어들과 구분하는 데 혼란을 겪고 있었으므로 업계에 주요 리더들의 생각과 맞는 새로운 용어가 필요해질 가능성이 매우 컸다. 또한 '콘텐트 마케팅'이라는 영역에 확실한 선두주자가 없어 CMI가 제대로만 하면 빠르게 움직여 검색 시장 점유율을 크게 차지할 수 있었다.

이렇게 CMI는 오디언스와 대화를 나누고 구글 트렌드 같은 무료 툴을 사용하여 CMI 콘텐트가 어디에 자리 잡고 있는지를 파악하고 용어 변경에 관련된 '틸트'를 진행할 수 있었다.

요즘은 '콘텐트 마케팅'이라는 말이 업계에 잘 알려져 있으며, 이 용어로 CMI는 세계에서 가장 빠르게 성장하는 미디어 회사 중 하나가 될 수 있었다.

마케팅 자동화 기업인 허브스팟HubSpot은 '인바운드 마케팅'이라는 용어로 동일한 전략을 차용했다. 허브스팟은 2006년에 이 개념과 관련된 블로그를 출시하고 책 『인바운드 마케팅』(에이콘 출판, 2011), 영상 시리즈, '인바운드'라는 이벤트를 구축했다. 이런 그들의 활동에서 볼 수 있듯 허브스팟은 용어를 중심으로 커뮤니티를 구축했고 이 용어로 선두에 설 수 있게 되었다.

(4) 하나의 콘텐트 유형

2017년에 CMI와 마케팅프로프스가 진행한 콘텐트 마케팅 벤치마킹 연구에 따르면, 기업들에게 가장 인기 있는 콘텐트 형식은 많이 사용되는 순서에 따라 다음과 같다.

- 기사 또는 블로그 포스트
- e뉴스레터를 통해 제공하는 스토리 글
- 영상
- 오프라인 이벤트
- 보고서 또는 백서
- 웨비나, 웹캐스트

- 책(인쇄물 또는 디지털)
- 인쇄 잡지
- 오디오 프로그램
- 인쇄 신문

대부분의 미디어 성공 사례는 다음 형식의 콘텐트에 해당한다.

- **기사 또는 블로그**(또는 콘텐트 기반 웹사이트) CMI가 오디언스를 구축하는 주요 플랫폼과 방법은 블로그를 통해 콘텐트를 배포하는 것이다. 처음 블로그를 시작했을 때는 일주일에 3번씩 글을 올렸고, 지금은 주말 포함해서 매일 포스트를 1개에서 여러 개까지 올린다.
- **e뉴스레터** TV 프로그램 〈걸스〉에 출연하는 배우 레나 던햄이 공동 창업자로 있는 '레니Lenny'의 e뉴스레터 구독자는 50만 명이 넘으며, 그중 70%는 모든 뉴스레터를 열어본다.
- **영상** '게임 이론' 영상 시리즈를 운영하는 매튜 패트릭은 매주 유튜브에 새 영상을 배포한다.
- **팟캐스트** EOF를 방송하는 존 리 두마스는 매일 새 팟캐스트 인터뷰를 올린다.

나열한 각 사례에 등장하는 회사들은 모두 성장해서 잡지, 다른 동영상 채널, 팟캐스트 등으로 콘텐트를 확장하며 사업을 다각화했다. 그러나 이들은 모두 처음에는 한 가지 유형의 핵심 콘텐트에만 초점을 맞췄다.

(5) 하나의 플랫폼

어떻게 이야기할지(콘텐트 유형)를 정했으면, 이제 콘텐트를 어떻게 전달할지(채널)를 결정해야 한다. 장기 관점에서 볼 때는 여러 채널을 통해 콘텐트를 배포하겠지만, 당장은 '핵심' 채널을 무엇으로 할지 결정해야 한다. 이런 결정을 내릴 때는 다음 2가지 질문을 해보자.

- 타켓 오디언스에 **도달**하기 가장 좋은 기회를 제공하는 채널은 무엇인가?
- 콘텐트 전달 및 오디언스 구축을 **통제**하기 가장 용이한 채널은 무엇인가?

브라이언 클라크가 만든 '카피블로거' 채널은 카피블로거에서 소유하고 있는 워드프레스WordPress 사이트이므로 이 회사는 거의 무한한 채널 통제권을 갖고 있다. 그러면서도 카피블로거 웹사이트는 자연스럽게 트래픽을 연결해주는 별도의 생태계에 소속되어 있지 않아 사람들을 끌어들이려면 특정 시스템을 구축해야 한다.

반면 팟캐스트 EOF와 동영상 시리즈 '게임 이론'은 이미 오디언스가 구축된 환경에서 콘텐트를 제공하므로 카피블로거보다 오디언스에 도달할 확률이 더 높다. EOF는 하루에 수백만 명의 사람들이 새로운 팟캐스트를 찾아다니는 아이튠즈에 팟캐스트를 올린다.

'게임 이론'도 마찬가지다. '게임 이론'에서 동영상을 올리는 플랫폼, 즉 유튜브에는 이미 타깃 오디언스인 10대 인구가 매일 활동하고 있다. '게임 이론'은 유튜브에서 오디언스에게 전달해줄 매력적인 콘텐트를 계속 만드는 한 그 안에서 오디언스를 키울 수 있다.

EOF와 '게임 이론'의 문제는 둘 다 통제권이 전혀 없거나 통제권을 매우 적게 가지고 있는 플랫폼을 활용하는 것이다. '게임 이론'의 구독자 수는 800만이 넘는다. 굉장한 숫자지만 엄밀히 따지면 '게임 이론'이 직접 구독자와의 관계를 관리하고 통제하는 것이 아니다. 그것은 유튜브에서 한다. 유튜브에서 당장 내일부터 '게임 이론' 유튜브 채널이 구독자들에게 접근하는 것을 원치 않을 수도 있고, 매튜 패트릭의 오디언스에게 '게임 이론' 대신 지미 펄론 등 다른 사람의 콘텐트를 홍보할 수도 있다.

유튜브에서 선풍적인 인기를 얻어 2,000만 명이 넘는 구독자 오디언스를 구축한 2인조 '스모쉬Smosh'의 예를 들어보겠다.

몇 년 동안 스모쉬는 유튜브에 올리는 영상 콘텐트의 끝부분에서 스모쉬가 직접 운영하는 웹사이트 '스모쉬닷컴Smosh.com'으로의 방문을 유도했다. 스모쉬닷컴을 이용하면 그들이 통제권을 갖고 있는 이메일 구독 프로그램에 사람들이 구독하게끔 할 수 있기 때문이다. 여기서 핵심은, 만약 콘텐트를 배포하는 주요 채널을 자신이 통제하기 어려운 것으로 선택하면 언젠가는 그 플랫폼에 있는 구독자들을 자신이 소유한 플랫폼으로 전환하고 싶을 때가 올 것이라는 사실이다.

(6) 소셜 미디어

유튜브, 스냅챗, 링크드인 같은 소셜 미디어 채널들은 디지털상에 흔적을 남기고 팔로어를 키우기에 좋은 곳이지만, 결과적으로 소셜 미디어 회사가 그 안에서 우리와 관계를 맺은 사람들에 대해 무엇을 하든 우리는 아무런 통제도 할 수 없다.

물론 링크드인은 현재 나와 연결된 사람들이 내가 링크드인에 올리는 모든 콘텐트를 볼 수 있게 하지만 금방 바뀔 수 있는 일이다. 링크드인은 사설 기업으로서 그렇게 할 수 있는 모든 권한이 있으며, 링크드인 커뮤니티에 속한 개별 회원에게는 권한이 없다.

페이스북, 트위터, 링크드인, 핀터레스트, 인스타그램 등의 소셜 미디어 채널과 좀 더 나중에 나온 스냅챗과 미디엄Medium 등은 타깃 오디언스가 누구인지에 따라 굉장히 탄탄한 플랫폼이 될 수 있지만, 이런 소셜 미디어 플랫폼이 가지고 있는 위험성에 대해 반드시 알고 있어야 한다.

버즈피드나 바이스처럼 빠르게 성장하고 있는 미디어 회사들에 대해 생각해보자. 심지어 뉴욕타임스나 타임 같은 전통 출판 회사들도 마찬가지다. 이들은 모두 소셜 미디어 채널을 활용해 그 안에서 오디언스를 구축하는 활동을 원활하게 펼치고 있지만, 주된 플랫폼으로 삼지는 않는다.

어떤 경우든 이들은 직접 소유하고 통제할 수 있는 구독자가 있는 웹사이트나 인쇄 자산을 구축하고, 다른 채널을 활용해 자사 소유 사이트로 사람들을 끌어모아 그들을 오디언스로 만들고 이를 수익화할 수 있도록 만들고 있다.

☑ 수익을 올릴 수 있는 절호의 기회

나는 직장 생활을 처음 시작했을 때 B2B 출판 업계에 종사했는데, 그때 내가 일하며 다루었던 모든 출판물은 구독자 수가 가장 중요한 수치로 작용했다. 원래는 판매 부수 개발이라 불렸던 지금의 오디언스 개발은 미디어 브랜드가 제공하는 하나 또는 여러 콘텐트 상품을 구독하는 타깃 구매자 집단이 없으면 수익을 전혀 올리지 못할 수도 있었다.

생각해보자. **구독자 없이는 수익이 없다.** 이것이 과거, 현재 그리고 미래의 미디어 현실이다. 각자 속해 있는 산업 내 최고의 전문 출판물을 한 번 살펴보자. 아니면 ESPN, 「월스트리트저널」, 「뉴욕타임스」를 생각해보자. 구독자 없이 돌아가는 곳은 없다.

'카피블로거 미디어'의 브라이언 클라크는 일반 블로그를 전 세계에서 가장 빠른 소프트웨어 라이선싱 회사로 발전시켰다. 그의 성공 비결은 카피블로거를 알고, 좋아하고, 신뢰하여 브라이언이 소개하는 모든 것을 구매하는 20만 명 이상의 타깃 구독자들이다.

대기업들이 담을 쌓고 치열한 경쟁을 하고, 정치 싸움에 휘말리고, 때때로 의미 없는 수치에 초점을 맞추어 헐뜯는 동안, **인내와 열정을 가진 기업들은 오디언스를 구축하며 승리하고 있다.**

일단 오디언스를 구축하면 모든 것이 가능하다. 구독자들이 모든 것을 실현해주기 때문이다.

☑ 구독자 분류

디지털상의 흔적들을 분석하고 오디언스 구축을 시작할 때, 구독자 분류(그림 7.1)의 최상위 단계에 있는 구독자를 우선 공략해야 한다. 간단히 말하면 모든 구독자의 중요도가 같지 않다. 선택권이 있다면 통제가 가능한 이메일 구독자가 가장 가치 있는 구독자이므로 이메일 구독자를 우선시해야 한다.

- **이메일 구독자** 가장 많은 통제권을 행사할 수 있으며 가장 쉽게 접근할 수 있다. 매우 유용하며 적절한 이메일은 어렵지 않게 오디언스의 관심을 끌 수 있다.
- **인쇄물 구독자** 상당한 수준의 통제권을 갖게 된다. 커뮤니케이션이 즉각 이뤄지지 않고 피드백을 받기 어렵다. 인쇄비와 발송비가 드는 탓에 비용 문제가 따른다.
- **미디엄 팔로어** 미디엄은 점점 워드프레스 같은 콘텐트 관리 시스템으로 진화하고 있다. 그래서 미디엄은 퍼블리셔에게 오디언스 데이터에 대한 특정 권한을 부여한다.
- **트위터 구독자** 팔로어에게 보내는 메시지의 내용을 전적으로 통제할 수 있지만, 메시지의 수명이 8초밖에 되지 않아서 정기적으로 오디언스에 도달하는 것이 어려울 수 있다.
- **링크드인 커넥션** 알고리즘을 계속 변경하고 있는 링크드인은 특정 피드의 업데이트만 보여주고 있다.
- **아이튠즈 구독자** 오디오 콘텐트 전달에 대해서는 전적으로 통제 권한을 갖지만, 아이튠즈에서 콘텐트 구독자 정보를 보여주지 않는다.
- **스냅챗 팔로어** 충성 오디언스를 구축하기에 가장 좋은 플랫폼 중 하나지만 출시된 지 얼마 되지 않았고 스냅챗에서 플랫폼 유료화를 구상하고 있다. 게시하는 포스트가 저장되지 않으므로 지속해서 새로운 콘텐트를 만들어야 한다.
- **핀터레스트 구독자** 콘텐트 전달에 대해 완전한 통제권을 부여하는 핀

그림 7.1 어떤 식으로든 관계를 맺는 것은 도움이 되지만, 모든 구독자가 동일한 수준의 가치를 주는 것은 아니다.

✉	이메일 구독자
📖	인쇄물 구독자
M	미디엄 팔로어
🐦	트위터 구독자
in	링크드인 커넥션
🍎	아이튠즈 구독자
👻	스냅챗 팔로어
📌	핀터레스트 구독자
▶	유튜브 구독자
f ⓞ	페이스북·인스타그램 팬

터레스트는 콘텐트를 올리면 오디언스가 선택해서 볼 수 있다. 이 플랫폼에서는 최종 소유권을 행사할 수 없다.

■ **유튜브 구독자** 유튜브에 올리는 콘텐트는 어느 정도 통제권을 갖지만, 구독자들이 콘텐트를 잘 보지 않는 경우 유튜브에서 콘텐트 노출을 저지할 수 있다. 이를 '구독자 번subscriber burn'이라고 한다.

■ **페이스북·인스타그램 팬** 페이스북은 계속 알고리즘을 변경하므로 우리가 통제할 수 없다. 이 알고리즘에 따라 팬들은 우리의 콘텐트를 볼 수도, 볼 수 없을 수도 있다. 물론 품질 좋고 유용하며 흥미로운

콘텐트가 가장 눈에 띌 확률이 높다. 홍보성 콘텐트는 거의 항상 페이스북 측에서 차단한다.

특정 구독 플랫폼으로 더 많은 통제권을 행사할 수 있기는 하지만, 엑스트Yext의 CMO이자 『오디언스』 저자인 제프 로어스는 오디언스를 소유하는 회사는 없다고 확언한다.

오디언스가 각기 다른 곳에 분산되어 있는 이유는 어떤 오디언스도 특정 회사의 소유가 될 수 없기 때문이다. 주요 TV 방송사든, 팝스타든, 광팬들이 따르는 프로 스포츠팀이든, 오디언스를 소유하지는 못한다. 오디언스는 언제든지 마음이 떠나거나 물리적으로 떠날 수 있다.

이것이 바로 우리가 어떤 구독 플랫폼을 활용하든 유용하고 적절한 콘텐트만이 우리를 오디언스와 계속 연결시켜줄 수 있는 이유다.

한 가지는 확실하다. 만약 이 모델에서 이메일이 중요하다면(실제로 중요하다) 구독할 만한 이메일 뉴스레터를 제공해야 한다. 페이스북과 트위터에서 콘텐트를 공유하면서 명성을 얻은 버즈피드가 있다. 페이스북이 알고리즘을 변경하자 버즈피드 포스트를 보는 팔로어들이 서서히 줄어들었고, 이것은 버즈피드의 웹 트래픽 양에 영향을 끼치기 시작했다. 버즈피드는 이를 해결하기 위해 이메일 구독자를 구축하는 데 힘썼으며 2015년에 100만 명이 넘는 사람이 추가로 버즈피드 이메일 구독에 동의했다.

이 책을 통해 우리가 제안하는 미디어 마케팅 모델에서 오디언스를 수익화할 수 있는 최고의 방법은 이메일이다. CMI의 경우, 전체 오디언스의 79%가 CMI로부터 무언가를 구매하기 전에 CMI의 e뉴스레터를 구독 신청한다. 이메일을 통해 먼저 오디언스와의 관계를 쌓아야만 그 오디언스를 수익화할 기회를 얻을 수 있다.

당신의 e뉴스레터는 얼마나 가치 있을까?

CMI와 마케팅프로프스 연구에 따르면, 마케터의 80% 이상이 e뉴스레터를 운영한다. 그리고 이런 e뉴스레터 운영자 4명 중 3명이 블로그와 기사, 영상 등에서 소비자 행동을 유도하기 위한 주된 방안으로 e뉴스레터를 사용한다.

나는 e뉴스레터를 광적으로 좋아한다. 나는 거의 모든 중요한 콘텐트 마케팅 방법들에 e뉴스레터가 매우 중요한 요소로 작용한다고 생각한다. 이런 이유로 강연할 때 e뉴스레터에 대한 이야기를 많이 한다. 2016년 한 해 동안 나는 여러 마케팅 오디언스에게 "당신이 발송하는 뉴스레터는 타깃 오디언스에게 진정으로 가치가 있습니까?"라는 질문을 20번 넘게 했던 것 같다.

그런 질문을 던졌을 때 몇 명이나 손을 들어 확신을 표시했을까? 12명이다. 이렇게 대답하는 사람 수가 너무 적어 정확한 숫자를 계속 외우고 있다. 수천 명 중 고작 12명만이 자신이 이메일을 통해 고객에게 가치 있는 경험을 전달한다고 생각한다.

만약 그것이 사실이라면(나는 사실이라 믿는다), 얼마나 많은 오디언스의 시간과 우리 직원들의 시간이 낭비되었을지 상상이 가는가? e뉴스레터는 소셜 미디어와 약간 비슷해졌다. 이메일로 메시지를 보내는 것이 너무 쉽고 이론상으로 저렴하므로 우리는 이메일 메시지를 만드는 데 많은 시간을 들이지 않는다. 우리는 이렇게 e뉴스레터로 해결책을 만든 게 아니라 여기저기 널린 문제에 또 하나의 문제를 더해버렸다. 소셜 미디어 플랫폼이 점점 유료화되어가고 있는 지금, 우리는 이메일을 비효율적으로 활용해서는 안 된다.

놀랄 만한 이메일 뉴스레터 작성을 위한 3가지 고려 사항을 보자.

- **일관성** 호평받는 우수한 e뉴스레터는 매일, 매주, 매달 같은 시간에 발송된다. 이 말은 만일 이메일 뉴스레터를 매주 미국 동부 시간 기준으로 수요일 오전 10시에 보내기로 했으면, 그 시간을 변경할 만한 이유를 제공하는 데이터가 나오기 전까지는 그 시간에 보내야 한다는 것이다. 10시 1분도, 9시 59분도 안 된다. 정확히 10시여야만 한다. 성공적인 미디어 회사들이 다른 회사들과 달랐던 점은 항상 가치 있는 것을 일관적으로 전달했으며, 앞으로도 그럴 것이다. 진정으로 좋은 콘텐츠를 경험할 기대를 하게 만들어야 한다.
- **진정한 가치 제공** 당신의 타깃 오디언스에게 정말 중요한 정보를 제공하고 있는가? 팔로어들이 놓쳐서는 안 될 그런 정보 말이다. 여기서 정보란 쿠폰이나 할인 같은 것이 아니라, 고객들이 더 나은 삶을 살거나 더 나은 직장 생활을 할 수 있도록 돕는 진정한 인사이트다.
- **독점성** 혹시 e뉴스레터에 참조할 콘텐츠나 블로그 링크만 잔뜩 넣어 보내지는 않는가? 이 멋진 이메일 뉴스레터 패키지로만 받아볼 수 있는 정말 특별한 것은 없는가?

그리 어렵지 않다. 일관성과 독점성이 있으며 진정한 가치를 제공하는 것, 그것뿐이다.

이제 당신의 e뉴스레터를 다시 살펴보라. 이 3가지 중 몇 가지를 제대로 실천하고 있는가?

우리는 이처럼 간소화된 모델로 독자들이 답답함을 해소할 수 있었으면 한다. 오디언스를 구축하려면 시간과 에너지, 노력이 많이 들기 때문에 수많은 채널에 여러 불필요한 콘텐트를 만드는 것은 더욱 피해야 한다.

💡 통찰력 있는 아이디어

◇ 콘텐트를 제작하고 배포하기 전에 올바른 전략을 세웠는지 확인해야 한다. 첫 단계로 가설을 세우고 이를 팀과 공유하는 것은 중요하다.

◇ 최고의 미디어 회사들은 언제나 하나의 주요 플랫폼을 활용해 하나의 핵심 오디언스에 집중하는 것에서 시작했다.

◇ 구독자와 커넥션은 같은 방법으로 구축되지 않았다. 소셜 미디어를 통한 커넥션도 가치 있지만, 데이터 통제권을 많이 가질 수 있는 이메일이나 인쇄물 구독자를 구축하는 것만큼 가치 있는 것은 아니다.

KILLING

8장

오늘: 변화의 시작

MARKETING

Killing Marketing

땅을 사라, 땅을 더 늘릴 수는 없으니.

마크 트웨인

무언가 시도하고 실패한 사람이 아무것도 시도하지 않고 성공한 사람보다 훨씬 더 낫다.

작자 미상

우리가 이야기하는 이 새로운 마케팅 접근법으로 하루아침에 성공할 수는 없다.

세계 최대 네트워크 병원 중 하나인 클리블랜드 클리닉은 대부분의 다른 기업과 마찬가지로 한 번에 한 종류의 출판물을 내면서 콘텐트 마케팅을 진행했다. 수년에 걸쳐 다양한 구매 집단에 특화된 전문 잡지, 즉 여러 종류의 환자를 위한 잡지 등을 점차 늘린 후에 제대로 된 콘텐트 사이트를 만들게 되었다.

클리블랜드 클리닉은 '클리블랜드 클리닉 헬스 허브Cleveland Clinic's Health Hub'라는 환자들을 위한 웹사이트를 만들었는데, 이는 현재 세계에서 가장 앞서가는 의료 정보 제공 사이트 중 하나다. 이 사이트에는 한 달에 400만 명이 넘는 고객이 방문한다. 클리블랜드 클리닉의 미디어 부서장인 아만다 토도로비치는 '프로그램 시작하기'라는 제목의 글에서 이렇게 이야기하고 있다.

프로그램 시작하기

클리블랜드 클리닉은 몇 년 동안 콘텐트 마케팅 업무를 계속 확장해서 지금은 상당한 수익을 내고 있습니다. 이 업무를 시작하면서 가장 먼저 도입한 방법 중 하나는 콘텐트 연합입니다. 우리는 협력 업체를 통하거나 다른 출판 업체 및 브랜드로부터 사용료를 받고 우리가 만든 콘텐트를 그들의 사이트에 활용할 수 있게 해주었습니다.

이 콘텐트 연합은 장기 수입원이 되었고, 그것으로 벌어들이는 수익은 몇 년 동안 꽤 증가했습니다. 오디언스가 크게 늘어나면서 2016년에는 우리 블로그 '헬스 에센셜Health Essentials'의 광고 영업을 담당할 외부 출판사도 선정하게 되었습니다. 이 협력사와 계약을 맺기 전에 우리는 사이트에 구글 광고를 실어 우리가 자체적으로 수익을 얼마나 창출할 수 있을지, 별도의 광고 영업 담당자가 과연 필요한지 분석해보았습니다.

시험 단계에서 구글을 사용한 덕분에 우리가 원할 때는 언제든 광고 기능을 삭제할 수 있어서 리스크는 적었습니다. 특정 시간에 반드시 광고를 실지 않아도 되어 업무의 디테일을 이해하고, 예상 질문에 대답을 준비를 할 수 있었고, 우리가 자체 관리할 수 없는 것들이 무엇인지 알게 되었습니다. 이 과정에서 에이전시와 컨설턴트의 도움을 받아 협력 업체 후보들의 제안서를 평가 분석하여 협력 업체를 선정했습니다.

우리 콘텐트팀은 훌륭한 콘텐트를 만들어 건강에 관심 있는 소비자들에게 제공하는 일에 주로 집중한 까닭에 영업 직원도, 광고 영업을 전담하는 직원도 없었습니다. 우리는 얼마의 수입을 거둘 수 있을지 아직 모르고 있었습니다.

수익화로 핵심을 바꾸는 일은 아주 큰 변화였습니다. 그래서 먼저 테스트를 해보았는데, 약간의 수익이 발생했습니다. 물론 수익이 나서 좋기도 했지만, 우리가 더 많은 수익을 낼 수 있는 가능성이 충분히 있다는 것을 발견하게 된 게 더 중요했습니다. 그래서 광고 프로그램을 출시했고 상당한 매출을 거둘 수 있었습니다.

2017년에 소비자 블로그뿐 아니라 의사들을 타깃으로 한 블로그를 포함시켜서 타깃을 확장했고 매출액을 2배로 성장시킬 계획입니다.

프로그램 내부 영업

우리가 콘텐트 브랜드로서 광고를 판매할 때, 광고주를 보증해주거나 광고주와 특정 관계가 있는 것처럼 비쳐질 수 있는 위험을 안게 됩니다. 우리는 광고 정책의 내용과 광고를 거부할 카테고리와 관련해 상당한 주의를 기울였습니다. 대학 의료 기관 및 비영리 기관으로서 허용되지 않는 것들이 있기 때문입니다.

평판에 영향을 끼칠 수 있는 리스크와 원하는 목표를 이해하기 위해 법률팀, PR팀과 모든 카테고리를 살피고 허용할 카테고리와 허용하지 않을 카테고리를 조사하며 많은 대화를 나눴습니다.

이 일로 우리의 편집 방식을 변경하지는 않았습니다. 우리가 콘텐트 마케팅을 시작한 것은 브랜드 인지도와 미국 내 평판을 높이기 위해서이며, 광고는 우리가 이미 하는 일에 더해 부가적으로 진행하는 것이었습니다. 콘텐트 마케팅을 통해 얻고자 하는 목표는 그대로였습니다.

우리는 몇 년 동안 소비자 대상 블로그에 하루에 3~5개의 포스트를 꾸준히 올렸습니다. 그것보다 더 많은 포스트를 올리거나 자원을 더 투자할 생각은 없었습니다. 우리는 하던 일을 계속 하면서 매출을 올리고 싶었습니다. 오디언스에게 유용하고 적절한 콘텐트를 제공하는 편집 방식으로 그 목표를 실현할 수 있을 것으로 생각했으며, 이 방식을 고수하는 것이 매우 중요했습니다. 이 과정에서 내부 동의와 경영진의 지원을 얻는 것은 큰 힘이 되었습니다.

성공 요인

우리는 수익을 창출하면 콘텐트를 제작하는 데 다시 투자합니다. 이렇게 하면 계속 오디언스를 키울 수 있고, 브랜드 인지도와 명성을 높이는 데 도움이 되며, 결과적으로 더 많은 수익을 창출할 수 있게 됩니다.

이 모델은 어떤 회사에는 리스크가 될 수 있습니다. 이런 일을 시작한 후 기대하지 않았던 매출이 일어나면 사람들은 여기에 더 관심을 가지게 됩니다. 그들은 "어떻게 하면 더 많은 매출을 올릴 수 있을까?" 하고 질문하기 시작합니다.

우리는 우리의 기존 편집 방향을 고수하고 그것에 전념한 덕분에 성공할 수 있었습니다. 브랜드가 욕심을 부리고 수익을 더 올리기 위해 원래의 미션을 타협하여 수정하면 위험에 빠진다고 생각합니다. 우리가 발휘한 강점은 바로 그런 일이 일어나지 않도록 했다는 것입니다.

이로 인해 마케팅으로 수익을 창출할 수 있는 또 다른 방법은 무엇이 있을지 질문하게 되었습니다. 조직 내에서 미디어 회사 같은 방식으로 업무를 운영하면, 미디어 회사들이 수익을 내는 다른 방법들에도 관심을 가지게 됩니다. 이제 우리는 이벤트나 특별 이슈 등 이전에 하지 않았던 많은 일을 검토하고 있습니다. 그렇게 하지 않을 이유가 없기 때문입니다.

만약 마케팅 부서의 실행력과 판단력에 대한 신뢰가 없었다면 이런 일

킬링 마케팅

은 가능하지 않았을 것입니다. 이 일에는 리스크가 있기 때문입니다. 이런 리스크를 이해하고, 이것에 대해 이야기를 나누고, 그리고 우리의 미션을 고수하면서 우리가 만드는 콘텐트는 언제나 회사의 이익을 위해 기여한다는 것을 증명하려고 노력했습니다. 이렇게 실행팀 안에서 먼저 신뢰를 구축하지 않았다면 우리는 성공하지 못했을 것입니다.

되돌아보며

협력 업체와 처음 대화를 나누었을 때, 우리는 당시 트래픽을 기반으로 정한 트래픽 한도를 계약에 포함했습니다. 우리는 더 많은 자원을 투자하거나 콘텐트를 더 많이 만들지 않고도 계속 트래픽과 수익을 늘렸습니다. 간단히 말해 좋은 콘텐트는 모든 브랜드에 좋은 결과를 불러옵니다. 우리가 지금까지 들인 노력에 대해 좋은 결과를 얻을 수 있어 행복합니다. 지속적으로 이런 전략, 접근 방식, 집중력, 오디언스에게 제공하는 훌륭한 콘텐트를 통해서 일관적으로 가치를 제공할 것입니다. **사람들에게 이런 것들을 제공하지 못하면 콘텐트로 수익을 낼 수는 없을 것입니다.**

프로그램 확장하기

외부 웹 자산을 매입하는 '인수'는 우리가 원래 계획한 일이 아니었습니다. 우리가 미래를 바라볼 때, 이슈는 우리 브랜드의 진정성과 정체성에 어긋나지 않으면서 지속적으로 미디어나 퍼블리셔처럼 사고할 수 있느냐 하는 것입니다. 우리는 아직도 수익 잠재력이 있는 자체 디지털 콘텐트나 디지털 자산을 가지고 있습니다. 우리는 사업 전체를 살펴보면서 우리 브랜드하에서 어떤 컨텐트를 만들어 올릴 때 누구든 우리가 설정한 실행 기준을 따르면서 어떤 것이 효과가 있고 어떤 것이 효과가 없는

지 이해하고, 우리가 분석한 것과 협력 업체가 제공한 데이터를 활용할 수 있도록 하는 것입니다.

협력 업체들은 그저 광고를 판매하기만 하는 것이 아닙니다. 그들도 퍼블리셔이므로 우리에게 굉장한 자료를 제공하고 있으며, 이것은 우리의 사이트를 개선하기 위해 다음으로 무엇을 할지, 어떤 콘텐트 제작에 더 많은 투자를 할지, 또는 기존 자산에 어떤 기회가 더 있을지를 결정할 때 크게 도움이 됩니다. 실행하면서 배운 것을 활용하고 계속 발전해나가도록 하는 것입니다.

회사 경영진과 대화를 나누며 가장 흥미로웠던 것은 콘텐트 사업에 대한 생각이었습니다. 그것이 콘텐트와 마케팅 부서들이 생각해보아야 하는 역할입니다. 우리와 비슷한 규모, 범위, 구조를 가진 콘텐트 사업이든 아니면 좀 더 작은 개별 콘텐트 단위이든, 조직에서는 사업의 리스크와 콘텐트의 가치를 이해하고 콘텐트를 전체 조직의 자산으로 대하는 사람이 필요합니다. 이 방향으로 가기로 한 회사들은 의사 결정 과정을 공식화하고 사업에 콘텐트를 현명하게 활용해야 합니다.

조직에 대한 조언

테스트할 방법을 찾아보세요. 사례 연구나 소규모 프로그램도 찾아보세요. 또 리스크가 낮은 진입점을 찾고, 올바른 방향으로 가고 있는지 판단하도록 도움받을 방법을 찾아보십시오. 이해 당사자들에게 질문도 해보십시오. 구체적인 사례에 대한 데이터나 통찰 없이는 이런 결정을 내리기 어렵기 때문에, 오디언스를 대상으로 테스트해보고 어떤 결과가 나오는지 살펴보는 것이 좋습니다. 무엇보다 데이터를 확보함으로써 확장할 수 있었고 현재의 방향을 고수할 수 있었습니다.

☑ 최소 필수 오디언스

에릭 리스는 『린 스타트업』(인사이트, 2012)에서 최소 기능 제품 Minimum Viable Product, MVP의 개념에 대해 언급했다. 리스에 따르면 MVP 는 "최소한의 노력으로 최대한의 유효 고객 정보를 얻게 해주는 신 제품"이다.

이 개념은 간단하다. 최소한의 기능을 하는 제품을 만들어 사람들 이 그 제품을 구매하는지 살펴보고, 고객의 피드백을 이용해 계속 더 나은 제품을 구축해나가는 것이다.

미디어 마케팅 모델에도 이 개념을 적용할 수 있는데, 이를 '최소 필 수 오디언스Minimum Viable Audience, MVA'라고 한다. 카피블로거의 창업자인 브라이언 클라크가 2012년부터 이 용어를 사용했다. 브라이언은 카 피블로거가 성공할 수 있었던 이유가 MVA를 구축한 덕분이라고 믿 는다. 카피블로거에서 출시한 제품이나 서비스는 실패한 적이 없다. 브라이언의 말에 따르면, MVA는 3가지 요소를 가지고 있다.

(1) 코멘트, 이메일, 소셜 네트워크, 소셜 미디어 뉴스 사이트에서 피드 백을 충분히 받아 이를 콘텐트에 적용하고 발전시켜 오디언스에게 더 나은 콘텐트를 제공한다.

(2) 기존 오디언스 구성원들과 무료 미디어를 통해 콘텐트가 소셜 미디 어에 공유됨으로써 자연스럽게 오디언스가 확장된다.

(3) 현재 제공하고 있는 무료 정보 이상으로 오디언스 구성원들이 그들 의 문제 해결 및 욕구 충족을 위해 필요로 하는 것이 무엇인지 충분한 인사이트를 얻고 있다.

일단 MVA를 구축하면 다른 채널들로 확장하여 다양한 수익화 전략을 실험해볼 수 있다. 다만 MVA는 꼭 숫자로 표현되는 것이 아니므로 기준을 설정하기가 어려운데, 자체적으로 MVA 수치를 설정하는 것도 좋다.

'소셜 미디어 이그재미너Social Media Examiner'라는 회사를 창업한 마이클 스텔츠너는 콘텐트로 수익을 창출하려고 시도하기 전에 구독자가 1만 명이 될 때까지 기다렸다.

매튜 패트릭은 '게임 이론' 채널의 유튜브 구독자 수가 50만 명이 된 다음부터 수익화를 시작했다.

☑ 핵심 팬 구축하기

직장 동료들에게 그들이 담당하는 블로그와 팟캐스트, 잡지의 실적에 대해 물어본 적이 있다면 아마 다음 사실을 알고 있을 것이다. 대부분의 경우 이런 질문을 했을 때 가장 먼저 규모를 언급한다. 구독자가 몇 명인지, 트래픽 양이 얼마인지, 총 오디언스 구성원 수가 몇 명인지 이야기한다.

물론 나도 이것이 얼마나 중요한지 알고 있다. 나 역시 CMI의 구독자 수가 약 20만 명이라는 사실을 이야기하기 좋아한다. 그러나 구독자 수는 핵심에 자리 잡고 있는 팬층이 가지고 있는 열정에 비교하면 아무것도 아니다. 달리 표현하면 이것은 당신에게 팬이 있는지 아니면 그저 목록이 있는지를 묻는 것이다.

소만 차이나니는 아동 도서 시리즈 『선과 악의 학교The School for Good and

Evil』로 잘 알려져 있다. 그가 처음 쓴 책은 150만 부가 넘게 판매되었고 25개 언어로 번역되었으며 영화로도 곧 나올 예정이다. 소만은 책 출간에 대해 이렇게 말했다.

『선과 악의 학교』를 집필할 때 제가 가지고 있던 가장 큰 목표이자 이 책이 성공할 수 있었던 이유는, 곧바로 많은 독자를 얻으려 하지 않고 이 책에 큰 열정을 보일 독자들을 만든 것이었어요. 지금도 저는 하루에 1시간씩 팬들과 교류하고 있습니다.

소만 차이나니의 마케팅 방법은 핵심 팬들을 만드는 것이었다. 책이 100만 권 넘게 팔리고 영화 계약까지 따낸 것을 보면, 그의 방법은 꽤 성공적이었다.

우리가 '얼마나 많이'가 아니라 '특정 누구'에 집중하면 어떨까?

애로우 일렉트로닉스의 빅터 가오를 인터뷰할 때도 이와 같은 점을 발견했다.

디지털 미디어 공간에서 활동하는 대형 출판 회사들이 계속 더 큰 숫자를 기록하려고 노력할 때, 애로우 일렉트로닉스는 그 오디언스를 이루는 아주 작은 부문과 부문에 맞는 최상의 정보를 전달하는 데 집중했다.

마케터들은 아주 구체적인 오디언스에 집중하기보다는 계속 더 많은 오디언스를 쫓아가려고 하는데, 우리가 보기에 아주 잘못된 생각이다. 아주 구체적인 오디언스에 집중해 이들에게 훌륭하고 일관적인 정보를 제공하면 그들의 호감을 열정으로 변화시킬 수 있다.

☑ 모델을 만들고 다각화하라

콘텐트를 구독하는 오디언스가 구축되기 시작하면 이제 측정 절차에 돌입할 수 있다.

간단히 말해서 우리의 콘텐트를 구독하고 그 콘텐트에 몰입하는 구독자와 그렇지 않은 사람들 간의 차이가 무엇인지 알아보는 것이다.

구독자들은 구매를 하는가? 구매를 더 많이 하는가? 더 오랫동안 고객으로 남아 있는가? 정확히 어떤 행동이 변화되었는가?

시리우스디시전 2015 구매자 설문 조사에 따르면, 잠재 구매자들은 구매하기 전에 업체와 2~12가지 상호 작용을 하며 서비스 가격이 높을수록 구매가 완료되기까지 더 많은 접촉을 한다. 이 말은 고객들이 우리를 신뢰하고 더 좋아하려면 콘텐트 기반 구독 옵션이 더 많이 필요하다는 뜻이다.

CMI의 내부 데이터에 의하면, CMI 콘텐트의 구독으로 연결되는 마법의 수는 '3'이다. 이것은 매출을 가장 많이 올려주는 고객들, 즉 우리의 상품을 가장 많이 구매하는 사람들은 적어도 3가지 CMI 프로그램을 구독한다는 뜻이다.

독자들은 처음에 우리의 블로그 콘텐트를 읽고 이메일 뉴스레터를 구독할 수 있으며, 우리의 웨비나 시리즈에 신청할 수 있다. 그다음에는 우리가 출판하는 잡지 「CCO」를 구독하고, 팟캐스트 '디스 올드 마케팅'까지 구독할 수도 있다.

ABM 자문 회사 토포Topo에 의하면, 개인별 구매 여정에서 고객이 판매와 마케팅, 고객 서비스를 거치는 동안 20번이 넘는 콘텐트 접촉을 한다. 애로우 일렉트로닉스의 모델이 성공적인 것은 바로 이런 이유에서다.

하나의 플랫폼에서 'MVA'를 달성하면, 더욱 강화된 고객을 만들기 위해 더 많은 콘텐트 플랫폼을 개발해야 한다. 이런 이유로 카피블로거 같은 회사들도 블로그에서 그치지 않은 것이다. 카피블로거는 팟캐스트 네트워크와 오프라인 이벤트 등을 추가했다. 소니의 '알파 유니버스'도 처음에는 블로그 하나로 시작해서 교육 프로그램과 팟캐스트 시리즈로 콘텐트를 확장했다.

☑ TV 방송사처럼 프로그램 만들기

마케팅 전문가이자 작가 및 연사인 제이 베어는, 이런 사고의 핵심은 TV 방송사처럼 프로그램을 짜는 것이라고 생각한다. 제이는 특히 소셜 미디어의 경우 마케터들은 모든 플랫폼을 하나로 묶어서 보기 시작한다고 말한다.

> 소셜 미디어를 하나로 보는 것은 의미 없는 일이에요. 각 소셜 미디어 플랫폼의 오디언스, 사용 케이스, 기술, 알고리즘, 최적 운율 등이 계속 달라지고 있기 때문이죠.

이 말은 우리가 MVA를 구축한 후에는 미디어 회사들이 하는 것처럼 새 플랫폼들로 확장해야 한다는 의미다. 목표, 구체적인 오디언스, 결과 측정 방안, 출판 속도, 시리즈 브랜드 등을 모두 이해해야 한다(그림 8.1).

유튜브 채널 전략 사례

예티의 완벽한 유튜브 채널 전략

아웃도어 라이프스타일 제품 제조사인 '예티Yeti'는 유튜브 채널을 활용하면서 완벽한 콘텐트 계획을 세웠다. 예티가 처음 출시한 상품은 아이스박스였다. 당연히 새 제품을 소개하기 위해서도 플랫폼을 사용하지만, 예티는 특정 오디언스를 위해 개별 채널들을 만들었다. 다음은 그중 몇 가지 예다.

- 아버지의 삶에 대한 이야기 #MyOldMan
- 사냥꾼과 어부를 위한 별도의 채널
- 모험가와 전원 생활을 소개하는 '예티 프리젠츠' 시리즈

세 다리 의자 전략

20년 전에 처음 출판 업계에 입문했을 때, 우리는 '세 다리 의자three-legged stool'라는 오래된 출판 전략을 사용했다. 이 전략의 개념은 산업 내 최고의 자료 출처 및 콘텐트 제공자가 되려면 타깃 오디언스에게 의자의 세 다리, 즉 온라인, 인쇄, 대면 정보에 관한 전문 제공자가 되어야 한다는 것이었다.

흥미로운 것은, 오늘날의 미디어 회사들 그리고 콘텐트와 연관된 제품 브랜드들이 마케팅 효과를 내기 위해 이 전략을 중점적으로 사용하고 있다는 사실이다. 과거에 몇몇 미디어 회사들은 이벤트나 잡지로 시작해 다른 방면으로 사업을 확장했지만 요즘에 우리가 밟는 경로는 상당히 간단하다. 온라인에서 오디언스를 구축한 뒤 이벤트와 인쇄로 다각화하는 것이다.

그림 8.1 제이 베어는 회사가 TV 방송사 실무에서 하는 것과 같은 방식으로 소셜 미디어 계획을 세워야 한다고 주장한다.

	f	ⓘ	🐦	in	👻
목적 (1)	원하는 결과	원하는 결과	원하는 결과	원하는 결과	원하는 결과
목표 (2)	측정 가능한 활동	측정 가능한 활동	측정 가능한 활동	측정 가능한 활동	측정 가능한 활동
오디언스 (1-2)	커뮤니케이션 대상	커뮤니케이션 대상	커뮤니케이션 대상	커뮤니케이션 대상	커뮤니케이션 대상
측정 (1-3)	효과 여부를 알아내는 방법	효과 여부를 알아내는 방법	효과 여부를 알아내는 방법	효과 여부를 알아내는 방법	효과 여부를 알아내는 방법
케이던스	예상 주당 게재 포스트 수	예상 주당 게재 포스트 수	예상 주당 게재 포스트 수	예상 주당 게재 포스트 수	예상 주당 게재 포스트 수
쇼 (2)	최초 콘텐트/ 지속적 프로그램	최초 콘텐트/ 지속적 프로그램	최초 콘텐트/ 지속적 프로그램	최초 콘텐트/ 지속적 프로그램	최초 콘텐트/ 지속적 프로그램

'세 다리 의자' 전략이 중요한 이유는, 대부분의 기업 사례를 볼 때 상품 및 서비스에 대한 직접적 커뮤니케이션을 벗어나 여러 채널에서 고객과 더 많은 커뮤니케이션을 진행할수록 그 오디언스가 여러 방면에서 일반적으로 더 나은 고객이 되기 때문이다.

디지털에 인쇄물과 이벤트 더하기

우리는 경험 비즈니스를 하고 있다. 가치 있고 일관성 있는 콘텐트를 통해 여러 경험을 창조한다. 대부분의 경쟁사가 디지털 경험에만 초점을 맞추고 있을 때, 요령 있는 브랜드들은 오프라인에 있는 기회도 주시한다.

우리가 알고 있는 가장 우수한 콘텐트 마케팅 사례에 대해 생각해보자. 레드불, 레고, 메리어트 등의 공통점은 무엇일까? 그들은 세계적 수준의 인쇄 잡지를 가지고 있으며 멋진 이벤트 경험을 제공한다.

물론 인쇄물과 이벤트만이 전부는 아니다. 오디언스와 소통할 수 있는 채널은 아주 많다. 그러나 20년 동안 효과를 보여주었던 것은 모두 오프라인 전략이며, 많은 마케팅 전문가가 이 사실을 잊고 있다.

오늘날 신뢰받는 콘텐트 제공자들은 계속 의자의 세 다리를 구성하는 온라인, 인쇄, 대면에 초점을 맞추어야 할 것이다. 현재 필요한 마케팅 전략을 달성하는 데 어려움을 겪고 있다면 어쩌면 의자를 지탱하는 세 다리 중 하나를 빼놓은 것일 수도 있다.

☑ 회사의 승인을 얻는 2가지 방법

10장에서 이 모델을 처음 적용하는 방법을 상세히 다루기 전에 8장에서 2가지를 짚고 넘어가자. 지금까지 마케팅 업계에 종사하면서 새로운 콘텐트 마케팅 프로젝트 개시에 대한 승인을 받거나 추가 예산을 얻을 때 2가지 방법이 가장 효과적이라는 것을 알아냈다.

소규모 시범

TV 프로그램이 방송사와 계약할 때는 계약을 맺기 전에 시범 방송을 제작한다. 시범 방송은 앞으로 보여줄 내용의 견본 같은 것이며,

방송사 실무진은 이를 통해 소비자 피드백을 충분히 얻고 더 많은 방송분을 제작할 것인지를 결정한다.

이때 MVA를 구축하기 시작하면서 그에 대한 계획을 시범 사업으로 제시하면 주요 의사 결정자들이 곧바로 경계를 낮추는 모습을 볼 수 있을 것이다. 처음부터 마케팅 비즈니스 모델을 완전히 바꾸는 것보다 책임질 일이 적기 때문이다. 그러나 시범 콘텐트를 판매할 때는 반드시 다음 사항을 고려해야 한다.

- 시범 콘텐트 출판 기간: 최소 12개월
- 시범 콘텐트의 전체 목표 또는 시범 콘텐트 출판 이후 예상되는 사업 변화
- 합의된 목표 수치: 이 수치에 도달하면 더 많은 콘텐트 에피소드를 만들 수 있게 된다. 여기에는 잠재 고객 수 증가, 구독 수 증가, 구매까지 걸리는 시간 단축, '더 좋은' 잠재 고객 수 증가 등이 있다.

두려움 유발

다른 것들이 모두 실패할 경우, 두려움을 유발하면 합리적으로 주장하는 것 못지않게 큰 효과를 볼 수 있다. 경쟁사가 미디어를 이용함으로써 얼마나 유리한 입장에 있는지, 반대로 우리가 얼마나 불리한 입장에 있는지를 보여주면 누군가 관심을 가질 것이다. 이런 '두려움 유발' 계획으로 효과를 보려면 먼저 경쟁사를 조사해야 한다. 업계에서 앞서가는 경쟁 마케터를 선정해 다음 사항을 파악한다.

- 경쟁사의 콘텐트, 즉 이메일, 페이스북, 트위터 등은 우리와 비교할

때 얼마나 많은 구독자를 보유하고 있는가?

- 경쟁사는 우리와 비교할 때 주요 검색어 순위가 어떻게 되는가?
- 소셜 미디어 공유 측면에서 경쟁사와 우리가 다른 점은 무엇인가?
- 온라인에서 경쟁사의 평판이 좋은가?
- 경쟁사가 하는 채용 활동으로는 무엇이 있는가? 경쟁사가 최고의 인재를 선점하고 있는가?

이것은 우리가 조사해볼 수 있는 것 중 몇 가지에 불과하다. 이 전략의 핵심은 최고 의사 결정권자가 가장 중요하게 생각하는 것이 무엇인지를 알아내 그것을 공략하는 것이다. 경쟁사가 어떤 콘텐트 전략을 사용하고 있으며, 그것이 어떻게 회사 그리고 콘텐트에 리스크 요인이 되는지를 보여주어야 한다.

☑ 콘텐트 플랫폼을 구축할까, 인수할까?

2014년에 세계 굴지의 소비재 제조사의 마케팅 회의에 참석한 적이 있다. 회의 주제는 여러 시장에서 콘텐트를 통해 오디언스를 구축하는 것이었다.

이 회사는 어떤 시장에서는 이미 탄탄한 콘텐트 플랫폼을 구축한 상태였지만, 그 외 시장에서는 아무것도 없었다.

당시 논의하고 있던 계획은 여러 자산을 인수하는 전략으로, 회사에서 접근해 계약이 성사되면 이미 오디언스와 콘텐트 플랫폼을 구축해놓은 블로그 사이트와 미디어 자산을 인수하는 것이었다. 콘텐트 플랫폼을 구축하는 것이 좋은 방안일 때도 있고, 외부 회사를 인수하는 것이 좋은 방안일 때도 있다.

신속하게 콘텐트 마케팅 실행하기

블로그 사이트들과 미디어 회사들은 우리가 원하고 필요로 하는 2가지를 갖고 있다. 첫째, 스토리텔링 능력이다. 이들은 지속해서 많은 콘텐트를 만들어낼 인력과 절차를 갖추고 있다. 둘째, 첫 요소보다 좀 더 중요할 수 있는데 바로 블로그들과 미디어 사이트들이 이미 자체적으로 보유하고 있는 오디언스다.

인수합병 전략은 최초의 미디어 회사가 설립된 이후부터 실행되어 왔지만, 최근에는 비미디어 회사들도 합류하기 시작했다. 사진 장비 업체인 '어도라마Adorama'는 「JPG」 잡지가 폐업 위기에 처했을 때 인수합병 그룹을 구성했다. 이 그룹은 「JPG」의 플랫폼과 콘텐트뿐 아니라 「JPG」가 보유한 30만 명의 구독자들, 즉 어도라마의 잠재 고객 및 실제 고객들에게 접근할 수 있는 권한을 얻었다. 애로우 일렉트로닉스도 2015~2016년 사이에 51개의 미디어 자산을 구매하는 데 수백만 달러를 투자했다.

콘텐트 플랫폼 인수 과정

CMI는 미국 서부에서 열리는 콘퍼런스인 '인텔리전트 콘텐트 콘퍼런스'와 어워드 프로그램인 '콘텐트 마케팅 어워드' 등 CMI 플랫폼에 추가할 여러 자산을 인수했다. 우리는 이런 외부 플랫폼들을 인수하는 것이 처음부터 새로 플랫폼을 만들어 기존 플랫폼들과 경쟁하는 것보다 더 합리적이라는 결정을 내렸다. 무엇보다 그 이후인

2016년에 CMI는 영국의 막강한 이벤트 회사인 UBM에 인수되었다. UBM 또한 콘텐트 마케팅 영역에서 새롭게 플랫폼을 구축하지 않고 기존의 플랫폼을 인수하기로 한 것이다.

『콘텐트 주식회사』에서 외부 플랫폼 인수, 즉 외부 웹 자산을 매입하는 것을 계획할 때 따라야 할 단계를 상세히 설명했는데, 그 내용을 요약하면 다음과 같다.

1단계 목표를 명확히 하라

훌륭한 사업적 결정이 항상 그렇듯 기존 콘텐트 플랫폼을 사들이는 것이 합당하다고 판단되는 이유를 명확히 하는 것에서 출발하라. 인수를 통해 얻으려는 사업 목표에는 다음의 것들이 포함될 수 있다.

- 현재 활발히 사업을 벌이고 있지 않은 지역을 개척하는 것: 이것의 궁극적 목표는 교차 판매와 상향 판매 대상이 될 수 있는 고객들에게 도달하고 해당 지역의 고객 이탈 확률을 줄이는 것이다.
- 잘 알려지지 않은 분야에서 브랜드가 거론되도록 하는 것: 예를 들어 어떤 종류의 철강재를 생산하고 있는데 이것이 석유·가스 산업에서도 활용되고 있음을 알게 되었다고 해보자. 소규모의 석유·가스 관련 블로그 사이트나 이벤트를 물색해 운영하면 석유·가스 산업에서도 곧바로 신뢰할 수 있는 기업의 반열에 오를 수 있을 것이다.
- 구독 목표치를 달성하는 것: 대부분의 경우 인수한 플랫폼에는 이미 구축되어 있는 오디언스가 있으므로 이들을 육성하고, 확장하고, 교차 판매에 활용할 수 있을 것이다.
- 인수한 플랫폼의 콘텐트 자산과 그와 관련된 검색 엔진 최적화 및

공유 혜택까지 인수하는 것.

- 인재를 영입하는 것: CNN은 2016년 11월에 유튜브 스타 케이시 네이스탯의 영상 공유 앱 '비미Beme'를 2,500만 달러에 인수했는데, 플랫폼보다도 인재를 영입하기 위해 이 앱을 인수한 것이다.

2단계 오디언스를 명확히 파악하라

플랫폼 인수로 효과를 보려면 현재 보유하고 있지 않아 새롭게 추가할 오디언스 유형을 명확히 파악해야 한다. 예를 들어 CMI의 「CCO」 잡지가 겨냥하는 고객은 대기업에 속한 고위 마케터들이며 콘텐트 마케팅 월드가 겨냥하는 고객은 중견 기업 또는 대기업 내 마케팅, PR, 소셜 미디어, SEO 관련 부서의 관리자 및 디렉터들이다.

3단계 플랫폼 후보 목록을 작성하라

목표와 오디언스를 정했으면 목표를 달성하는 데 도움이 될 만한 적절한 플랫폼 후보 목록을 작성한다. 여기서는 어떤 제한도 두지 않는 것이 중요하다. 이벤트, 블로그 사이트, 미디어 사이트, 협회 사이트, 심지어 인플루언서 명단에서 직접 가져온 사이트까지도 이 목록에 포함할 수 있다. 목록을 작성할 때는 스프레드시트를 만들어 구독자 정보를 기재해놓으면 편리하다.

- 최초 시작일
- 현재 구독자 수
- 알려진 수입원(전부 기재)
- 소유 구조(독립 블로거, 미디어 회사 등)

인수 대상이 콘퍼런스나 박람회인 경우에 살펴볼 자산으로는 다음과 같은 것들이 있다.

- 2년 동안의 참가자 수와 증가 혹은 감소 추세
- 2년 동안의 전시자 수와 증가 혹은 감소 추세
- 2년 동안의 협력 매체 수
- 이벤트 개최 지역
- 등록 비용(요율표)
- 오디언스 흡입력 지수(드러나지 않은 잠재력을 판단하는 주관적 수치로, 5점 만점을 기준으로 작성)
- 이벤트 관련 미디어 플랫폼 구축 가능성(5점 만점을 기준으로 작성)

즉 오프라인 이벤트를 향후 온라인 콘텐트와 웹 이벤트 등이 포함된 완전한 미디어 플랫폼으로 구축할 가능성을 보는 것이다.

4단계 최적의 기회를 노려라

추천하는 접근 방법이 2가지가 있는데, 경험상 어느 쪽이든 효과가 있다. 먼저 후보 목록에서 최상에 있는 한 곳에 연락해 대화 진행 상황을 보는 방법이 있다. 문제는 모든 달걀을 한 바구니에 넣는 데 있다. 이보다 더 좋은 방법은 상위 세 곳에 동시에 연락해 웹사이트, 이벤트 등의 인수에 관심이 있다는 의도를 전달하는 것이다. 아마도 상대가 보여주는 반응에 놀랄 수 있다. 어떤 운영자들은 인수 제안을 받을 것이라고는 상상조차 못했다는 반응을 보일 수 있으며, 어떤 이들은 이미 구체적인 매도 전략과 인수 대가를 생각하고 있을 수도 있다. 이런 사람들은 보통 미디어 회사에서 일했던 경험이 있을 확률이 높다.

여기에서 핵심은 잠재 이익이 어디에 있는지 가늠할 수 있도록 대화를 시작하는 것이다. 최악의 시나리오로 어떤 가능한 판매자와 대화를 시작했는데 그쪽에서 인수합병에 관심이 없더라도 처음 연락한 것을 시작으로 그 회사와 관계를 맺어나갈 가능성을 만들 수 있다. 간단히 말해 어디에서 어떻게 생각이 바뀔지는 장담할 수 없는 일이며, 만약 처음에 거절했던 회사가 마음을 바꾸게 되면 우리는 좀 더 유리한 위치에 설 수 있다.

5단계 구매 가치를 결정하라

소규모 웹 자산과 이벤트의 가치를 평가하는 표준 측정 방법이 있다. 이 방법은 잠시 후에 설명하겠다. 하지만 그보다 먼저 소유자가 원하는 것이 무엇인지 파악해야 한다. 인플루언서 프로그램을 준비할 때처럼 플랫폼 소유자의 목표와 열망이 무엇인지 알아내야 한다. 어쩌면 드문 일이지만 돈을 버는 것일 수도 있다. 아니면 새로운 기회를 모색 중이거나 하루빨리 사업을 정리하고 싶어 할 수도 있다. 많은 블로그 사이트나 이벤트 소유자는 그들의 프로젝트가 직접 관리할 수 있는 수준 이상으로 확장되거나, 의도와 다른 방향으로 성장할 수 있을 것이라는 생각을 전혀 하지 않는다.

예를 들어 애로우 일렉트로닉스는 디지털 플랫폼을 원했던 반면 UBM은 오프라인 이벤트를 가져가기를 원했다. 따라서 애로우 일렉트로닉스가 플랫폼의 소유권을 인수하되 계속 UBM 오프라인 이벤트의 프로모션을 진행하기로 했다.

두 회사의 계약은 그렇게 일사천리로 이뤄졌다.

소규모 웹 자산 및 이벤트를 평가할 때 쓰는 적절한 측정 절차가 있다. 이 절차를 진행하려면 양측에서 상호 비밀 협정에 서명해야 한다. 그런 다음 인수하려는 사업체에게 최소 최근 2년 동안의 손익 보고서를 요청한다. 손익 보고서가 입증될 수 있는지 확인하기 위해 손익 보고서 외에도 현재 맺고 있는 업무 협정 관련 서류와 기타 계약 상황 등이 필요할 수 있다. 법률 관련 세부 사항들은 매우 다양하고 광범위할 수 있으니 기회를 보고 회사들에 접근하기 전에 법무 담당에게 자문하기 바란다.

웹사이트를 인수할 때 거래가 구독자 수를 기준으로 맺어지는 경우가 있고 순이익을 기준으로 이뤄지는 경우도 있다. 내가 직접 경험한 사례를 들면, 구독자 1명당 1달러를 지급하는 조건으로 미디어 관련 사업을 인수한 적이 있고 연간 이익의 5배 금액을 2년에 걸쳐 지급하는 조건으로 거래를 맺은 적도 있다. 소규모 콘퍼런스들은 주로 연간 순이익의 5배 정도에서 거래가 이뤄진다. 예를 들어 10만 달러의 연간 순이익을 올리는 콘퍼런스를 인수하려면 50만 달러 정도를 지급하게 될 것이다.

소규모 콘퍼런스 인수 사례를 살펴보자.

회의 참석자 수: 250명

전시 업체 수: 20개

수입: 40만 달러

비용: 30만 달러

순이익: 10만 달러

사업체 가치: 10만 × 5 = 50만 달러

여기에 부가적으로 드는 비용이 있겠지만 이 콘퍼런스의 일반적 가치는 50만 달러 정도로 예상할 수 있다.

6단계 인수 조건을 제안하라

정식으로 제안하기 전에 제안하려는 대략의 인수 금액이 적당한지와 소유자가 계약 기본 조건에 동의하는지를 확인해보아야 한다. 전부 동의하면 이벤트 소유자로부터 공식 가계약서Letter Of Intent, LOI에 서명을 받아야 한다. 이 LOI는 양측이 계속 협상을 진행할 것이며 계약을 다음 단계로 진행하겠다는 것을 의미한다. 쉽게 말해 비즈니스 차원에서의 '약혼'에 해당한다. 가계약은 유효성이 있거나 법적 구속력을 갖지 않지만 공식적으로 양측의 의도를 표명하는 절차다. LOI를 작성할 때는 법률 담당자에게 자문하기 바란다.

7단계 최종 협상에 들어가라

서명하기 전에 최종적으로 다음 질문을 고려해야 한다.

- 사용 가능한 이메일 또는 인쇄물 구독 리스트는 어떤 것들이 있는가?
- 활용할 수 있는 자산으로는 어떤 것들이 있는가? 동영상, 블로그 포스트, 슬라이드셰어 등 무엇을 활용할 수 있는가? 인수하려는 사업체에 대한 종합 감사를 해야 할 수도 있다.
- 사용 중인 소셜 미디어 채널들로는 무엇이 있는가?
- 연결할 수 있는 핵심 인플루언서들은 누구인가? 필요시에 이들의 연

락처와 전문 분야 정보를 요청한다.

- 인수하려는 회사의 협업 업체들로는 어떤 회사들이 있는가? 추천 업체는 어디인가? 콘텐트 제작자들은 직원인가, 프리랜서인가?

그 후 30~60일간 공식 자산 인수 계약이 진행되며 모든 사실과 수치, 논의 사항이 정확하고 입증 가능한지 검토한다. 그 후에 계약서에 서명하고 샴페인 마개를 딴 다음 축배를 들면 된다.

가치 평가 및 높은 현금 유용성

이 책을 출판하기 불과 몇 달 전에 각기 다른 「포춘」 100대 기업의 마케팅 경영진 2명과 만나 이야기할 기회가 있었다. 대화의 주제는 콘텐트 마케팅 전략의 일환으로 미디어 회사 인수를 회사 내부적으로 인정받는 것이었다.

두 경영 간부 모두 각자의 회사에서 콘텐트로 큰 실적을 내고 있는 사람들이었지만, 회사에 미디어 회사를 인수해야 하는 이유를 설명하는 데 어려움을 겪고 있었다. 이에 대한 해결책은 바로 가치 평가액과 현금 자산이다.

나는 그 두 회사가 많은 현금 자산을 보유하고 있으며 새로운 투자 대상을 찾고 있다는 사실을 알게 되었다. 그래서 그들에게 애로우 일렉트로닉스가 51개의 미디어 브랜드에 투자하면서 수익성을 올리고 전체 가치 평가액을 증가시킨 사례를 말해주었다.

현재 이익의 5~6배 정도로 가치 평가액이 낮더라도 현금을 미디어 자산에 투자하는 것은 재정 차원에서 현명한 결정이며, 굳이 마케팅 측면에서의 장점을 거론하지 않아도 된다.

그러므로 미디어 마케팅 모델을 위한 대안으로써 미디어 회사를 인수하는 것을 입증하려고 하는 과정에서 시범 프로그램 또는 두려움을 유발하는 방법이 통하지 않을 때, 더 높은 현금 유용성을 제시하면 회사 측의 승인을 받는 것이 용이할 수 있다.

☑ 전진하려면 머뭇거리지 마라

〈메이저리그〉(1989)는 내가 가장 좋아하는 영화 중 하나다. 이 영화는 실패를 거듭하던 야구팀 '클리블랜드 인디언스'가 역경을 이겨내고 결승전까지 가게 되는 내용을 다뤘다. 이 영화를 보다 보면 인디언스팀의 감독인 루 브라운이 팀에게 "지역 신문에서는 차라리 우리가 나가 죽어버리면 사람들이 괜한 시간 낭비를 하지 않을 거라고 생각하는 것 같아"라고 이야기하는 장면이 나온다.

루 브라운 감독은 굉장한 동기 부여자다. 이 이야기를 한 이유는 내가 CMI와 마케팅프로프스의 최신 벤치마킹 스터디 결과를 볼 때마다 영화의 그 대목이 연상되기 때문이다. 특히 "사람들이 괜한 시간 낭비를 하지 않을"이라고 말하는 부분 말이다.

2017년 연구 결과를 통해 얻은 가장 유용한 정보는 콘텐트 마케팅에 관한 몰입도에 대해 발견한 사실이다. 전 세계의 기업들을 고려했을 때, 모든 마케터 중 20%만이 콘텐트 마케팅에 "완전히 몰입하고 있다"고 응답했다. 이 결과가 중요한 이유는 그 20%의 마케터가 실행한 콘텐트 마케팅 방안이 가장 전략적이고 완성도가 높았으며 가장 성공적이었기 때문이다. 몰입도가 콘텐트 마케팅 성공을 예측

해주고 있다. 나머지 80%가 완전히 몰입하지 않았다는 것이 어떤 의미인지 궁금해하는 사람들도 있을 것이다. 데이터에 의거해서 가감 없이 말하자면 그 80%는 모두 시간을 낭비하고 있었다.

콘텐트 비즈니스 모델을 만들 때 거기에 완전히 몰입할 것이 아니면 아예 시작하지 않는 것이 낫다. 콘텐트 비즈니스 모델에 몰입하면 점차 발전해 성공하게 될 가능성이 충분하다. 몰입하지 않으면 아마도 성공하지 못할 것이다. 대부분의 마케터는 콘텐트 마케팅에 "부분적으로 몰입하고 있다"고 대답했다. 도대체 무슨 뜻인가? 이것은 "임신을 했다, 하지 않았다"와 같이 명확하게 대답해야 할 문제다.

만일 이 모델에 완전히 몰입하고 있다면 잘하고 있으니 계속 진행하라. 몰입하지 않은 상태에서 블로그, 팟캐스트, 백서, e북 등을 만들고 있다면 현재 상황을 잘 돌아보아야 할 것이다. 앞으로 큰 난관들이 기다리고 있을 것이기 때문이다.

〈쇼생크 탈출〉(1994)에 나오는 "사느라 바쁘거나, 죽느라 바쁘거나"라는 대사를 기억하는가. 물론 마케팅이 죽고 살기의 문제는 아니지만 내가 무슨 말을 하는지 충분히 이해할 것이다. 마케팅은 모 아니면 도다. 미적지근한 태도는 있을 수 없다.

☑ 일어날 수 있는 최악의 시나리오는?

2016년 1월에 제조 회사 마케터들이 참여한 워크숍을 진행한 적이 있다. 이 마케터들은 모두 어떤 방식으로든 콘텐트를 만들고 있었다. 대부분이 블로그 포스트나 백서를 제작하고 있었고 몇몇은 e북을, 한 마케터는 동영상 시리즈를 만들고 있었다.

그런데 이들 중 아무도 이런 콘텐트를 제작하기 전에 전략을 세우지 않았다. 이 프로그램들은 수요를 창출하거나, 영업 상담으로 이어지기를 기대하고 기획된 것이었을 것이다. 그들은 우리가 흔히 볼 수 있는 예상 가능한 일들을 하고 있었다.

이제 리스크에 대해 이야기해보자.

이렇게 능력 있는 사람들 모두가 프로그램을 실행하면서 리스크에 대해 염려하고 있지만, 정작 전체 절차에서 리스크가 없는 부분을 건너뛰고 있었다. 그것은 바로 계획이다.

나는 이런 경우를 주식 시장에서 활동하는 투자자들에게서 많이 목격했다. 많은 투자자가 누군가로부터 받은 정보나 기사 하나를 근거로 해서 어떤 계획도 없이 세계가 좌지우지될 만한 거래를 한다. 나도 계획이 지루한 일이라는 것을 안다. 사실 모든 재미는 실행할 때 느낀다. 그리고 리스크를 감수하는 것도 분명 짜릿하다.

어떻게 하면 리스크를 완화할 수 있을까?

탄탄한 사업적 근거와 달성 가능한 목표를 포함하는 합리적인 계획이 있어야 한다. 이는 곧 하나의 오디언스부터 시작하여 하나의 콘텐트 플랫폼에 초점을 맞추고 점진적으로 오디언스를 구축해나가는 것이다. 성공적인 미디어 회사와 콘텐트 마케팅 사례는 모두 이런 방식으로 시작되었다는 사실을 모두 잘 알고 있지만 아무도 그렇게 하지 않는다. 우리는 속전속결로 일을 진행하려다가 결국에는 영향력 없는 콘텐트를 만드는 데 시간을 허비한다.

분명 지금도 우리가 일하는 조직에 계획 없이 콘텐트를 만드는 사람이 있을 것이다. 회사 여기저기에 실질적인 사업 전략 없이 양으로 승부하는 방식으로 콘텐트를 만들고 있는 사람들이 있다는 말이다. 최악의 시나리오로 이 책에서 제시한 방법을 따라 실행한 계획이 제대로 풀리지 않았다고 가정해보자. 그렇게 되었을 때도 최소한 현재 제작되고 있는 모든 콘텐트의 갈피를 잡고 콘텐트 제작에 가치를 더하는 과정을 시작할 수 있다. 계획함으로써 일어날 수 있는 최악의 시나리오는 그것밖에 없다. 반면 계획을 실현해 세상을 변화시킬 수도 있다. 지금 우리는 전 세계 대부분의 회사들과 다른 행동 지침에 승부를 걸려고 하고 있다. 그러나 이 일은 리스크를 감수할 가치가 충분히 있다.

 통찰력 있는 아이디어

◇ 고객과 더 가치 있는 커뮤니케이션 경험을 나누면 더 나은 구매 행동을 기대할 수 있다. 이 때문에 현명한 브랜드들이 여러 콘텐트 구독 옵션을 제공하는 것이다.

◇ 디지털 플랫폼에 오디언스를 구축하고 나면 이벤트나 인쇄 잡지 등 오프라인 플랫폼을 고려해보아도 좋다.

◇ 향후 5~10년 사이의 가장 큰 트렌드 중 하나로 블로그나 영향력 있는 웹사이트뿐 아니라 미디어 회사들을 인수하는 브랜드들을 보게 될 것이다.

KILLING

9장
변화 과정을 거치며
배운 교훈들

MARKETING

Killing Marketing

변화는 원래의 형태에서 벗어나는 것을 의미한다.

웨인 다이어

어떤 경우에는 알지 못하는 방향으로 갈 때 상상했던 것보다 훨씬 좋은 결과가 생길 수 있다.

앤 패칫, 『왓 나우?』

다음 단계는 무엇일까? 8장을 읽고 새로운 콘텐트 마케팅에 동참할 준비가 되었을 것이라 믿는다. 그렇다면 실제로 마케팅을 변화시키기 위해 무엇을 해야 할까? 현실적으로 생각해볼 때 마케팅 부서를 변화시키겠다는 결정을 내린다고 해서 그 즉시 변화를 이뤄낼 수 있는 것은 아니다. 수많은 사람과 협의하고 여러 세부 사항을 풀어나가야 할 것이며 점진적으로 거쳐야 할 절차들이 있을 것이다.

요즘은 모든 것이 '사업 근거business case' 또는 '로드맵'에서 시작된다. 이는 주로 훌륭하게 작성된 비전 선언문으로 목적과 신규 조직도, 전략적 계획, 예산, 변경되는 업무 우선순위 등이 포함된다. 이것은 분명 중요한 일이다. 그러나 이 작업을 완료했다고 해서 결과나 함축된 의미가 명확해지는 것은 아니다. 모든 변화의 본질은 그를 위해 실천하는 실제적인 노력에 있다. 우리가 만일 이런 진화가 전략의 어떤 부분과 조금이라도 의미가 통한다고 진정으로 믿는다면, 이는 우리가 하는 모든 일에 영향을 끼칠 것이다. 우리가 회계, 판매, 서비스 업무를 하는 방식과 고객을 유치하는 법, 대외 커뮤니케이션을 구성하는 방법과 심지어 R&D까지도 변화시킬 것이다.

이 책에서 반복적이며 다양한 방식으로 메시지를 전달했다. 우리가 그동안 알고 있던 마케팅을 없애는 일은, 150년 된 기업이 할 때와 실리콘밸리에서 갓 창업한 스타트업 회사가 할 때 많이 다를 것이다. 순식간에 산업 전반에 걸쳐 일어나지는 않을 수 있지만 지역, 심지어는 글로벌 전략을 커버하는 수년 단위의 프로젝트로 점차 다가올 수도 있다.

우리는 이런 변화를 거치며 성공하고 있는 회사들에게서 한 가지 공통점을 발견했다. 변화를 이룬 정도는 각기 다르지만 이런 회사들은 모두 기꺼이 시도하려는 의지를 가지고 있다. 이들은 현재의 마케팅으로는 역부족이며 사업이 번창하려면 근본적으로 진화해야 한다고 이해하고 있다.

다음 3개의 서로 다른 사례를 고려해보자.

☑ 자포스

자포스는 '자포스 인사이트 프로그램'이라는 완성된 수익 창출 마케팅 플랫폼을 구축했다. 그러나 거기서 끝난 게 아니다. 자포스는 사업의 마케팅 기능을 하는 신규 상품을 계속 개발 중이다. 자포스

킬링 마케팅

의 크리스타 폴리는 인터뷰에서 자포스의 마케터들이 직면했던 몇 가지 어려움에 대해 이야기해주었다.

질문: 새롭고 혁신적인 고객 및 콘텐트 계획을 개발하는 것에 대해 어떻게 생각하시나요?

크리스타: 우리가 앞으로 진행하려는 큰 계획이 2가지 있습니다. 첫 계획은 제가 크게 기대하는 것인데, 몇몇 주요 분야에 있는 우리 고객사의 고위 경영진을 겨냥한 계획입니다. 그 몇 가지 분야 중에서도 문화와 고객 서비스를 중심으로 하는 인적 자원 관리 업무를 담당하는 경영진을 대상으로 할 것입니다. 이 고객들이 자포스에게서 이런 주제에 대해 듣고 싶어 하므로 우리는 '멘토 온디맨드Mentor On-Demand'라는 프로그램을 출시하려 합니다.

CEO인 토니 셰이도 멘토 중 한 명으로 프로그램에 참여할 예정입니다. 고객들은 프로그램 이용료를 내고 자포스의 전문가들 중 한 명과 전화 통화를 하거나 스카이프를 통해 이야기할 수 있습니다. 또 장기 프로그램을 선택할 수도 있고요. 예를 들어 6개월에 걸쳐 토니와 5번 연락할 수 있는 것이죠. 그리고 고객들은 자신이 선택한 멘토에게 무엇이든 물어볼 수 있습니다.

우리가 개시하려는 두 번째 계획은 사실 '자포스 인사이트'에서 초기에 초점을 맞추었던 것으로 돌아가는 일이에요. 우리는 멤버십 프로그램을 디지털 교육 프로그램으로 업그레이드하여 멤버십 사이트에 전체 커리큘럼을 포함하고 콘텐트를 추가하려 합니다. 우리는 여기로 직접 올 수 없는 사람들에게 관심을 집중하고, 오프라인 이벤트에 온 사람들도 우리가 무엇을 하고 있고, 그것에 대해 우리가 어떻게 생각하고 있으며, 우리가 만들어낸 성공과 실패에 대해 계속

인지할 수 있도록 하는 방안입니다.

질문: 자포스처럼 규모 있는 회사에서 어떻게 이 모든 프로그램을 확장해 관리할 수 있나요?

크리스타: 자포스에서는 모두 각자 다른 일을 하고 있으므로 프로그램을 확장하는 것이 쉽지 않습니다. 그러나 우리는 항상 서비스 제공에 전념하고 있고, 다른 회사들도 자포스처럼 문화 형성의 중요성을 인식하게 되기를 바랍니다. 우리 인사 그룹의 리더인 홀리 덜레이니는 이 일에 기쁘게 참여하고 있으며, 고객 충성도 팀장 롭 시프커도 마찬가지입니다. 우리는 '손해볼 것이 없으면 시도해보자'라는 생각을 중심으로 민첩성 있는 절차를 구축했어요. 그래서 이 프로그램을 출시하고 성공을 거두어 홀리가 일주일에 20시간 동안 이와 관련된 전화 통화를 하게 된다면 우리는 다시 그것에 대해 논의하면서 "좋습니다. 이를 어떻게 확장할 수 있을까요? 현실성 있는 방안은 무엇일까요?"라고 질문할 겁니다. 그러나 이런 것들은 우리가 해결할 수 있는 반가운 문제들입니다.

질문: 요즘은 일들이 아주 빨리 움직입니다. 새로운 경쟁자들도 그렇고 새로운 운영 방식도 그렇습니다. 자포스는 오늘날의 비즈니스 속도에 어떻게 발맞춰가나요?

크리스타: 통계 자료를 보니, 1955년도에 「포춘」 500대 기업에 선정된 회사들의 12%만이 아직까지 그 반열에 남아 있어요. 토니는 항상 자포스의 최종 목표는 100년 후에도 건재하는 것이라고 말하죠. 그렇지만 그때는 사람들이 자포스를 떠올릴 때 신발을 생각하지 않을 수도 있어요. 어쩌면 항공사나 다른 제품이 생각날 수 있어요. 토니는 여러 해에 걸쳐 사업을 다각화하는 데 큰 성과를 거둔 버진Virgin

을 자주 예로 들곤 합니다. 우리의 생각은 조직 내 탄력성을 갖추는 것이지요. 만약 내일 당장 누군가가 신발을 대체하는 제품을 만들어 모두가 신발 대신 제품을 사용한다면 신발만 판매할 수밖에 없는 기업에게는 큰 문제가 될 것입니다. 그러므로 '어떻게'보다는 '왜' 우리가 처음에 사업을 하게 되었는지가 더 중요합니다.

따라서 제가 다른 회사들에 하고 싶은 조언은 '손해볼 것이 없으면 시도해봅시다'라는 콘셉트 중심의 이야기입니다. 이것은 어떤 조직을 가지고 있든 많은 회사가 걸리게 되는 덫이라고 생각해요. 완벽한 계획이나 3년 후에 이것이 어떻게 작동할 것인지에 대한 구체적인 아이디어를 가지고 있어야 할 필요는 없습니다. 그저 고객들이 하는 활동을 지켜보며 우리가 운영할 수 있는 것인지, 더 많은 가치를 더할 수 있는 것인지를 질문해보았습니다. 물론 이런 기회들은 여러분의 회사에도 있습니다.

☑ 슈나이더 일렉트릭

슈나이더의 '에너지 유니버시티'는 슈나이더 일렉트릭팀의 긴 변화의 여정에서 한 정거장에 불과하다. 슈나이더 같은 규모로 폭넓은 범위를 다루는 글로벌 회사가 이런 절차를 거치려면 분명 수년이 걸릴 것이다. 슈나이더 일렉트릭의 수장 하트먼도 자포스의 크리스타 폴리가 했던 조언과 비슷했다.

질문: 콘텐트 브랜드인 '에너지 유니버시티'를 지속해서 변화시키고 발전시키고 있나요? 개발 우선순위는 어떻게 정하나요?

수잔: 우리는 에너지 유니버시티를 개선하고 오늘날의 기기에 맞게 업그레이드하는 방향을 진지하게 검토했어요. 우리는 모바일 기기로 더 많은 콘텐트를 제공하면서 그와 동시에 수강자 정보를 수집하는 방법을 파악하는 데 심혈을 기울이고 있습니다. 우리는 수강자들이 스마트폰과 아이패드로 수업을 들을 수 있는 환경을 구축하고 싶은데, 이를 위해서는 인터페이스만 변경하는 것이 아니라 콘텐트도 변해야 합니다. 그리고 더욱 짧은 버전의 콘텐트가 필요합니다. 특히 고위 경영진들은 항상 40분짜리 강의를 끝까지 다 들을 수 없으므로 이들을 위해서 짧은 콘텐트가 더더욱 필요합니다.

흥미롭게도 우리가 실시하고 있지 않는 몇 가지는 이 프로그램에 오프라인 이벤트나 유료 수입원을 추가하는 일입니다. 2가지 모두 전에 시도해보았지만, 우리가 계속 하고 싶지 않은 일들이어서 의도적인 결정을 내리게 됐어요. 프로그램에 유료 서비스를 추가했는데 이용률이 거의 반으로 떨어졌습니다. 그 후에 우리는 수강자 수 유지 및 증가에 장애물이 되는 것은 없애기로 했어요. 더 많은 사람이 수업을 듣는 것이 목표(마케팅)에 더 부합하기 때문입니다.

질문: 그렇게 규모가 큰 기업에서 어떻게 에너지 유니버시티를 전사적으로 확장할 수 있었나요?

수잔: 프로그램 확장은 가장 어려웠던 점 중 하나였어요. 에너지 유니버시티를 출시하고 나서 첫 5년간은 이 프로그램이 무엇인지, 이 프로그램을 통해 무엇을 할 수 있는지, 이 프로그램이 얼마나 가치 있는 것인지를 알리는 데 집중했어요. 저는 전 세계를 대상으로 이 활동을 진행했습니다. 이 프로그램을 국제적으로 확장하기 위해 작은 금액을 투자해 강의 콘텐트를 번역했고, 다른 나라에서 이 프로

그램의 견인력을 보기 시작하면서 해마다 에너지 유니버시티를 추가하는 곳이 늘어났습니다. 처음에는 3개의 수업을 5개 언어로 제공했는데, 이제는 수백 개의 수업을 제공하고 있으며 현재 14번째 언어로 번역하는 작업을 하고 있습니다.

우리가 진행한 중요한 일 중 하나는 오디언스와 관련 있는 최고의 전문 기관들과 협약을 맺은 것입니다. 엔지니어, 의료 전문인, 심지어 관광 분야까지 국내 최고의 기관들이 이 프로그램을 보증하거나 인증했어요. 이런 조직들에 관해 알아야 할 중요한 점은 대부분이 에너지 유니버시티 같은 프로그램을 개발할 예산이나 자원을 가지고 있지 않지만, 외부에서 다른 회사가 교육 자료를 들고 오면 그것을 의심스럽게 생각했습니다. 따라서 우리는 협력 기관과 긴밀한 협업을 통해 콘텐트를 개발했어요. 이들에게 근거를 제시하고 설명하고, 수업 개발과 강사 정보 등을 공개하고 함께 논의했어요. 이런 전문 조직들이 우리가 하는 일에 신뢰를 쌓으면서 우리는 이들로부터 많은 도움을 받아 성공할 수 있었습니다.

질문: 비즈니스의 많은 압박에도 불구하고 오랫동안 프로그램을 유지한 비결이 있나요? 얼마나 빠르게 움직이고 있나요?

수잔: 핵심은 최고 경영진의 지원이었어요. 우리 CMO는 이것을 통해 큰 규모의 오디언스에게 도달할 수 있는 가능성을 보았죠. 교육 프로그램은 공유하기 쉬운 것이어서 교육자들로부터 엄청난 지원을 얻어 브랜드 인지도를 창출했습니다. 그렇게 생긴 오디언스를 수백만 명씩 신규 잠재 고객으로 만들 수 있었습니다.

가장 큰 변화는 교육 주제와 관련된 전문가들을 영입하는 것이었는데, 우리는 과학자들이 필요했어요. 이런 프로그램을 운영하려면 과학자들이 상당한 시간을 투자해 질문에 응답하고, 수업 개발을 지원하고, 수업 과정을 검토하고, 시험과 온라인 유니버시티 운영에 필요한 모든 것을 확인해야 했습니다.

중요한 것은 성공 여부를 알지 못하면서 무엇을 시도하는 유연성을 가지는 것이었습니다. 제가 처음에 이 프로그램을 제안했을 때 아무도 이해하지 못했을 것입니다. 그리고 우리도 잘될 거라고 확신할 수 없었어요. 6개월이 지나 '데이터 센터 유니버시티'를 시작했을 때 수천 명이 자연스럽게 이 프로그램을 발견했습니다. 누군가에게 홍보할 필요도 없었어요. 이 결과를 보고 모두 놀랐습니다. "구축하라, 그러면 그들이 올 것이다"라는 영화 대사같이 말입니다.

그런 다음에 우리는 에너지 유니버시티를 출시했고 이때 이 프로그램 규모에 큰 변화가 생겼습니다. 이를 밀고 나가 제대로 확장하려면 다른 부서의 직원들까지 동참시켜야 했고 또 새로운 팀을 만들어야 해서 더 큰 어려움이 있었어요. 그러나 시도해보겠다는 의지가 이 프로그램을 가능하게 만든 것 같습니다.

☑ 라이프 타임 피트니스

필라 게라시모는 회사에서 출판하는 잡지인 「익스피리언스 라이프 Experience Life」를 창간한 편집장이다. 이제 그 회사에 다니지 않지만 계속 자문 역할을 하며 칼럼을 집필한다. 필라 게라시모는 회사의 마케팅 플랫폼을 성장시킨 자신의 경험에서 비롯된 조언과 의견을 공유해주었다.

질문: 「익스피리언스 라이프」를 만드는 과정에서 전통 마케팅과 수익 창출의 균형을 어떻게 맞추셨나요?

필라: 일단 잡지 출판에 대해 회사에서 승인할 때도 많은 사람이 이 일에 비용을 들일 만한 가치가 있다고 생각한 것 같아요. 그렇지만 꽤 많은 비용을 투자해야 했습니다. 처음에는 1년에 수백만 달러가 투입되었고, 광고 수익으로 그 금액을 충당하기에는 턱없이 부족했지요. 그러나 시간이 지나면서 잡지는 성장했어요. CEO가 잡지 출판에 신념을 가지고 지속해서 비용을 대주었지만, 저는 매출을 올리는 단계로 이동하고 싶었어요. 계속 비용 부문으로 남아 있으면 플랫폼을 확장하고 혁신을 만들기 위해 사용할 수 있는 자원에 제약이 생길 거라는 사실을 알았죠. 또한 잡지가 무료로 배포되면 오디언스의 질을 관리할 방법이 없어질 것을 우려했어요. 회사에서 새 피트니스 클럽을 개장하면 독자들이 많이 늘어나겠지만 인쇄, 제작, 배포에 드는 비용도 함께 늘어나기 때문이죠.

이대로 나가면 점점 회사의 자금을 더 많이 축내게 될 것이고, 70~90페이지가량 되는 잡지를 계속 출판하면서 어떤 사람들이 잡지를 읽고 그들이 잡지에 얼마나 큰 가치를 두고 있는지 모른 채 세상에 배포하는 격이 되는 것이었어요.

잡지가 쓰레기장에 버려지거나 재활용지로 쓰이고 있는지, 아니면 오디언스들이 정말로 이 잡지에서 가치를 얻고 있는지 알 수 없었어요. 이 과정에서 '잡지를 판매하면 어떻게 될까?'라는 생각이 들었습니다. 하지만 잡지를 유료화하면 독자들을 너무 많이 잃어 광고 수익까지 줄어들지 않을까 우려하는 사람들이 있었지요. 그래서 우리는 기존 회원들은 무료 회원으로 유지하기로 했어요. 신규 회원에게는 인쇄 잡지의 무료 증정본을 보낸 후에 구독료를 내고 계속 잡지를 배송받을지, 아니면 잡지를 받지 않고 무료로 온라인 잡지를 볼지 선택할 수 있게 했어요.

가장 흥미로웠던 점은, 우리가 잡지 업계에서 매우 논란이 많은 '네거티브 옵트아웃opt-out(이메일을 받지 않겠다는 뜻을 수신자가 발신자에게 뚜렷하게 내보이는 것 – 옮긴이)' 방식으로 모델을 설계한 것입니다. 우리는 아주 명확하고 편리하게 구독 해지가 가능하도록 했으며, 회원들과 맺은 계약의 특성을 반영해 회원들과 우리에게 최선의 방식이 되도록 기획했습니다. 우리는 사람들이 잡지 구독료를 1달러씩 내고 있다는 사실을 발견하는 것보다 갑자기 잡지를 받아보지 못할 때 더 화가 날 것이라고 믿었어요. 부정적인 피드백은 거의 하나도 받지 않았어요. 대다수의 사람이 구독료를 내고 잡지를 받아보는 쪽을 선택했습니다. 우리가 그 방식을 도입한 이후로 잡지를 구독하기로 결정한 사람들의 비율은 꾸준히 85~90% 사이를 유지했어요.

질문: 어떤 식으로 잡지 사업을 확장해 잡지가 전체 사업에서 수익성 있는 부분으로 남을 수 있게 했나요?

필라: 우리가 잡지로 매출을 올린 방법은 멤버십 기간을 연장하는 것이었는데, 그 방법으로 손쉽게 매출을 올릴 수 있었어요. 그래서 해가 지나면서 그 부분도 확장했지요. 자동 결제와 자동 갱신 서비스를 추가했는데, 다른 잡지 사업처럼 구독률과 구독자 유지 비용을 유지하는 데 도움이 되었어요. 유료 구독자가 생기자 잡지가 유통 가치가 있다는 것을 쉽게 입증할 수 있었습니다. 그래서 어렵지 않게 홀푸드 매장과 반스앤노블 매장에 있는 가판대에 잡지를 납품했고, 그것 또한 우리가 성공할 수 있도록 이끈 큰 요인이 되었어요.

소비자 입장에서 생각해보면, 마케팅 카탈로그처럼 보이는 것은 아무도 펼쳐보거나 구매하려 하지 않을 것이고 구독하고 싶어 하지 않을 거예요. 그래서 우리는 품질에 초점을 맞추었고, 잡지의 비즈니스 모델이 도달 범위를 확장할 수 있게 한 주된 요인이었어요.

질문: 빠르게 변하는 마케팅 환경에서 어떻게 이 프로그램을 오랫동안 운영할 수 있었나요?

필라: 잡지의 사업 근거를 마련할 때, 제가 강조한 것 중 하나는 오디언스가 10~15년 전보다 훨씬 더 교양을 갖추었다는 것이에요. 그 원인의 상당 부분은 인터넷의 급부상 때문이죠. 1990년대 후반에 인기 있었던 『웹 강령 95』(세종서적, 2000)라는 책을 기억하나요? 그 책에는 기업 마케터들이 계속 기능과 혜택에 대한 이야기만 하고 있고, 각자의 제품이 얼마나 환상적인지 떠들어대기만 하면 사람들이 제품을 구매할 것이라 생각하고 있으며, 그 모습에서 오디언스가 짜증내고 있음이 상세하게 나와 있어요. 사람들은 인터넷에 접속해 대화를 나누며 기업에서 쓰는 용어와 기업이 자기 확대하는 모습을 비웃고 있었지요. 마케터들은 오디언스가 바보인 것처럼 얕보는 듯한 말을 하곤 했죠.

제 생각에는 모두가 이런 진실을 인식하고 있었지만, 당시까지만 해도 라이프 타임 피트니스Life Time Fitness 내부에서 인정할 수 있는 메시지는 아니었어요. 회사에 던지는 가치 있는 이야기와 악담은 제가 외부에서 온 사람이어서 가능했고, 종종 익숙지 않거나 고려하기 불편한 견해와 지적들을 던질 수 있었습니다. 그렇지만 회사 사람들은 제 말을 들어주었고 변화 의지를 보였어요. 어떤 때는 사람들이 제 말을 듣고 진실을 발견하기도 했어요. 우리가 서비스를 제공하는 소비자들에게 가치를 더해주자는 의견을 냈을 때는 반대할 수 없었죠. 모두가 소비자들이 이렇게 이야기하는 것을 들은 경험이 있었기 때문이죠. 소비자들은 "그 말은 정말 가식적이에요. 교묘하게 조작된 듯하고, 바보 같고, 얄팍하게 들려요. 진심으로 사람을 대하듯이 말해주세요"라는 메시지를 보냈어요. 소비자가 정말로 필요한 것, 관심을 두는 것, 의문을 가지는 것에 진정성 있는 태도로 다가가지 않으면 반감은 물론이거니와 적개심과 분노까지 유발할 수 있습니다. 회원의 건강에 중점을 두고 있는 브랜드로서 그냥 괜찮은 수준이 아니라 사랑받는 브랜드가 되어야 했어요.

따라서 회사는 제 말을 듣고 믿어주었으며 시도할 수 있게 지원해주었어요. 이 잡지가 창간되자마자 오디언스와 매우 강력하게 결속되는 결과가 나타났어요. 우리는 고객들로부터 "다른 브랜드와 달라서 감사합니다", "제가 진짜로 필요로 하는 것과 저의 진짜 문제점을 다루어주셔서 감사합니다", "제가 정말로 필요했던 것을 다루는 잡지를 찾을 수 있어 다행이에요" 등의 감사 편지를 받았어요. 클럽이나 어딘가를 갈 때마다 CEO에게 사람들이 다가와 잡지가 굉장히 마음에 든다며 그 이유까지 말해주었다고 합니다.

나는 운이 좋았고, CEO가 잡지에 대해 이해할 수 있었던 것은 진짜 행운이었죠. 그렇다고 CEO와 다른 경영진들이 의문을 제기하지 않았다는 것은 아닙니다. 경영진들은 계속 의문을 제기했죠. 해가 지나면서 콘텐트에 '마케팅 메시지'를 부여해야 하는 구체적인 어려움과 압박감이 따랐고, 경영진들은 "우리가 이 이벤트를 개최해야 하나요? 이 이벤트에 대해 집필할 수 있나요?" 같은 질문을 했어요. 우리는 회사의 성공 이야기에 얼마나 초점을 맞추어야 하는가를 두고 고심했어요. 예를 들어 구독 회원과 비회원 간의 차이나 잠재적으로 우리의 경쟁사가 될 수 있는 조직에 속한 사람의 말을 인용할지, 아니면 라이프 타임 피트니스 전문가들의 말만 사용할지 고민했어요. 문화를 바꾸는 것의 핵심은 상식을 이야기하고, 인기가 없을 수도 있지만 당연한 것을 말하고, 그 태도와 신념 그리고 질문하는 오디언스의 가치를 지지할 수 있는 데이터를 확보하는 것입니다. 그다음 그것이 얼마나 중요한 일이며 그들이 브랜드의 성공이라고 이야기하는 것은 우리가 처음에 기획한 브랜드 이야기를 우리 고객들이 우리에게 다시 들려줄 때라는 사실을 명확히 보여주는 것입니다. 정말 중요한 것은 오디언스에 집중하는 것입니다.

☑ 오랜 가치와 새로운 유연성에 전념하기

후스의 노래 〈다시는 속지 않아〉에 나오는 "새로운 상사나 예전 상사나 똑같다"는 가사를 기억하는가. 우리의 상사는 지금껏 그래왔듯 우리의 고객이며 앞으로도 계속 그럴 것이다. 앞의 3개 사례와 수많은 다른 사례의 공통 핵심 요소는 새로운 유형의 비즈니스 모델에 유연하게 대응하고 적응하려는 의지다.

'우리는 그렇게 사업하지 않는다' 같은 구시대적 생각이 새로운 모델에 의해 도전을 받았고, 새로운 아이디어들이 캠페인 방식이 아니라 고객에게 가치를 전달하는 새로운 방식에 대한 투자로서 시도되었다. 이것이 바로 이 새로운 미디어 마케팅 모델에서 아주 중요한 요소다. 그리고 이 요소는 이전 모델과 전혀 다르지 않다. 필립 코틀러가 언급했듯 "CCDVTP는 이익을 낼 수 있는 목표 시장을 위해 가치를 창출하고, 커뮤니케이션하고, 전달하는 것"이다.

필라 게라시모는 인터뷰가 끝날 때쯤 이 새로운 모델로 달성한 것들을 되돌아보며 모든 것을 아주 잘 요약해주었다.

> 우리에겐 기존 미디어 회사가 해낼 수 없는 것을 할 수 있는 기회가 있어요. 저는 그것이 '콘텐트 마케팅'이라고 불리는 분야에서 얻을 수 있는 최고의 기회라고 계속 생각하고 있어요. 어떻게 보면 그저 '콘텐트 혁신'일 수 있어요. 기존 미디어 회사가 할 수 없거나 그들이 현재 비즈니스 모델에서는 지원할 수 없는 일들을 하고, 이 기회를 활용해 충족되지 않은 고객의 니즈를 제공하며, 이 기회가 아니면 언급할 수 없는 진실을 이야기해서 고객과 깊은 관계를 구축하는 것이죠.

기업은 여러 방법을 통해 마케팅의 새로운 아이디어를 발전시키는 데 유연하게 대처하기만 하면 된다. 그러나 우리가 정말 그렇게 할 수 있을까? 우리가 하고 있는 일에 전념하는 동시에 모든 것을 통째로 바꾸는 일을 유연하게 할 수 있을까?

우리는 확실히 이런 척도의 양 끝단에 있는 대비되는 2가지 중 하나를 거의 매일같이 선택하고 있다. 항상 가던 출근길을 택할 것인가, 아니면 구글 맵에서 추천받은 경로로 가볼 것인가? 항상 그 끔찍한 길을 따라 출근하는 회사는 또 어떤가? 계속 이 일을 할 것인가, 아니면 다른 기회들을 고려해보는 유연성을 발휘해볼 것인가? 유연성 있는 전략으로 바꾸기 전에 현재의 콘텐트 전략에 얼마 동안 전념하면서 지낼 것인가?

킬링 마케팅

이 선택에는 정답이 없으며, 어느 쪽이든 당신에게 불리한 일이 될 수 있다. 한쪽을 선택해 습관이 되어버리면 여러 기회를 놓치게 될 수도 있다. 만약 필라 게라시모가 고군분투하며 「익스피리언스 라이프」를 유료화하지 않았다면, 그 잡지가 비용 증가로 인해 소멸할 때까지 계속 그대로 회사에서 출판 승인을 받았을 수도 있다.

다른 한편으로 유연성이 우유부단함이 되어버리면 성사시킬 수 있는 일이 별로 없을 것이다. 필라는 새로운 것을 계속 시도하다가 회사에서 한 가지에 전념하기 원한다는 이유로 쉽게 그것들을 포기할 수도 있었지만 그렇게 하지 않았다. 필라의 팀은 유연함을 발휘하여 확장 전략을 찾은 것이다.

척도의 양 끝단에 있는 전념과 유연성은 둘 다 장점이 될 수 있다. 어떤 경우에는 성공하기 위해서 어찌 보면 무분별해 보일 수 있을 정도로 계속 한 가지에 전념해야 할 때도 있다. 철학자 윌리엄 제임스의 "결과가 보장되지 않을 때 신념을 갖는 것만이 많은 경우에 확실한 결과를 내게 한다"는 말을 상기해보자.

반면 성공하려면 가던 길에서 벗어나야 할 때도 있다. 세일즈포스닷컴의 CEO 마크 베니오프의 말을 빌리면, "언제나 다음에 무엇이 올지 예측할 수 있어야 하며, 변화할 수 있는 유연성이 있어야 한다".

당신의 회사는 가던 길을 계속 갈 것인지, 아니면 그 길을 벗어날 것인지를 어떻게 결정하는가? 이를 결정하려면 당신의 강점과 재능, 습관, 약점을 솔직하게 바라봐야 한다. 전념하는 것에만 사로잡힌 회사는 유연성을 발휘하는 것을 고려해봐야 한다. 유연성이 생산성을 저해하는 회사라면 전념하는 것을 생각해봐야 한다. 솔직한 관점을 갖는 것은 우리같이 마케팅의 변화를 주도하려는 사람들에게 특히 중요하다. 우리는 지금 전례 없던 일을 진행하려 하고 있기 때문에 전념할 것인가 바꿀 것인가를 선택하고 결정을 내려야 하는 순간을 무수히 많이 접하게 될 것이다.

우리는 새로운 마케팅 전략, 새로운 수익 창출 방법, 채용하고 인수해야 할 새로운 인재, 새로운 비즈니스 문화를 바라보고 있다. 이런 결정을 내리기 위한 통찰력은 데이터, 직감, 열정, 신념, 철학, 무작위로 하는 선택 등 여러 가지에서 나올 수 있다. 전념과 유연성 중 어떤 것에 더 가중치를 두는지는 우리에게 달려 있으며 앞으로 그런 선택을 계속 해야 할 것이다. 이것은 인공지능이나 자동화로 대체될 수 있는 일이 아니라 사업 전략가로서 우리가 발휘해야 할 기술이다. 미래가 눈앞으로 다가왔기 때문이다.

💡 통찰력 있는 아이디어

◇ 기존에 알던 마케팅을 없애는 일은, 150년 된 기업이 할 때와 실리콘밸리에서 갓 창업한 스타트업 회사가 할 때 많이 다를 것이다. 지금까지 본 모든 성공적인 회사가 가지고 있던 공통 분모는 바로 시도하려는 의지였다. 이런 시도에서 성공한 모든 회사는 기존의 마케팅으로는 역부족이며 비즈니스가 번창하려면 근본적으로 진화해야 한다는 것을 이해하고 있다.

◇ 100년 기업을 목표로 하는 자포스에게 배울 수 있는 중요한 교훈이 있다. 이 회사의 리더는 이 목표가 100년 후에는 사람들이 현재 '자포스' 하면 생각하는 것과는 전혀 다른 의미를 가질 것이라

킬링 마케팅

고 생각한다. 크리스타 폴리는 "만약 내일 당장 누군가가 신발을 대체할 어떤 것을 만들어 전 세계가 그것을 사용한다면, 신발이 유일한 솔루션인 기업에게는 큰 문제가 될 것"이라고 말했다.

◇ 슈나이더 일렉트릭에게서 배운 가장 큰 교훈은 고품질을 전달하는 것, 지속적으로 우수한 결과를 제공하는 데 집중한 것, 이유 없는 확장을 하지 않는 것이다. 수잔은 "우리는 수강자 수 유지 및 증가에 장애물이 되는 것은 없애기로 했습니다. 더 많은 사람이 수업을 듣는 것이 목표에 더 부합하기 때문입니다"라고 말했다.

◇ 「익스피리언스 라이프」의 편집장 필라 게라시모는 마케팅 프로그램으로 수익을 내는 것에 대한 큰 교훈을 주었다. 만약 오디언스가 회사와의 커뮤니케이션을 진정으로 가치 있게 생각한다면 더 많은 금액을 지불할 의향이 있을 것이라는 사실이다. 필라는 "우리는 사람들이 잡지 구독료를 1달러씩 내고 있다는 사실을 발견하는 것보다 갑자기 잡지를 받아보지 못할 때 더 화가 날 것이라고 믿었습니다"라고 말했다. 그녀가 한 말은 사실이었다.

KILLING

10장

마케팅의 미래

MARKETING

Killing Marketing

사람들이 나를 너무 잘 모방한 나머지 내가 한 실수까지도 따라 한다.

지미 헨드릭스

타성에 젖어 사는 것은 죽은 것이나 다름없다.

엘렌 글래스고

이제 기존의 마케팅을 없애버렸는가? 아직 남아 있는 것은 없는가? 지금쯤이면 짐작했겠지만 우리는 이 책의 제목과는 다르게 마케팅의 광팬이다. 우리는 절대로 마케팅을 끝내고 싶어 하는 것이 아니다. **우리는 마케팅의 변화와 확장을 바라며 마케팅이 미래 비즈니스 모델 구축의 전략적 중심이 되기를 원한다.**

마케팅 업계에 종사한 지 곧 30년이 되는 지금까지 인정하고 싶지 않을 정도로 많은 시간을 마케팅 고전들을 읽는 데 소비했다. 여름이면 테오도르 레빗, 피터 드러커, 필립 코틀러, 마이클 포터, 클레이튼 크리스텐슨 등이 쓴 책들에 빠져 지냈고, 주말에는 과거 사례연구들을 탐독하며 출판 모델로 비즈니스 전체를 변화시킨 회사들에 대해 연구했다. 우리가 진행하는 팟캐스트 '디스 올드 마케팅'에서 다룬 최근 200개의 사례만 보아도 알 수 있을 것이다. 아내가 아주 불만스러워하는 점이지만, 나는 TV를 볼 때 광고를 빨리 건너뛰려고 하지 않는다. 게다가 비행기를 탈 때 좌석 앞에 꽂혀 있는 잡지의 광고 페이지를 뜯어갈 때가 있는데, 혹시나 비행기에서 보는 잡지에 페이지가 찢겨나간 흔적이 있다면 바로 나 같은 사람의 소행일 것이다. 나는 현시대의 마케터가 하는 일을 대표하는 그 광고들을 간직하고 싶어서 잡지에 실린 광고들을 가져오곤 한다.

이처럼 마케팅 분야에서 일하는 것을 자랑스럽게 생각한다. 자랑스럽다는 말로는 마케팅에 대해 내가 느끼는 감정을 다 표현할 수 없다. 이를 뛰어넘어 나는 내 일을 사랑한다. 마케팅과 미디어의 이론, 과학, 방법, 기술 등을 전부 다 사랑한다.

무엇보다 내가 사랑하는 이 일이 미래에도 굉장한 것들을 이룰 가능성이 있다고 믿는다. 하지만 그렇게 되기까지 우리가 어떻게 하느냐도 매우 중요하다.

'시작하며'에서 굉장히 중요한 사실을 언급했다.

> 전통 광고, 다이렉트 마케팅, 디지털 마케팅, 심지어 소셜 마케팅까지 모두 변하고 있다. 그리고 이들 브랜드는 모두 전통 미디어를 거치지 않고 곧바로 소비자에게 다가가는 방향으로 가고 있다. 과거에 이렇게 하지 못한 이유는 단 한 가지였다. 그것은 오디언스에게 직접 다가가기 어려웠던 점이다.

아마도 마케팅이 변하고 있다는 사실은 위와 같이 언급한 내용 이후로 지금 읽고 있는 10장에 오기까지 그사이에 있는 수많은 페이지를 굳이 읽지 않아도 수긍했을 것이다. 마케팅이 변하고 있다는 것은 모두가 아는 사실이다. 마케팅 업계에서 큰 업적을 남긴 사람들 모두가 인터뷰에서 그렇게 말한다. 지금까지 나온 '마케팅의 미래'에 관한 글에도 '마케팅은 변하고 있다'고 나온다.

그렇다면 마케팅의 미래는 무엇일까?

짧게 말하면 답은 "이야기할 가치가 있는 것을 만들어라"다. 좀 더 풀어서 말하면 이제 마케터들은 회사가 하는 모든 일을 주도해야 한다.

세스 고딘, 작가·연설가

마케팅은 확실히 엄청난 변화의 길을 걷고 있다. 5년간 있었던 마케팅의 변화는 앞으로 있을 변화에 비하면 아무것도 아니다.

존 헤이글, 작가 및 딜로이트 센터포더엣지이노베이션 창립자

세계를 향해 떠드는 것에서 세계가 떠들게 만드는 방식으로 변할 것이다. 사람들은 원래 마케팅 대상이 되는 것을 좋아하지 않으므로 브랜드들은 모든 고객 접점에서 참여와 대화를 이끌어내는 방안을 모색해야 한다. 우리가 하는 모든 일이 대화의 촉매가 되도록 목표로 삼고 있다.

크리스 브랜트, 타코벨 CMO

오디언스의 마음을 얻어라. 커뮤니티를 일굴 수 있는 굉장하고 새로운 도구로 가득 찬 이 세상은 그 어느 때보다 고객, 소비자, 팬에게 다가가기 쉬워졌다. 더 직접적인 대화 소재를 찾아라.

린다 보프, GE CMO

이제 창조적 에너지는 에이전시를 떠나 퍼블리셔와 플랫폼으로 옮겨갈 것이다. 실력 있는 창조적 인재들은 독립 에이전시를 떠나 미디어 회사와 기술 회사의 크리에이티브 부서로 흘러 들어갈 것이다.

스펜서 베임, 바이스 미디어 CSO

마켓 3.0은 진화한다. 첫 단계의 마케팅은 거래 중심이었으며 판매를 성사시키는 데 초점을 맞췄다. 두 번째 단계의 마케팅은 관계 중심이 되어 고객의 재방문과 구매 증진을 지속하는 방법이 핵심이었다. 세 번째 단계의 마케팅은 소비자를 초청해 회사의 제품 개발과 커뮤니케이션에 참여하게 하는 것으로 변했다.

필립 코틀러, 작가·교수

그렇다. 마케팅은 변하고 있으며 계속 변할 것이다. 그런 변화의 대부분은 적어도 내 마음대로 선정한 위의 인용문들을 볼 때 우리가 이 책에서 이야기하는 내용과 일맥상통하는 것 같다. 그러나 오디언스에 접근할 수 있는 권한을 얻는 것과 오디언스와 관계를 쌓는 것이 궁극적으로 마케팅을 변화시킬 방법이다.

☑ 스스로 쌓은 장벽을 허물자

위의 인용문들을 하나로 묶는 공통점은 대부분의 조직에서 마케팅이 전략적으로 우위에 있다고 생각하는 것이다. 이 부분에서 우리는 많은 권위자의 의견과 다르다. 수백 번의 컨설팅 회의, 고객 자문, 워크숍을 경험하고 전 세계에 있는 마케팅팀을 방문해보니 기업 내 과학 분야 및 예술 분야에서 마케팅 운영의 위치는 좌절감을 느낄 만한 위치에 서 있었다.

전문팀들과 CMO 간에 단절된 모습을 자주 볼 수 있었고, 마케팅이 사업 내에서 전략성을 잃고 있다며 이유 없이 우려하는 모습도 볼 수 있었다. 그리고 마케팅팀 직원들의 효율성이 점점 떨어지고 있으며 사업 내 큰 문제를 해결할 때 마케팅팀은 소득 없이 바쁘기만 하다는 원성을 거의 항상 들어왔다. 한마디로 지금의 마케팅은 틀에 박혀 있다. 마케팅의 미래는 밝다고 할 수 있지만, 지금의 침체기에서 벗어날 수 있도록 박차를 가해야 할 시점이다.

최근 몇 가지 발전 사례를 고려해보자.

- 2017년 1월, P&G의 최고 브랜드 책임자인 마크 프리처드가 인터랙티브 광고 본부Interactive Advertising Bureau, IAB의 연례 회의에서 앞에 나가 불만을 표출했다. "디지털 마케팅 업계에 특별 권한을 주는 시대는 끝났습니다. 이제는 성장해야 할 때이며, 실행에 옮길 때입니다. 새로운 법칙에 따르지 않는 모든 디지털 미디어와 광고 기술 회사, 에이전시 및 공급 업체들이 제공하는 서비스에 금액을 지불하는 일은 없을 것이라고 장담합니다. … 우리는 공동 표준을 완벽하게 준수하지 않고, 신뢰할 수 없는 측정을 하며, 뒤에서 리베이트를 제공하고 봇bot 또는 메스봇methbot으로 새로운 광고 사기 수법을 만든 투명성 없는 미디어 공급망을 통해 소비자들에게 광고를 하고 있습니다." 디지털 잡지 「마케팅 위크」는 마크의 연설을 두고 "최근 20년 동안 최고의 마케팅 연설"이라고 평가했다.

- 2012년 7월, 푸르네즈 마케팅 그룹은 1,200명이 넘는 전 세계 CEO 들의 인터뷰를 통해 CEO의 80%가 자사 마케팅 부서에서 하는 일을 신뢰하지 않는다는 사실을 알아냈다.
- 2016년에 실시한 한 연구에서 마케터의 89%가 디지털 마케팅으로 성과를 낼 수 없다고 생각한다는 결과가 나왔다. 그리고 마케터의 71%가 디지털 프로그램이 종종 기대에 못 미친다고 대답했다.
- 2015년에 구글에서 발표한 연구 자료에는 전체 디지털 광고의 56% 가 전혀 노출되지 않는다고 나온다.
- 아메리칸마케팅협회에서 실시한 연구 결과에 따르면, 2017년 마케터 확신도 점수가 100점 만점에 69점으로 사상 최고 점수를 기록했다. 그러나 불과 1년 전보다 확신도가 떨어진 영역들도 있었다. 자신의 마케팅팀과 관련해 마케터들의 확신도가 떨어진 부분을 알아보자.
  - 경쟁력을 갖추기에 적합한 역량을 가지고 있다: 6% 감소
  - 성장을 촉진할 수 있는 일을 하고 있다: 5% 감소
  - 의미 있는 고객에게 투자하고 있다: 13% 감소
  - 마케팅 계획의 ROI를 이해하고 있다: 11% 감소

가장 눈에 띈다고 할 수 있는 부분은 다음에 대한 확신도다.

- 적절한 운영 모델, 즉 경쟁력을 갖추기 위한 인재, 구조, 절차, 도 구 등을 사용하고 있다: 8% 감소

물론 다른 해와 비교하면 절망적이지는 않지만, 이 카테고리는 모든 확신도 카테고리 중 가장 낮은 점수를 받았으며 전체 설문 조사 대

상자의 26%만이 이 부분에 대해 확신을 느끼고 있었다.

이 결과를 보고 '이 같은 카테고리에서 확신도 점수가 떨어졌으면 어떻게 해서 총 확신도 점수는 증가한 것일까?'라는 의문이 생길 수 있다. 이 의문에 대한 답은 이 연구에 나온다. 연구에 따르면, "마케터들은 점점 새로운 디지털 도구가 보여주는 잠재성에 이끌려 조직의 능력과 영향력이 성장할 것이라고 예상한다".

그렇다. 이 책의 첫 부분에서 말한 문제로 되돌아갔다.

많은 사람이, 미래 기술이 어떤 식으로든 근본적으로 변화하고자 하는 우리의 니즈를 만족시켜줄 것이라는 희망을 가지고 확신하고 있다.

이처럼 실망스러운 현상은 디지털 마케팅의 영역에만 존재하는 것이 아니다. 우리는 세계 각국을 다니며 콘텐트와 미디어로 방향을 잡아야 한다는 우리의 아이디어에 굉장한 거부감을 표현하는 사람들을 보았다. 여러 업계지, 블로그, 심지어 몇몇 기술 출판물에 실린 헤드라인들을 보면 36개월간 우리와 함께 일한 100개 이상의 회사들이 에너지를 낭비하고 있다고 생각할 것이다.

이들이 갑자기 '콘텐트 마케팅'의 광신도가 된 것인가? 돈 드레이퍼 같은 사람이 나타나 '4P'를 개입시키며 이들을 모두 현실로 돌이킬 필요가 있는 걸까?

잠시 동안 이 회사들이 모두 실수를 한 것이며 이들을 비판하는 사람들이 옳은 것이라고 가정해보자. 어쩌면 레드불, 레고, GE, J&J, 크래프트, VISA 등 이 책에서 우리가 언급한 모든 브랜드는 원래부터 흥미로운 콘텐트를 가지고 있기 때문에 특별한 것은 아닐지, 그리고 이들이 여기서 우리가 설명하는 새로운 '과대 포장된, 유행과도 같은' 개념으로 전통 마케팅과 광고를 실제로 대체할 수 있는 극히 일부의 회사들인 것은 아닐지 솔직하게 따져보아야 할지도 모른다. 놀랍겠지만 우리도 이런 주장이 어쩌면 옳을지도 모른다고 생각한다. 이 회사들이 정말로 특별한 것일 수도, 다른 것일 수도 있겠다. 그러나 이 회사들이 창립되었을 때 '특별한 회사들'이었다는 사실 또한 생각해보아야 한다. 그 당시 새로웠던 매스미디어 형식의 마케팅은 마케팅 실무 전반에 혼돈을 일으켰다.

다음 사례들은 당시의 현상을 잘 보여준다.

- 크래프트는 1947년에 함께 일하던 에이전시인 월터 톰프슨과 〈크래프트 TV 시어터〉를 출시하며 스폰서드 콘텐트의 개념에 혁신을 불러일으켰다. 〈크래프트 TV 시어터〉는 1947~1958년까지 몇 시즌에 걸쳐 방영되었다.
- GE는 〈GE 시어터〉라는 협찬 방식의 라디오 쇼를 최초로 출시했다. 이는 1953년에 신기술인 TV로 옮겨갔다. GE는 1893년에 개최된 세계 박람회에서 대형 전시를 열어 최초로 주요한 스폰서십 이벤트를 벌였다. 또한 자동차 제조사와 손을 잡고 자동차 조명의 중요성을 광고하는 등 공동 광고 분야의 선구자 역할을 하기도 했다.
- 레고에게 지난 15년은 세계에서 가장 강력한 브랜드로 부상할 수 있었던 훌륭한 시기였다. 레고는 2004년에 파산 위험에 처했지만, 디지털 및 콘텐트로 중심축을 바꾸고 신제품과 새로운 절차, 마케팅 혁신으로 초점을 맞춘 것이 회사를 살려낼 수 있었던 주요한 요인이 되었다. 레고 경영진이 말한 "우리는 장난감 제조사였습니다. 이제 우리는 이 상품에 대한 우리의 이야기를 전달하기 위한 미디어 회사로 점차 변신하고 있습니다"에서 그 일면을 찾아볼 수 있다.

킬링 마케팅

따라서 무엇이 이 회사들을 특별하게 만드는지는 별로 중요한 게 아닐 수 있다. 이 회사들이 변하고 적응하려는 의지를 보인 것이 중요하다. 그러나 우리가 수긍한 반대 의견들이 있다. 그것이 무엇인지 알아볼 준비가 되었는가? 이 새로운 마케팅에 대해 이렇게 말하는 사람들이 있다.

- 새로운 것이 아니다.
- 어렵다.
- 기존 마케팅 캠페인보다 더 많은 성과를 가져오지 않는다.
- 광고에 비해 적은 비용이 들지 않는다.

사실이다. 우리가 이 책에서 예로 들었던 회사들이 다른 회사들은 무시하고 있으나 인식하고 있는 점은 이렇다.

가치를 창조하는 것이 더 많은 제품 판매를 촉진하는 것보다 월등하며, 이것은 마케팅이 지닌 가치를 확대하는 데 엄청난 기회가 된다는 것이다. 이 새로운 마케팅 모델은 그저 직접적인 마케팅 캠페인을 대체하는 것이 아니라 중요한 비즈니스 전략에 포함되는 혁신적 요소다.

달리 표현하면 이 회사들은 마케팅 업무를 개선하려는 목적으로 콘텐트를 진화시키는 것이 아니다. 이들은 전체 사업을 개선할 목적으로 마케팅의 접근 방식을 진화시키기 위해 콘텐트를 활용하는 것이다.

그렇다면 변화하지 않을 이유가 무엇인가?

이를 막는 몇 가지 난점을 알아보자.

☑ 변화를 위한 사업적 근거

내가 참가하거나 주최하는 마케팅 콘퍼런스 세션 대부분에서 누군가가 나서서 연설자에게 변화에 대해 "제 상사에게 이것이 진행할 만한 가치가 있다고 어떻게 설득할 수 있을까요?"라는 질문을 한다. 질문에서 '이것'은 이 책에서 읽었던 방식 중 하나다. 그러나 솔직하게 말해 이 질문은 우리가 사람들이 대답을 찾지 않았으면 하는 질문이다. 우리는 마케터로서 "내가 방금 『킬링 마케팅』을 읽었는데, 콘텐트 마케팅을 하고 사업을 변화시키는 흥미롭고 생산적인 일을 하는 회사들의 사례가 나와 있어. 어떻게 하면 내 상사에게 우리도 그것을 해야겠다고 설득할 수 있을까?"라고 말을 하는 것이다.

그러나 상사들은 "우리가 지금 하고 있는 것이 그것밖에 없는데 왜 또 콘텐트에 투자를 해야 하나"라고 반응할 것이다. 그리고 나서 상사가 이해할 수 없다며 짓는 표정은 "우리는 이미 엄청난 돈을 투입하여 엄청나게 많은 양의 콘텐트를 만들고 있는데, 지금 자네가 제안하는 것을 하면 어디서 수익을 얻어올 수 있지?"라는 의미일 것이다. 다시 말해 마케터가 새 차를 구입해달라고 요청할 때 CEO가 "그동안 내가 구매한 모든 부품으로는 대체 뭘 한 건가요?"라고 정확히 말하는 격이다.

숨김없이 이야기하겠다. 그 어떤 CMO, VP, 디렉터 또는 매니저가 마케팅 운영 모델을 바꾸려고 시도하는 경우에 이런 반대를 받게 되면 그들이 계획하는 변화의 모든 부분에서 타격을 입을 것이다. 우리가 이 책에서 아무리 많은 성공 사례를 소개했다 해도 어쩔 수 없는 실패 사례가 있을 것이다. 최근에 누군가가 고소해하면서 우리에게 자사 미디어 전략으로 이끄는 마케팅 운영의 효율성에 의문을 던지는 내용의 「월스트리트저널」 기사를 보냈다. 기사에는 고프로 GoPro에서 200명의 직원을 해고하고 콘텐트 책임자를 잃었으며, 고프로가 엔터테인먼트 사업에서 철수 중이라고 나와 있었다.

1장에서 이야기했듯 배를 발명하면 난파도 발명되는 것이다. 그렇지만 중요한 것은 우리가 배를 발명했으므로 난파가 발명된 것이다. 소규모 회사든 「포춘」 100에 선정된 글로벌 기업이든, 우리 모두가 길을 더듬어가며 탐험을 감행하면서 함께 여정을 걷고 있다. 몇 년 동안 우리가 성공을 거두었을 때는 우리를 "얼리어답터", "특별한 회사", "사례 연구 대상"이라고 불렀다.

그러나 우리가 실패했을 때는? 글쎄, 아무도 실제로 그런 이야기를 들은 적이 없다. 그렇지만 이런 일은 모두에게 일어날 수 있다.

이처럼 반대를 받게 되는 시기로 넘어왔을 때 인내하는 사람들만이 성공할 수 있다. 일찍 성공을 거두는 것으로는 충분하지 않다. 우리는 계속 노력해야 한다. 그렇게 하는 사람들이 특별한 사람, 사례 연구 대상이 된다. 차이는 실패일 것이다. 아마도 점점 더 많은 실패 소식을 듣게 될 것이다.

☑ 실현 방안 카운팅

CMI에서 2017년에 3,500명이 넘는 마케터들을 대상으로 진행한 연구에서, 콘텐트로 거두는 성과가 차츰 줄어들고 있다고 느끼는 사람들을 살펴보았다. 가장 많이 거론된 6가지 이유, 즉 응답자의

30% 이상에게 해당하는 이유는 다음과 같다.

- 충분한 시간을 들이지 않아서: 51%
- 관리자 변동, 인력 배치 문제: 48%
- 콘텐트 제작 문제: 46%
- 전략 부족 또는 적응의 어려움: 38%
- 콘텐트 마케팅의 우선순위가 높지 않아서: 35%
- 콘텐트 마케팅 예산 문제: 31%

이 문제들만 다루자면, 콘텐트 마케팅의 성과가 없다고 느끼는 마케터들이 그렇게 느끼는 주된 이유는 현재 우리가 딜레마 상태에 있기 때문이다. 우리는 더 많은 콘텐트를 제작하는 데 너무 집중한 나머지 시간이나 예산이 부족하고 사업적 우선순위에서 밀려나 초점을 맞출 수 없다고 느낀다. 이쯤에서 고위 경영진은 "그만두지!"라며 질책한다. 이미 만들고 있는 콘텐트가 많은데 왜 더 많은 콘텐트를 만드는 데 투자를 하겠냐면서 말이다. 물론 아무도 이런 식으로 이야기하지는 않는다. 좀 더 '업무적인' 용어를 사용할 것이다. 우리는 이런 질문을 받을 것이다.

(1) 미디어가 넘쳐나는데, 어떻게 산업계에서 돋보일 수 있을까요?

(2) 이 마케팅 방식은 광고하는 것보다 비용이 많이 들어요.

(3) 미디어 회사가 아니므로 오디언스를 구축할 만한 훌륭한 콘텐트를 만들 수 없어요.

(4) 콘텐트를 수익으로 연결시킬 수 없어요.

그러면 먼저 인정할 것부터 인정하겠다. 이 모든 말은 다 사실이다. 자, 각 질문 사항의 핵심으로 들어가보자.

(1) 미디어가 넘쳐나는데, 어떻게 산업계에서 돋보일 수 있을까?

이런 주장은 흔히 '콘텐트 쇼크'로 알려져 있다. 외부가 시끌벅적한 것을 보고 이렇게 반응하는 것은 마치 바깥에 폭풍우가 불어닥치는 모습을 보고 "밖에 나가기엔 너무 위험해"라고 말하는 것과 같다. 그러나 이 폭풍우는 잠잠해지지 않는다. 콘텐트의 '폭풍우'는 구텐베르크가 활자를 발명했을 때부터 시작해서 라디오, TV, 현재의 인터넷까지 매스미디어가 생겨나면서 더 불어났다.

이 질문에 대한 내 대답은 "대안이 무엇일까?"다. 정말로 이 콘텐트 '폭풍우'가 가라앉고 세상이 덜 시끄러워지기를 바라는가? 직접 광고, 마케팅, 소셜 미디어 또는 고객과 소통하기 위한 다른 방법들이 시간이 지나면서 더 쉬워지고 덜 복잡해질 것이라고 믿는가?

산업 내에 너무 많은 콘텐트가 존재하는 것은 사실이다. 그렇다고 콘텐트를 그만 만들어내야 한다는 뜻은 아니다. 여기에서 성공하기 위해 더 많은 시간과 능력을 투자해야 한다는 것을 의미한다.

(2) 이 마케팅 방식은 광고하는 것보다 비용이 많이 든다

마케팅 업계, 특히 디지털 마케팅 업계에서는 언젠가부터 사람들의 의식 속에서 '광고'가 사실상의 비용 책정 기준으로 자리 잡았다. 새로운 접근 방식이 나타나도 똑같은 생각의 필터에 통과시키며 **"광고하는 것보다 저렴한가 아니면 비싼가?"**를 따진다. 더 저렴하면 해볼 만한 가치가 있다고 생각하고, 더 비싸면 그렇지 않다고 결정한다. 여기서

걱정되는 점은 이런 과정에서 2가지를 이미 상정하고 들어가기 때문이다. 하나는 광고와 그에 따른 비용을 지불하는 것이 최고의 방법이라고 생각하며 부정적인 결과는 없을 것이라고 간주하는 것이다. 마케팅 모델을 변화시키는 것이 현재 광고에 투자하는 것보다 더 비쌀 수 있다. 그러나 어느 날 광고 마케팅이 실패하고 다른 종류의 마케팅 대안에 투자도 해놓지 않았다면 어떻게 할 것인가? 이는 두 번째 상정과 연결된다. 이 콘텐트 마케팅이라는 접근 방식이 그저 광고를 대체하는 것이라고 생각하는 것이다. 이것도 사실이 아니다.

그렇다. 이 마케팅 모델은 수익을 창출해 사업 전체에 가치를 더할 수 있으며 이 점을 포함해 더 많은 종류의 가치를 제공한다.

(3) 미디어 회사가 아니므로 오디언스를 구축할 만한 콘텐트를 만들 수 없다

만약 사업이 잘 되지 않아 CCO가 CEO에게 "우리는 좋은 제품을 더는 만들 수 없습니다"라고 말하면 CEO가 어떻게 반응할까? 반대로 CEO가 CCO에게 같은 말을 한다면 어떤 상황일까?

이러나저러나 CCO는 지금 새 직장을 구하고 있거나 제품을 잘 만들 수 있는 사람을 물색 중일 것이다. 좋은 제품과 서비스를 만드는 능력은 우리 사업의 핵심이다.

따라서 이 변화에 대해 진지하게 생각하고 있다면 왜 이것이 그와 같다고 생각하지 않는가? 훌륭한 콘텐트를 만들 수 없어 성공하지 못하는 것은 그만한 노력을 들이지 않아서일 확률이 높다. 우리는 그동안 제품의 가치를 설명하는 콘텐트만 만드는 데 갇혀 있어서 훌륭한 콘텐트를 만드는 데 제대로 투자하고 훈련한 적이 없다.

직원들이 훌륭한 콘텐트를 만들 수 있도록 훈련시켰는가? 멋진 콘텐트를 만들 줄 아는 인재를 채용하는 데 투자했는가? 이유가 무엇이든 이런 말을 하는 것은 콘텐트 마케팅 방식 자체를 부인하는 것이 아니라 그 접근 방식을 수행하는 자신의 능력을 부인하는 것이다.

(4) 콘텐트를 수익으로 연결시킬 수 없다

이 질문에 대한 대답은 "그렇다면 하지 마라"다. 사업 가치를 더할 수 있는 다른 방법은 무수히 많다.

슈나이더 일렉트릭의 수잔 하트만은 마케팅 모델을 수익화하면 오디언스 규모가 줄어들어 더 많은 잠재 고객과 기회를 유치한다는 사업 목표에 저해가 될 것이라고 판단해 수익화를 반대했다.

라이프 타임 피트니스의 필라 게라시모는 수익을 창출하기 시작하려고 오디언스 규모를 줄이기로 했다. 이는 최대한으로 범위가 넓은 규모의 오디언스에 브랜드 메시지를 전달하는 데 제약을 가하는 소규모 마케팅 프로그램이다. 그렇지만 이렇게 하면 마케팅의 자급자족이 가능해질 뿐 아니라 회사의 수익에 도움이 되므로 이는 더 현명한 사업적 의사 결정이다.

유명 도지볼 감독 패치스 오홀리한이 말했듯 "렌치를 피할 수 있으면 공도 피할 수 있다". 자신이 진행하는 마케팅과 광고 중 어느 것 하나라도 수익으로 연결시킬 수 있다면 콘텐트도 수익으로 연결할 수 있다.

그러나 좀 더 깊게 파고 들어가면 콘텐트를 매출과 연결 짓는 것은 모호한 부분이 많아 콘텐트를 수익과 명확하게 연결하기 어렵다. 사실이 그렇지만 이는 우리의 진화를 막을 수 있는 주장이 아니다. 그저 측정 방식이 어려운 것일 뿐이다.

☑ 고정된 물체와 제지할 수 없는 힘의 만남

우리가 다양한 규모의 브랜드와 함께 일했던 10년간 회사들은 끊임없이 창의적인 아이디어들을 냈다.

그러나 이런 엄청난 아이디어들이 표출될 기회를 얻지 못하는 경우가 많다. 회사의 지도자들은 혁신에 대해 자주 이야기하지만 실제로 실행하는 경우는 드물기 때문이다.

세계 최대 PR 에이전시 중 하나의 고위 관리자가 최근에 우리에게 이런 말을 했다.

> 전체 회의에서 최고 경영진이 우리는 혁신적이야 하며 고객에게 새로운 콘텐트와 전략적인 소셜 미디어 솔루션을 제공해야 한다며 매우 뜻 깊은 말을 할 때가 많아요. "우리는 변화할 것이며 고객을 위한 미디어 운영 회사가 될 것"이라고 말을 하죠. 그런데 그 말이 끝나고 나면 우리 모두 각자의 자리로 돌아가 고객에 관한 기사를 써줄 기자들에게 연락하기 바빠요.

회사들은 마케터들이 혁신적이기를 원한다. 그 혁신성이 사업에 투자 수익을 가져올 수 있다고 입증할 수 있는 한도 내에서 말이다. 바로 이런 식으로 조직 모멘텀이 방해를 하는 것이다.

우리는 너무 오랫동안 한 방향으로만 마케팅을 실시해와서 변화가 불가능할 정도에 이르렀다.

그렇다면 어떻게 변화를 시작할 수 있을까? 미래에 우리는 어떤 모습을 하고 있을까?

☑ 중단 목록 작성하기

자문 세션을 진행할 때면 거의 언제나 끝에 가서 재미있는 일을 경험한다. 하루 종일 새로운 콘텐트 계획, 현재 마케팅 전략의 변화, 집중적이고 전략적인 콘텐트 부서를 만드는 것 등에 대해 이야기한 후에 일어나는 일이다.

누군가가 "기대를 현실에 좀 맞춰야 할 것 같아요"와 같은 말을 한다. 어떤 때는 내가 그렇게 말하지만 대부분의 경우는 회의 내내 꽤 조용했던 사람이 그런 말을 한다. 그런 다음에는 방 안이 고요해지고 사람들이 고개를 끄덕인다. 다들 어려운 일이 될 것이라는 사실을 깨닫는 것이다. 이 모든 것을 사람들이 직접 다 해야 하는 것이다. 고개를 끄덕이며 반대 의견을 제기한다.

- "그래도 영업 부서 직원들에게 필요한 자료는 지원해줘야 해요."
- "매주 발송하는 고객 뉴스레터 4개는 계속 출판해야 해요."
- "고객 자료 제공 웹사이트는 계속 업데이트해야 해요."
- "다음 분기에 신제품 웹사이트 런칭은 해야 해요."

이러한 현실 자각의 과정이 계속 일어나는 것을 보고 나는 새 계획에 대해 논의하기 전에 미리 콘텐트 팀원들이 어떤 일을 하는지 물어보는 것으로 세션을 시작한다. 그다음에 그 일을 하는 이유를 묻고 나열해본다. 대부분의 일은 "항상 그렇게 해와서"라는 이유로 하고 있을 때가 많다.

회의가 끝나고 사람들이 고개를 끄덕이면 나는 처음에 작성한 리스트를 꺼내 "여기에 작성한 것들 중 어떤 것을 그만둘 수 있나요?"라고 묻는다. 그러면 사람들은 서로 쳐다보며 "아무것도요. 경영진은 우리가 계속 그 일들을 하기 바랄 거예요"라며 불편하게 웃는다.

우리가 지금 구축해야 할 사업 근거는 이 새로운 일을 해야 하는 이유가 아니라 왜 예전에 하던 일을 그만두어야 하는가다. 경영학 교수 마이클 포터가 한 "전략의 핵심은 무엇을 하지 않을지 선택하는 것"이라는 말을 되새겨보자.

장담하건대 만약 당신이 이 책에서 하는 말의 20%라도 수긍했다면, 마케팅 운영을 조금이라도 변화시키기 위해 맨 먼저 해야 할 일은 무엇을 그만둘지에 초점을 맞추는 것이라는 사실을 이해할 것이다.

2만 명의 고객에게 발송하지만 아무도 읽지 않는 뉴스레터는 어떤가? 아무도 사용하지 않는 리소스 센터는 어떨까? 30% 권리금을 내고 있지만 효과가 없는 디스플레이 광고는? 우리가 그런 것들을 그만두면 어떤 일이 벌어질까? 누가 그것을 찾을까? 우리가 잃을 것은 무엇인가?

이 책을 마무리 지으면서 우리를 행동에 옮기게 할 수 있는 질문을 하나 더 제기한다.

☑ 만약 우리가 틀렸다면?

2016년 여름에 우리가 한 이 모든 생각의 형태를 대략적으로 잡아 조금씩 대중에게 공개하기 시작할 때쯤, 워크숍이 끝나고 한 CEO가 내게 와서 "당신은 틀린 것 같다"면서 이렇게 말했다.

"저는 마케팅이 수익 센터가 되어야 한다고 생각하지 않습니다. 그것은 방해 요소라고 생각합니다. 또 대부분의 회사가 오디언스를 구축하기 위해 콘텐트를 사용할 것이라고 믿지 않습니다. 제 생각에 그것은 대부분의 회사에게 불가능한 일입니다. 저는 마케팅 업계가 영원히 바뀌었다고 생각합니다. 사람들은 자신이 보는 콘텐트를 냉소적인 태도로 대하고, 신뢰는 사라졌으며, 지금 여기서 이야기하는 것은 언제나 똑같은 마케팅이 그저 다르게 포장된 것입니다. 우리는 그저 더 투명해지고, 디지털화하고, 더 빠르게 움직여야 할 뿐입니다."

"그래요? 당신 생각이 맞을지 모르겠지만 그게 사실이 아니기를 바랍니다. 지금 이상으로 빨리 갈 수는 없을 것 같거든요."

우리는 대부분의 회사가 이 CEO가 이야기한 대로 생각한다고 믿는다. 그렇다면 그 사람의 말이 맞는 말이고 이 책에서 이야기한 것들이 전부 틀리다고 가정해보자.

- '시작하며'에 쓴 내용은 틀린 말이다. 우리는 소비자에게 직접 다가갈 수 없으며 그래서도 안 된다. 문지기인 전통 미디어를 통해서 거기에 도달할 수 있다.
- 2장의 내용은 틀렸다. 마케팅 부서에서 장시간에 걸쳐 오디언스를 구축하는 데 초점을 맞추고 고객들이 해결책을 찾을 때, 맨 먼저 떠오르는 브랜드가 되도록 한다는 것은 이치에 맞는 이야기가 아니다.
- 3장에서 틀린 말을 했다. 새로운 미디어 사업 모델과 새로운 마케팅 사업 모델은 같지 않다.
- 4장에서 새로운 마케팅 활동을 통한 수익 모델은 과장된 말이다.

- 5장에서 이야기한 수익 절감 모델은 잘못 적용된 것이다.
- 7장은 모두 틀린 말이며, 우리의 브랜드를 콘텐트가 사업 전략으로 작동하도록 만드는 수단으로 배치하는 미디어 모델은 없다.
- 9장에서 예로 든 자포스, 슈나이더 일렉트릭, 라이프 타임 피트니스는 전부 마케팅 전략을 진화시키는 것이라기보다 그저 흥미로운 제품 또는 충성도 계획을 계발하는 것이다.

이 모든 것이 사실이라고 가정해보자.

시도한다고 손해볼 게 무엇이 있는가?

크리스타 폴리가 자포스의 마케팅 모델에 대해 말하며 전달한 조언을 생각해보아야 하지 않겠는가?

> 손해볼 것이 없고 우리를 퇴보시키는 것이 아니라면 시도하는 것은 충분히 안전합니다. 사실 그럴 때는 반드시 시도해야 합니다.

어쩌면 이것은 돈 낭비일지도 모르겠다.

워크숍에서 그 CEO와 대화하면서 나는 2016년에 비해 콘텐트를 더 많이 만드는지 적게 만드는지 물어보았다. 그는 "당연히 더 많이 만들고 있죠"라고 대답했다.

우리는 사업을 하면서 계속 많은 콘텐트를 만들어낸다. 그것이 광고가 되었든 소셜 미디어 포스트, 블로그 포스트, 백서, 동영상, 기업의 사회적 책임에 대해 CEO와 한 인터뷰가 되었든 계속 콘텐트를 만들어내고 있다. 나는 그에게 물었다.

"단지 비용 관리를 더 잘하기 위해서라도 미디어에 대해 파악하고 이를 전략적 도구로 만드는 것이 합당하다고 생각하지 않습니까? 혹시라도 자사 미디어 경험을 구축한다고 했을 때, 전략적으로 만드는 모든 콘텐트를 검토할 수 있는 절차에 투자해 미디어 회사가 되고 싶지 않더라도 콘텐트 운영 방식에서는 미디어 회사 같은 역할을 하는 것이 좋지 않을까요?"

"네, 그렇군요."

전략적으로 사고하는 것은 추가 비용이 드는 일이 아니다. 오히려 마케팅을 새로운 시각으로 바라볼 수 있는 방법을 시도할 기회를 제공하는 것이다.

이제 이 책의 결론에 도달했으니 우리의 바람은 당신이 사업 목적으로 현재 제작, 배포, 활용하고 있는 마케팅 콘텐트를 진화시키는 데 좀 더 전략적 접근을 했으면 하는 것이다.

우리의 의견이 다를 수 있는 부분은, 얼마나 멀리 가고 싶은지와 얼마나 많은 혜택을 얻고 싶은지에 대한 부분일 것이다.

우리는 이 책의 첫 부분에서 현재 가지고 있는 편견을 버리고 마케팅을 단지 수요 창출의 수단으로 보지 않았으면 하는 바람과 낯선 땅에서 기회를 찾는 이방인처럼 마케팅을 바라보는 것을 권유했다. '시작하며'에서 이야기했듯 "궁극적으로 현재 당신이 하는 마케팅을 없애고 전혀 새로운 모델의 혜택을 누리는 것은 당신이 선택할 몫이다".

이렇게 생각해보자. 만약 우리의 말이 맞다면 조심스럽게 이야기한다 해도, 최근 60년 동안 마케팅과 경영 전략을 혁신할 수 있는 가장 큰 기회일 수 있다. 우리는 과연 맞는 질문을 하고 있는지 고민하면서 이 책을 시작했다. 만약 미디어가 광고주의 지원을 받지 않고 광고주가 미디어를 만드는 세상이 온다면 어떻게 할 것인가?

"브루투스여, 우리가 노예인 것은 우리 별의 잘못이 아니라 우리 자신의 잘못이라네". 셰익스피어의 글이다.

자신이 하는 일을 좋아하는 마케터로서, 미래의 사업 전략가로서, 미래는 우리 손에 달렸다. 카시우스가 브루투스에게 이야기했듯 미래를 만들려면 우리가 할 수 없다고 생각하는 것도 해야 하며 우리를 조정하는 폭군을 몰아내야 한다.

"마케팅은 변했다." 지금 나는 이것을 과거형으로 이야기했다. 아마 이 책을 여는 순간, 당신도 그 사실을 알았을 것이다. 남아 있는 한 가지 질문은 이것이다. "당신은 어떻게 할 것인가?"

비즈니스의 미래에 진입한 것을 환영한다. 모든 것은 우리 손에 달려 있다.

◇ 우리는 시장이 변하고 있다는 것을 알고 있지만 실제로 마케팅을 변화시키지는 못했다. 많은 이론가가 마케팅이 지배력을 가질 것이라고 이야기하지만, 어떻게 그렇게 될지에 대해 논하는 사람은 거의 없다. 우리는 그 방법이 바로 오디언스에 접근해 관계를 형성하는 것이라고 믿는다.

◇ 마케팅과 광고의 현재 상황이 지속되어서는 안 된다. 시장의 진화는 고전적 마케팅의 시대가 끝났음을 의미한다. 대안들은 새로운 방식보다 더 효율적이지 않고, 더 저렴하지 않을 것이다.

◇ 새로운 방식의 마케팅을 선택한 크래프트, GE, P&G, 레고 같은 회사들은 매력적인 스토리를 가지고 있은 덕분에 새로운 모드의 마케팅으로 진화하고 있다. 이 회사들은 마케팅 모델을 기꺼이 언제든지 변화시킬 수 있는 준비가 되어 있으므로 그렇게 매력적인 스토리를 가지고 있을 수도 있다.

◇ 이 책에서 전하는 내용이 틀렸고 마케팅으로 수익을 창출하는 것이 현실로 이뤄지지 않더라도 오늘날의 디지털 세상에서 자사 미디어에 대해 더욱 전략적으로 다가가보자. 만약 그것이 오늘날의 디지털 세계에서 우리가 사업을 하는 비용 정도만 커버할 수 있더라도 의미는 있다. 왜냐하면 자사 미디어를 전략적으로 생각하는 것은 비용이 거의 들지 않는다.

참고문헌

시작하며

· Alexis Ohanian, *Without Their Permission*(Business Plus, 2013).

· Amos Tversky and Daniel Kahneman, "Belief in theLaw of Small Numbers", *Psychological Bulletin* 76, no. 2(August 1971): 105–110.

· "Franchises: Star Wars", BoxOfficeMojo.com, accessed May 23, 2017, www. boxofficemojo.com/franchises/chart/?id=starwars.htm.

· "How Star Wars Changed Film Marketing Forever", AMA.org, accessed May 23, 2017, www.ama.org/publications/MarketingNews/Pages/the-history-of-marketing-star-wars. aspx.

· Michael Lewis, *The Undoing Project*(W. W. Norton &Company, 2016).

· "Mondelez Makes Moves to Look More Like a Media Company", WSJ.com, accessed May 23, 2017, www.wsj.com/articles/mondelez-makes-moves-to-look-more-like-a-media-company-1464692402.

· "The Ingenious Path George Lucas Took to Making Billions off Star Wars", BusinessInsider.com, accessed May 23, 2017, www.businessinsider.com/how-star-wars-made-george-lucas-a-billionaire-2015-12.

· "The LEGO Movie", boxofficemojo.com, accessed May 23, 2017, www.boxofficemojo. com/movies/?id=lego.htm.

· "The Real Force Behind Star Wars: How George Lucas Built an Empire", TheHollywoodReporter.com, accessed May 23, 2017, www.hollywoodreporter.com/ news/george-lucas-star-wars-288513.

· "We Can Say that CCDVTP Is a New Marketing Theory(Philip Kotler)", bayt.com, accessed May 23, 2017, www.bayt.com/en/specialties/q/42325/we-can-say-that-quot-

304

ccdvtp-quot-is-a-new-marketing-theory-philip-kotler/.

1장_ 킬링 마케팅

· Adam Levy, "Amazon's Biggest Advantage Is in Original Content", Fool.com, March 19, 2016, www.fool.com/investing/general/2016/03/19/amazons-biggest-advantage-in-original-content.aspx.

· Adam Levy, "HBO Now's Subscriber Growth Is Accelerating", Fool.com, February 13, 2017, www.fool.com/investing/2017/02/13/hbo-now-subscriber-growth-is-accelerating.aspx.

· Dana Severson, "The Average Cost of National Advertising Campaigns", AZCentral.com, accessed May 1, 2017, http://yourbusiness.azcentral.com/average-cost-national–advertising-campaigns-26091.html.

· "Facebook Has 50 Minutes of Your Time Each Day. It Wants More", *New York Times*, May 1, 2017, www.nytimes.com/2016/05/06/business/facebook-bends-the-rules-of-audience-engagement-to-its-advantage.html.

· Jason Lynch, "U.S. Adults Consume an Entire Hour More of Media per Day Than They Did Just Last Year", AdWeek.com, June 27, 2016, www.adweek.com/tv-video/us-adults-consume-entire-hour-more-media-day-they-did-just-last-year-172218/.

· Joe Lazauskas, "'We Believe in Stories': GE Reports' Tomas Kellner Reveals How He Built the World's Best Brand Mag", Contently.com, February 11, 2015, https://contently.com/strategist/2015/02/11/we-believe-in-stories-ge-reports-tomas-kellner-reveals-how-he-built-the-worlds-best-brand-mag/.

· Joseph Lichterman, "After Trump's Election News Organizations See a Bump in Subscriptions and Donations", NiemanLab.org, November 14, 2016, www.niemanlab.org/2016/11/after-trumps–election-news-organizations-see-a-bump-in-subscriptions-and-donations/.

· Liz Bedor, "Why Amex OPEN Forum Is Still the Gold Standard for Content Marketing", Lizbedor.com, accessed May 1, 2017, https://lizbedor.com/2015/08/11/american-express-open-forum-content-marketing/.

· Philip H. Dougherty, "Advertising Print Production Costs Up by Less Than 2%", *New York Times*, February 2, 1983, www.nytimes.com/1983/02/02/business/advertising-print-production-costs-up-by-less-than-2.html.

· Pulizzi and Barrett, *Get Content, Get Customers*(2009).

· Pulizzi and Rose, *Managing Content Marketing*(2011).

· Todd Spangler, "Netflix Targets 50% of Content to Be Original Programming, CFO Says", Variety.com, September 20, 2016, http://variety.com/2016/digital/news/netflix-50-percent-content-original-programming-cfo-1201865902/.

· Trefis Team, "Netflix Subscriber Growth Continues Unabated as Margins Improve", Forbes.com, January 19, 2017, www.forbes.com/sites/greatspeculations/2017/01/19/netflix-subscriber-growth-continues-unabated-as-margins-improve/#40e797103437.

· Victor Gao, interview by Claire McDermott, January 2017.

· *Wikipedia*, s.v. "Paul Virilio", accessed May 1, 2017, https://en.wikipedia.org/wiki/Paul_Virilio#cite_note-shipwreck-4.

2장_ 오디언스 수익률

· Christopher Heine, "Why Johnson & Johnson Treasures BabyCenter's Data", Adweek.com, April 2, 2014, www.adweek.com/digital/why-johnson-johson-treasures babycenters-data-156720/.

· David Court, Dave Elzinga, Bo Finneman, and Jesko Perrey, "The New Battleground for Marketing-Led Growth", *McKinsey Quarterly*, February 2017, Mckinsey.com, www.mckinsey.com/business-functions/marketing-and-sales/our-insights/the-new-battleground-for-marketing-led-growth.

· Jack, Fitchett, Higgins, Lim, and Ellis, *Marketing: A Critical Textbook*(2011).

· Joe Pulizzi, *Epic Content Marketing: How to Tell a Different Story, Break Through the Clutter, and Win More Customersby Marketing Less*(McGraw-Hill Education, 2014), 300.

· John Kell, "Lego Says 2015 Was Its 'Best Year Ever,' with Huge Sales Jump", Fortune.com, March 1, 2016, http://fortune.com/2016/03/01/lego-sales-toys-2015/.

· Neil Borden, "The Concept of the Marketing Mix", accessed on Slideshare.net on May 1, 2017, www.slideshare.net/wgabriel/neil-borden-heconceptofthemarketingmixb logwgabriel.

· Richard Beeson, "Content Marketing Strategy", Agorapulse.com, May 27, 2014, www.agorapulse.com/blog/content-marketing-strategy-joe-pulizzi.

· Susan Hartman from Schneider Electric, interview by Claire McDermott, January 2017.

· *Wikipedia*, s.v. "Maria Parloa", accessed May 1, 2017, https://en.wikipedia.org/wiki/Maria_Parloa.

3장_ 미디어 마케팅

· 2017 AspenCore Media Kit, accessed May 24, 2017, www.aspencore.com/AspenCoreMediaGuide.pdf.

· About Dennis Publishing, accessed May 24, 2017, www.dennis.co.uk/about/.

· Brook Barnes, "Gwyneth Paltrow and Goop Go into the Fashion Business", nytimes.com, September 10, 2016, www.nytimes.com/2016/09/11/fashion/gwyneth-paltrow-goop-fashion-business.html?_r=0.

· Cosmopolitan Media Kit, accessed May 24, 2017, www.cosmomediakit.com/r5/home.asp.

· David Nussbaum, interview by Clare McDermott, January 2017.

· Exxon Mobil Guiding Principles, accessed May 24, 2017, http://corporate.exxonmobil.com/en/company/about-us/guiding-principles/our-guiding-principles.

· Mind of the Engineer Study, United Business Media, 2014.

· Red Bull Media House Media Kit, accessed May 24, 2017, www.redbullmediahouse.com/fileadmin/upload_media/content_licensing/Red_Bull_Media_House_Sales_Catalog_2015.pdf.

· Sangram Vajre, interview by Clare McDermott, January 2017.

· "The Reinvention of Publishing: Media Firms Diversify to Survive", theguardian.com, accessed May 24, 2017, www.theguardian.com/media-network/2017/jan/30/reinvention-publishing-media-firms-diversify-survive.

· Todd Zenger, "What Is the Theory of Your Firm?", *Harvard Business Review*, June 2013, https://hbr.org/2013/06/what-is-the-theory-of-your-firm.

· Victor Gao, interview by Clare McDermott, January 2017.

4장_ 스폰서 수익 모델

· "1,000 True Fans", kk.org, accessed on May 24, 2017, http://kk.org/thetechnium/1000-true-fans/.

· Andrew Jack, "There Are at Least Eight Promising Business Models for Email Newsletters", neimanlab.org, November 10, 2016, www.niemanlab.org/2016/11/there-are-at-least-eight-promising-business-models-for-email-newsletters/.

· Andy Schneider, interview by Clare McDermott, January 2015.

· Ashley Rodriguez and Zameena Mejia, "Thanks to Trump, the *New York Times* Added More Subscribers in Three Months Than in All of 2015", qz.com, February 3, 2017, https://qz.com/901684/thanks-to-trump-the-new-york-times-added-more-subscribers-in-three-months-than-in-all-of-2015/.

· Claus Pilgaard, interview by Clare McDermott, January 2015.

· "Conan's Sweater Gets Stolen", teamcoco.com, December 4, 2014, 2017, http://teamcoco.com/video/conan-stolen-sweater/.

· Crista Foley(Zappos), interview by Clare McDermott, January 2017.

· Dan Shewan, "Native Advertising Examples: 5 of the Best(and Worst)", wordstream.com, last updated March 10,2017, www.wordstream.com/blog/ws/2014/07/07/native-advertising-examples.

· David Court, Dave Elzinga, Bo Finneman, and Jesko Perrey, "The New Battleground for Marketing-Led Growth", *McKinsey Quarterly*, February 2017, www.mckinsey.com/business-functions/marketing-and-sales/our-insights/the-new-battleground-for-marketing-led-growth.

· "EOFire's February 2017 Income Report", eofire.com, accessed May 24, 2017, www.eofire.com/income42/.

· John Herrman, "How Sponsored Content Is Becoming King in a Facebook World", nytimes.com, July 24, 2016, www.nytimes.com/2016/07/25/business/sponsored-content-takes-larger-role-in-media-companies.html?_r=0.

· Laura Hazard Owen, "Think the Wirecutter Invented Affiliate Revenue? Meet the Mom Who's Been Doing It Since 2010", NiemanLab, February 17, 2017, www.niemanlab.org/2017/02/think-the-wirecutter-invented-affiliate-revenue-meet-the-mom-whos-been-doing-it-since-2010/.

· Nate Birt, "The Do's and Don'ts of Content Syndication", scribblelive.com, May 31, 2016, www.scribblelive.com/blog/2016/05/31/dos-donts-content-syndication/.

· Redbox Email Subscription Form, accessed on May 24, 2017, www.redbox.com/email.

5장_ 마케팅 미디어 비용 절감 모델

· "15 B2B Case Studies Show How Content Marketing Drives ROI", *NewsCred Insights*, February 24, 2015, https://insights.newscred.com/15-b2b-case-studies-show-how-content-marketing-drives-roi/#sm.0000icw0wm16zgcvcugveml768xt5.

· Christa Foley of Zappos, interview by Claire McDermott, January 2017.

· Christopher Heine, "Why Johnson & Johnson Treasures BabyCenter's Data," *Adweek*,

April 4, 2014, www.adweek.com/digital/why-johnson-johson-treasures-babycenters-data-156720/.

· Karen Freeman, Patrick Spenner, and Anna Bird, "Three Myths About What Customers Want", *Harvard Business Review*, May 23, 2012, http://blogs.hbr.org/2012/05/three-myths-about-customer-eng/.

· Scott Brinker, "Only 9% of Marketers Have a Complete, Fully Utilized Martech Stack", Chiefmartec.com, August 20, 2015, http://chiefmartec.com/2015/08/9-marketers-complete-fully-utilized-martech-stack/.

· "U.S. 'Switching Economy' Puts Up to $1.3 Trillion of Revenue Up for Grabs for Companies Offering Superior Customer Experiences, Accenture Research Finds", Accenture.com, October 22, 2013, http://newsroom.accenture.com/news/us-switching-economy-puts-up-to-1-3-trillion-of-revenue-up-for-grabs-for-companies-offering-superior-customer-experiences-accenture-research-finds.htm.

· "When Are Consumers OK with Brands' Collecting Personal Data?", MarketingProfs, accessed May 1, 2017, www.marketingprofs.com/charts/2014/25456/when-are-consumers-ok-with-brands-collecting-personal-data.

6장_ 킬링 마케팅, 그 첫 단계

· Amanda Todorovich of the Cleveland Clinic, interview by Claire McDermott, January 2017.

· Christopher Ratcliff, "96% of Enterprise Businesses 'Feeling the Pressure' of Digital Transformation", Econsultancy.com, August 27, 2014, https://econsultancy.com/blog/65351-96-of-enterprise-businesses-feeling-the-pressure-of-digital-transformation#i.19dz5w915ufdf.

· Eric Johnson, "25 Years Later, Walt Mossberg Says Technology Is Still Too Hard to Use", Recode, accessed May 1, 2017, www.recode.net/2016/5/9/11636082/ walt-mossberg-code-conference-preview-recode-relaunch.

· Joe Lazauskas, "'We're a Media Company Now': Inside Marriott's Incredible Money-Making Content Studio", Contently.com, November 5, 2015, https://contently.com/strategist/2015/11/05/were-a-media-company-now-inside-marriotts-incredible-money-making-content-studio/.

· MarketingCharts staff, "2 in 3 CMOs Feeling Pressure from the Board to Prove the Value of Marketing", Econsultancy.com, August 29, 2013, www.marketingcharts.

com/traditional/2-in-3-cmos-feeling-pressure-from-the-board-to-prove-the-value-of-marketing-36293/.

· Sara Sluis, "Casper the Friendly Online Mattress Startup Experiments Early with New Platforms", AdExchanger.com, February 17, 2015, https://adexchanger.com/advertiser/casper-the-friendly-online-mattress-startup-experiments-early-with-new-platforms/.

7장_ 단일 미디어 모델

· "About Digital Photography School", accessed May 25, 2017, https://digital-photography-school.com/about-digital-photography-school/.

· Brian Clark, interviews by Clare McDermott, January 2015, and by Joe Pulizzi, February 2017.

· Darren Rowse, interview by Clare McDermott, February 2015.

· "How Did BuzzFeed Harvest One Million Email Subscribers?", Wildcard Digital via slideshare.net, accessed May 25, 2017, www.slideshare.net/wildcard-digital/how-did-buzzfeed-harvest-1-million-subscribers.

· James Andrew Miller and Tom Shales, *Those Guys Have All the Fun: Inside the World of ESPN*(Little, Brown & Company, 2011).

· Jordan Valinsky, "With a 70 Percent Open Rate, Lenny Letter Looks to Video and Beyond", digiday.com, June 16, 2016, https://digiday.com/media/lenny-letter-expansion-plans/.

· *Wikipedia*, s.v. "HuffPost", accessed May 25, 2017, https://en.wikipedia.org/wiki/HuffPost.

8장_ 오늘: 변화의 시작

· Amanda Todorovich, interview by Clare McDermott, February 2017.

· Brian Clark, "5 Ways Minimum Viable Audience Gives You an Unfair Business Advantage", copyblogger.com, March 14, 2014, www.copyblogger.com/unfair-business-advantage/.

· Eric Ries, *The Lean Startup*(Crown Business, 2011).

· Jay Baer, "Think like a Television Network to Create a Winning Social Media Strategy", convinceandconvert.com, accessed May 26, 2017, www.convinceandconvert.com/social-media-strategy/think-like-a-television-network-to-create-a-winning-social-media-strategy/.

· Michael Stelzner, interview by Clare McDermott, January 2015.

· Steven Fehlberg, "CNN Buys Casey Neistat's Video App Beme", cnn.com, November 28, 2016, www.wsj.com/articles/cnn-buys-casey-neistats-video-app-beme-1480353128.

· Tim Ferriss, *Tools of Titans*(Houghton Mifflin Harcourt, 2016).

· Yeti YouTube page, accessed May 26, 2017, www.youtube.com/user/YetiVideos/featured.

9장_ 변화 과정을 거치며 배운 교훈들

· Christa Foley of Zappos, interview by Claire McDermott, January 2017.

· Pilar Gerasimo of Life Time Fitness, interview by Claire McDermott, January 2017.

· Susan Hartman of Schneider Electric, interview by Claire McDermott, January 2017.

10장_ 마케팅의 미래

· "25 Predictions for What Marketing Will Look Like in 2020", *Fast Company*, March 4, 2015, www.fastcompany.com/3043109/sector-forecasting/25-predictions-for-what-marketing-will-look-like-in-2020.

· Alex Kantrowitz, "56% of Digital Ads Served Are Never Seen, Says Google", *Ad Age*, December 3, 2014, http://adage.com/article/digital/56-digital-ads-served-google/296062/.

· AMA's Marketers' Confidence Index, January 2017.

· Christa Foley from Zappos, interview by Claire McDermott, January 2017.

· Evan Shellshear, "From Bankruptcy to Industry Leading Success—the LEGO Story", *Innovation Management*, accessed May 1, 2017, www.innovationmanagement.se/2016/07/11/from-bankruptcy-to-industry-leading-success-the-lego-story/.

· Jack Neff, "P&G Tells Digital to Clean Up, Lays Down New Rules for Agencies and Ad Tech to Get Paid", *Ad Age*, January 29, 2017, http://adage.com/article/media/p-g-s-pritchard-calls-digital-grow-up-new-rules/307742/.

· Steve Safran, "GoPro Lays Off 200, Gets Out of the Entertainment Business", AdWeek Network, November 30, 2016, www.adweek.com/lostremote/gopro-lays-off-200-gets-out-of-the-entertainment-biz/57934.

KI신서 7500

킬링 마케팅

1판 1쇄 발행 2018년 6월 15일
1판 2쇄 발행 2018년 7월 20일

지은이 조 풀리지, 로버트 로즈
옮긴이 박상훈
펴낸이 김영곤 **펴낸곳** (주)북이십일 21세기북스

정보개발본부장 정지은 **정보개발1팀장** 이남경 **책임편집** 김선영
해외기획팀 임세은 장수연
출판영업팀 최상호 한충희 최명열
출판마케팅팀 김홍선 최성환 배상현 이정인 신혜진 나은경
홍보기획팀 이혜연 최수아 김미임 박혜림 문소라 전효은 염진아 김선아
표지디자인 석운디자인 **본문디자인** 제이알컴
제작팀 이영민 **제휴팀** 류승은

출판등록 2000년 5월 6일 제406-2003-061호
주소 (10881) 경기도 파주시 회동길 201(문발동)
대표전화 031-955-2100 **팩스** 031-955-2151 **이메일** book21@book21.co.kr

(주)북이십일 경계를 허무는 콘텐츠 리더

21세기북스 채널에서 도서 정보와 다양한 영상자료, 이벤트를 만나세요!
페이스북 facebook.com/21cbooks **블로그** b.book21.com
인스타그램 instagram.com/book_twentyone **홈페이지** www.book21.com
서울대 가지 않아도 들을 수 있는 명강의! 「서가명강」
네이버 오디오클립, 팟빵, 팟캐스트에서 '서가명강'을 검색해보세요!

© 조 풀리지, 로버트 로즈, 2018
ISBN 978-89-509-7547-0 03320